廉洁文化丛书　　　　广东党的建设研究院重点研究成果

LIANJIE ZILÜ
DAODE CAOSHOU YANJIU

廉洁自律
道德操守研究

柏晓斐　杨泰龙　著

SPM 南方传媒　广东人民出版社
·广州·

图书在版编目（CIP）数据

廉洁自律道德操守研究 / 柏晓斐，杨泰龙著. —广州：广东人民出版社，2024.8
（廉洁文化丛书）
ISBN 978-7-218-17539-3

Ⅰ．①廉… Ⅱ．①柏…②杨… Ⅲ．①中国共产党—廉政建设—学习参考资料 Ⅳ．①D262.6

中国国家版本馆 CIP 数据核字（2024）第 084460 号

LIANJIE ZILÜ DAODE CAOSHOU YANJIU
廉洁自律道德操守研究
柏晓斐　杨泰龙　著

出　版　人：肖风华

出版统筹：卢雪华
策划编辑：曾玉寒
责任编辑：伍茗欣　李宜励
装帧设计：样本工作室
责任技编：吴彦斌

出版发行：广东人民出版社
地　　址：广州市越秀区大沙头四马路 10 号（邮政编码：510199）
电　　话：（020）85716809（总编室）
传　　真：（020）83289585
网　　址：http://www.gdpph.com
印　　刷：广州市豪威彩色印务有限公司
开　　本：787mm×1092mm　1/16
印　　张：15.5　字　　数：255 千
版　　次：2024 年 8 月第 1 版
印　　次：2024 年 8 月第 1 次印刷
定　　价：63.00 元

如发现印装质量问题，影响阅读，请与出版社（020-85716849）联系调换。
售书热线：020-87716172

总　序

陈金龙

（教育部"长江学者"特聘教授，广东党的建设研究院院长）

廉洁是人类社会共同的美德，廉洁政治是国家和人民的期待，这不仅因为廉洁本身是美好的，更因为廉洁的反面——腐败是"政治之癌"，始终是威胁国家安定、影响人民获得感幸福感的毒瘤。习近平总书记指出："一些国家因长期积累的矛盾导致民怨载道、社会动荡、政权垮台，其中贪污腐败就是一个很重要的原因。大量事实告诉我们，腐败问题越演越烈，最终必然会亡党亡国！我们要警醒啊！"

党的十八大以来，我们党开展了史无前例的反腐败斗争，以"得罪千百人，不负十四亿"的使命担当祛疴治乱，"打虎""拍蝇""猎狐"多管齐下，反腐败斗争取得压倒性胜利并全面巩固。反腐败斗争永远在路上。党的二十大报告指出，"党的建设特别是党风廉政建设和反腐败斗争面临不少顽固性、多发性问题"，仍然是我们前进道路上的主要挑战，并誓言"只要存在腐败问题产生的土壤和条件，反腐败斗争就一刻不能停，必须永远吹冲锋号"。

中华优秀传统文化凝聚着治国的智慧，如《道德经》提出了"治大国若烹小鲜"的教诲，意思是治理国家就像烹饪娇嫩的河鲜海鲜，必须小心谨慎掌握火候，多一分会过火，少一分则未熟；也不能翻来覆去，反复无常，让人无所适从。腐败治理是中国共产党政党治理的核心议题，关系党和国家的前途命运，也是治国理政中的"小鲜"。腐败现象是多种因素共同作用的结果，其中有权力监督缺失的问题，有党性缺失和世界观、人生观、价值观异化的问题，有不良党风政风和社会风气的问题，还有消极的历史传统文化的问题，等等。这意味着反腐败斗争的措施必须是全面的、系统的，多管齐下，综合发力，有恒心，有毅力。其中最难的，是净化腐败产生的土壤，也就是一些学者所谓的"腐败亚文化"问题。

常言说，心病还得心药治。遏制和去除"腐败亚文化"，净化社会土壤，就得像老子《道德经》中所说的"以道莅天下"，以习近平新时代中国特色社会主义思想为指导，按照客观规律办事。以文化润心，化解腐败产生的土壤，是反腐败斗争"道"之所在。反腐败斗争，要刚柔并济，既要有敢于斗争的大无畏精神和零容忍态度严惩腐败的"刚"，也要有善于斗争和用廉洁文化涵养社会土壤的"柔"，如此，才能烹好这锅"易糊易碎的小鲜"。

2021年7月，中共中央宣传部、中央文明办、中央纪委机关、中共中央组织部、国家监委、教育部、全国妇联共同下发《关于进一步加强家庭家教家风建设的实施意见》；2022年2月，中共中央办公厅印发《关于加强新时代廉洁文化建设的意见》。党的二十大强调，要"加强新时代廉洁文化建设"，推动严厉惩治、规范权力、教育引导紧密结合、协调联动。新时代廉洁文化既有"刚"的一面，更有"柔"的一面，是新征程上一体推进不敢腐、不能腐、不想腐的重要方略。

作风建设永远在路上，反腐败斗争永远在路上。廉洁文化建设是一个具有重要学术价值和实践属性的议题，期待这套丛书能够为新时代廉洁文化研究添砖加瓦，为新征程上的反腐败斗争实践提供助力。

广东党的建设研究院是经中共广东省委宣传部批准设立的重点智库，成立于 2017 年，依托华南师范大学马克思主义学院。广东党的建设研究院成立以来，承担了多个党建类研究课题，出版了多部党建主题学术专著，公开发表相关学术论文上百篇，但围绕一个特定的党的建设研究主题组织撰写丛书，从不同角度、多个层面全方位阐释，还是第一次。这是一个新的尝试和好的开端，期待华南师范大学马克思主义学院、广东党的建设研究院有更多的围绕特定主题的成果集中出版。

与此同时，感谢广东人民出版社时政读物出版中心的大力支持与帮助。华南师范大学马克思主义学院同广东人民出版社有多年合作的愉快经历，广东人民出版社欣赏华南师范大学马克思主义学院教师们的学术能力，我们也赞赏广东人民出版社的敬业、专业和对学术研究者的理解、包容。这套丛书从策划选题、组织写作到文字润色、成书出版，广东人民出版社的各位编辑耗费了大量的精力，在此一并致谢！

是为序。

目　录

Contents

第七章

第一章

廉洁自律道德操守概述

在五千多年悠久灿烂的华夏文明史中，形成了诸多优良传统和美德，廉洁自律便是其中一项。中华儿女历来崇尚廉洁自律，安贫乐道，这也构成了中华民族精神家园的重要组成部分。中国共产党成立后，也特别重视以廉洁作为对党员干部的基本要求和基本考核标准。进入新时代，面对新情况、新问题、新任务、新挑战，党对于廉洁也有了更高的标准和要求。习近平总书记在不同时期、不同场合多次强调了廉洁自律的重要性，强调了加强党风廉政建设、反腐倡廉建设、全面从严治党的重要作用。从整体来看，"廉洁"之所以从古至今在不同时代均被高度重视和极力倡导，是因为"廉洁"在修身、齐家、治国等各方面均有着极其重要的作用。

一、"廉洁"的内涵

"廉洁"是人类在长期的生产生活过程中，尤其在人际交往、管理、政治等活动中积累、总结、实践而形成的道德规范。可以说，自形成伊始，"廉洁"便是中国人的价值追求和道德准则，一直延续至今。不仅有无数先哲前贤从各方面对"廉洁"及其重要性进行论述，历朝历代更从制度、监察、法规等各领域对"廉洁"进行了具体规定，推动了"廉洁"概念的不断发展、丰富、充实、完善，形成了内涵丰富的廉洁文化。

"廉"字在中国古代有多重涵义。《仪礼·乡饮酒礼》中有"设席于堂廉东上"① 的说法，《汉书·贾谊传》中也有"陛九级上，廉远地，则堂高；陛亡级，廉近地，则堂卑"② 的说法，其中的"廉"均指厅堂的侧边。《九章算术》中对"廉"的解释则更为直接和清晰，它将"廉"作为与"隅"并列的概念，称"边谓之廉，角谓之隅"③。清代段玉裁《说文解字注》也指出："堂之边曰廉"④，这些说法意味着"廉"的本义即为厅堂的侧边。"廉"还有考察、查访的意思，《管子·正世》中指出"过在下，人君不廉而变，则暴人不胜，邪乱不

---

① 任松峰：《廉》，华夏出版社 2020 年版，第 7 页。
② 门岿主编：《二十六史精粹今译》，人民日报出版社 1991 年版，第 242 页。
③ 汪贞干：《古文观止词义辨难》，湖北人民出版社 1996 年版，第 413 页。
④ 谭飞：《汉字溯源》，华中科技大学出版社 2022 年版，第 217 页。

止"①,《汉书·高帝纪》中有"且廉问,有不如吾诏者,以重论之"②之说,其中"廉"为考察、巡查之意。除此之外,"廉"还有"清亮""细小""价格便宜"等意。

"廉"的本义为堂屋侧边,堂屋侧边的特征是有棱有角、收敛,同时又较为狭窄、逼仄。于是,随着时间的推移,大致在春秋时期,"廉"字在"边角"之义的基础上延伸出了棱角、逼仄之意,而棱角又衍生为平直、方正,逼仄则衍生出少、少拿、少取、不贪婪等意。《论语·阳货》中有"古之矜也廉"③的说法,《韩非子·五蠹》中称"今兄弟被侵,必攻者,廉也;知友辱,随仇者,贞也。廉贞之行成,而君上之法犯矣"④,其中"廉"为方正、正直之意。《荀子·修身》中有"无廉耻而嗜乎饮食,则可谓恶少者矣"⑤,《孟子·离娄下》中有"可以取,可以无取,取伤廉"⑥,其中"廉"为廉洁、不贪之意。

总体来看,作为一种道德操守,"廉"主要意涵为正直、不贪。《吕氏春秋·忠廉》中称:"临大利而不易其义,可谓廉矣。"⑦《贾谊新书·道术》中也指出:"辞利刻谦谓之廉,反廉为贪。"⑧《管子》中亦有"廉者耻于贪冒而不为,故俗习专以不贪为廉,不贪特廉之一

---

① 管仲:《管子》,北方文艺出版社2013年版,第271页。

② 班固:《汉书》,太白文艺出版社2006年版,第11页。

③ 陈戊国点校:《论语》,岳麓书社2002年版,第54页。

④ 韩非子著,崇贤书院释译:《图解韩非子》,黄山书社2021年版,第450页。

⑤ 荀况:《荀子》,光明日报出版社2014年版,第20页。

⑥ 傅德岷、蒋剑书主编:《大学·中庸·孟子》,武汉出版社2008年版,第264页。

⑦ 吕不韦:《吕氏春秋》,北方文艺出版社2018年版,第124页。

⑧ 申笑梅、王凯旋主编:《诸子百家名言名典》,沈阳出版社2004年版,第752页。

隅也"① 之说。与此同时，贪者最初多出于改善、丰富、享受生活的欲望，往往堕入生活奢靡腐化的陷阱。能守廉者多崇俭乐贫，故廉本身还带有俭朴之义。《韩非子·解老》中阐释了"廉"的含义，即"所谓廉者，必生死之命也，轻恬资财也"②。将看淡财富视为"廉"的内涵，意味着"廉"带有安贫乐道的意思表示。《淮南子·原道训》中则将"廉"与"奢"作为对立的二者，提出"不以奢为乐，不以廉为悲"③。曾国藩更曾言："欲求廉介，必先崇俭朴。"④ 海瑞也提出："公以生其明，俭以养其廉。"⑤ 尽管"廉"涵义多样，但从根本上来看，作为一种道德、价值衡量的"廉"，毋庸置疑是一种高尚的德行。

相较而言，"洁"的涵义较为清晰，本意为"干净、清洁"。《韩非子·说林下》中便有"宫有垩，器有涤，则洁矣"⑥ 之说。又引申为纯洁、廉明，形容人的品德高尚，《吕氏春秋·贵公》中"清廉洁直"⑦ 中的"洁"便是此意。将"廉洁"二字连用，最早见于战国时期宋玉的《招魂》，其中称"朕幼清以廉洁兮，身服义而未沫"⑧。东汉王逸在对《楚辞》进行注释时，对清、廉、洁三者作了基本的区分

---

① 舒怀主编：《〈说文解字注〉研究文献集成》（下），湖北教育出版社 2018 年版，第 1854 页。

② 韩非子：《韩非子》，岳麓书社 2015 年版，第 50 页。

③ 刘安等：《淮南子》，岳麓书社 2015 年版，第 7 页。

④ 李翰章编辑：《曾国藩文集》（四），九州图书出版社 1997 年版，第 353 页。

⑤ 李明泉主编：《中华官德文献集萃》（上），光明日报出版社 2015 年版，第 241 页。

⑥ 韩非子：《韩非子》，吉林大学出版社 2011 年版，第 149 页。

⑦ 吕不韦：《吕氏春秋》，北方文艺出版社 2018 年版，第 8 页。

⑧ 一说《招魂》为屈原所著。刘向辑，王逸原注，周游译注：《楚辞》，二十一世纪出版社集团 2018 年版，第 165 页。

和规定，即"不求曰清，不受曰廉，不污曰洁"①。无论是《吕氏春秋·贵公》中"清廉洁直"的表述，还是《楚辞·招魂》中"清以廉洁"的说法，抑或王逸的注解，均表明清、廉、洁带有立身清白、不贪不求之意。

《现代汉语词典》将"廉洁"解释为"不损公肥私；不贪污"，《辞海》的解释为"清廉；清白"，《辞源》的解释为"公正，不贪污"。公正、清白、不贪，大致可视为"廉洁"的主要内涵。不贪、不受是清白的组成部分，同样也是公正的前提。因为"授"与"受"往往出于利益交换，授予者为特定利益而给予，受让者为帮助其获得特定利益而接受，背后是不廉行为，如果涉及法度规制，则难免徇私偏向，因缘为市。范仲淹即言："天下官吏不廉则曲法，曲法则害民。"② 对于"不廉则曲法"的原因，孟子可谓一语中的："无处而馈之，是货之也。"③ 总之，"廉洁"既是一种道德上的知廉知耻，也是一种生活上的崇简拒奢，还是一种人际交往上的公正自守，更是一种行为上的吃苦奉献。

二、"廉洁"的重要性

"廉洁"一词自概念形成、含义明确开始，便被赋予了深刻的道德意义，成为中国传统伦理道德和中华传统文化的重要组成部分。对于极力维持社会和谐稳定的传统中国而言，"廉洁"直接关系国家、

---

① 王泗原：《楚辞校释》，人民教育出版社1990年版，第122页。

② 罗伟豪、萧德明编著：《范仲淹选集》，广东高等教育出版社2014年版，第179页。

③ 孟子：《孟子》，北方文艺出版社2018年版，第50页。

社会、个人彼此之间良性关系的形成、发展。不仅是个人立身处世、修身养德的基本原则，官员执法行政、造福人民的必要前提，更是君主治理社稷、国家兴旺发达的重要条件。"廉洁"所具有的重要性，是几千年来中华民族始终坚持倡导、弘扬、培养廉洁自律道德操守的根本原因。

（一）廉洁是立身之本

中华民族历来注重道德修养，强调为人处世，重点在于处理好人与自身、与他人之间的关系，基础在于"修身"。《礼记·大学》指出："古之欲明明德于天下者，先治其国。欲治其国者，先齐其家。欲齐其家者，先修其身。欲修其身者，先正其心。欲正其心者，先诚其意。欲诚其意者，先致其知。致知在格物。"[①] 格物、致知、诚意、正心、修身、齐家、治国、平天下作为"儒家八目"，彰显了由独善其身到兼济天下的发展路径，其中修身无疑是核心和桥梁。格物、致知、诚意、正心本质上是修身的方法，而齐家、治国、平天下，则是修身的自然延伸，是由己而家而国的全面发展、全面协调。传统文化立足修身之道，对"廉洁"给予了充分的重视和肯定。

传统中国社会多将"廉洁"作为道德目标之一，视为做人的普遍要求和基本素养。孔子以"君子"作为理想化人格，指称品行高尚者，"廉洁"自然首先成为对"君子"的基本要求。墨子在阐述修身之道时称："君子之道也：贫则见廉，富则见义，生则见爱，死则见哀。"[②] 将"贫则见廉"作为君子第一"道"，虽与墨家崇尚"节用"不无关联，但也体现出"廉"一般被视为古代君子所必须具备的重要

---

① 樊东译注：《大学·中庸译注》，上海三联书店2018年版，第4页。
② 墨翟著，曹海英译注：《墨子》，北方文艺出版社2018年版，第4页。

美德之一。春秋时期的晏子也提出："君子之事君也，进不失忠，退不失行。不苟合以隐忠，可谓不失忠；不持利以伤廉，可谓不失行。"① 从君子事君之道阐明应不贪图私利而损害廉洁，强调君子应不失德性，本质上也是对"廉洁"之德的颂扬和坚持。武则天在《臣轨·廉洁章》表达了类似观点，即"君子虽富贵，不以养伤身，虽贫贱，不以利毁廉"，"君子行廉以全其真，守清以保其身"。② 宋朝欧阳修在《廉耻说》中则从一般意义上将"廉耻"作为"士君子之大节"③。

"廉洁"不仅是君子必备德性之一，对于普通人而言同样重要，甚至是上天赋予人的基本品质。《吕氏春秋·离俗览》曰："布衣人臣之行，洁白清廉中绳，愈穷愈荣。"④ 百姓臣子应恪守清廉，以穷为荣，体现了当时的价值导向。西汉时期的董仲舒在《春秋繁露·竹林》指出："天施之在人者，使人有廉耻。有廉耻者，不生于大辱。"⑤ 在董仲舒看来，廉耻是上天赋予人的基本价值观，有廉耻者，便不会厚颜无耻，不会在遭逢奇耻大辱时失节求生，这一说法从"天"的角度赋予了"廉耻"至高无上的道德合理性。宋朝将"孝、悌、忠、信、礼、义、廉、耻"作为人之"八德"，意味着"廉"构成人之为人的必要条件之一。相较而言，明朝王文禄可以说是对"廉"最为重视者之一，他甚至认为"廉"无体无穷，是众多伦理道德、规范法则的核心和中枢。其所撰《廉矩·廉理大统章》中明确提出："夫廉也

① 晏婴：《晏子春秋》，北方文艺出版社2018年版，第119页。
② 彭忠德、赵骞主编：《官箴要语》，武汉大学出版社2007年版，第191页。
③ 欧阳修著，李之亮笺注：《欧阳修集编年笺注》，巴蜀书社2007年版，第176页。
④ 吕不韦：《吕氏春秋》，北方文艺出版社2018年版，第286页。
⑤ 董仲舒著，周琼编：《春秋繁露》，远方出版社2005年版，第13页。

者，约众理而统同之也。譬则五色之白，五味之甘，五声之宫，其实无体，其名无穷。……蹈之为道，得之为德，正之为政，罚之为弄，费之为赏，焕之为文，奋之为武。"①

此外，还有不少人从"廉"与"不廉"的正反面视角进行对比性分析。隋朝王通将人之忧乐与贪廉相结合，提出了"廉者常乐无求，贪者常忧不足"②的观点。顾炎武则指出："礼义治人之大法，廉耻立人之大节。盖不廉则无所不取，不耻则无所不为，人而如此，则祸乱败亡，亦无所不至。"③这一说法不仅从正面视角将"廉耻"作为"立人之大节"，更从反面强调了不廉不耻则祸乱败亡无所不至的下场，充分强调并凸显了"廉耻"对于人的极端重要性。与欧阳修同时代的真德秀在《西山政训》中则指出："士之不廉，犹女之不洁。不洁之女，虽功容绝人，不足自赎。不廉之士，纵有他美，何足道哉？"④不廉之人纵有他美亦不足道，说明在真德秀看来，廉洁是一个人不可或缺的重要品质和美德。

（二）廉洁是为官之基

官吏是指经过任命，具备一定等级的政府工作人员。官吏参与国家、地方政策的制定，具有分配、使用国家资源的权力，承担管理、

---

① 杨杰士编，谢伟民、易华、梁运华编译：《政范·官箴》，海南出版社1992年版，第33页。

② 张文治编，陈恕重校：《国学治要：诸子治要》，南海出版公司2015年版，第48页。

③ 顾炎武著，谦德书院注译：《日知录》（三），团结出版社2022年版，第1119页。

④ 李明泉主编：《中华官德文献集萃》（上），光明日报出版社2015年版，第26页。

治理国家社会各方面的职能。相较于民众而言，官员道德不仅是个人、家庭的事，更关系到国家、社会。官员道德素养的高低，决定着政府形象的好坏，体现着社会风气的善恶，反映着国家吏治的优劣，更直接关系到人民群众是否能够安居乐业。总之，官员是否廉洁，直接影响国家、社会的发展，个人的生产、生活等方方面面。也正因如此，中华文明中对官员廉洁的要求可谓根深蒂固、源远流长。

"廉"自古以来便是官员必备的基本德行之一。《汉书·宣帝纪第八》有"吏不廉平，则治道衰"[1]的说法，官吏不廉洁、判案不公正，治理就会衰败，从另一个侧面来看，也就是官吏必须廉洁公正，才能治理好国家，强调了廉洁公正对于官吏、对于社会治理的重要性，实质上也就是强调官员必须具备廉洁公正的品质和美德。唐朝令狐德棻在《周书·裴侠传》中也指出："清者莅职之本，俭者持身之基。"[2]意即清廉是做官的根本，俭朴是立身处世的基础。南宋吕本中在《官箴》中总结了当官的三大法则——清、慎、勤，其中清即清廉，慎即谨慎，勤即勤勉。[3]不难看出，令狐德棻和吕本中从做官的根本问题出发，将清廉置于首要位置。北宋包拯也指出："廉者，民之表也；贪者，民之贼也。"[4]其言从官员廉、贪对百姓的影响出发，阐述了官吏应秉持廉洁，拒绝贪腐。明代徐学谟从反面论述了官员需要具备"廉洁"之德，他在《归有园麈谈》中指出："见十金而色变者，不可

---

①　本书编写组编著：《廉政警言100句》，中国方正出版社2022年版，第120页。

②　令狐德棻等撰，陈勇等标点：《周书》卷1—卷50，吉林人民出版社1995年版，第290页。

③　本书编写组编著：《廉政警言100句》，中国方正出版社2022年版，第221页。

④　林岩编写：《中国古代廉政文化集粹》，中国方正出版社2014年版，第32页。

以治一邑；见百金而色变者，不可以统三军。"① 清代顺治皇帝认为："国之安危，全系官僚之贪廉。官若忠廉，则贤才向用，功绩获彰，庶务皆得其理，天下何患不治？"② 顺治帝身为九五之尊，从国家安危、天下治乱的视角提出官员必须具备忠廉之德，彰显了廉洁的极端重要性。

"廉"自古以来便是考核官员的主要依据和标准之一。上古时期的政治家、思想家皋陶便指出，为政之人应具备"九德"，具体为"宽而栗、柔而立、愿而共（通"恭"）、治而敬、扰而毅、直而温、简而廉、刚而实、强而义"③，为政之人指的便是行使政治权力和管理职能的官员，"九德"中的"简而廉"，便意指安贫乐道、崇简尚廉。上古时期对于官员廉洁的重视，奠定了华夏文明以廉鉴官的主旋律。《周礼》便提出以"六廉"作为考核官员的标准，其中称："以听官府之六计，弊群吏之治：一曰廉善，二曰廉能，三曰廉敬，四曰廉正，五曰廉法，六曰廉辨。"④ 具体即廉洁且善于办事，廉洁且推行政令，廉洁且谨慎勤劳，廉洁且公正客观，廉洁且遵纪守法，廉洁且明辨是非。"六廉"将"廉洁"作为考核官员的首要标准，充分反映了中国古代对官员廉洁的特别重视，同时注重善、能、敬、正、法、辨等，也体现了廉能并重、以廉为本的官员考核理念。1975 年，湖北云梦县睡虎地秦墓出土了《为吏之道》的竹简，其中记载了秦朝对官吏进行

---

① 《汉语格言分类词典》编写组编：《汉语格言分类词典》，内蒙古人民出版社 1991 年版，第 674 页。

② 本书编委会编著：《紫禁城档案》第 6 卷，西苑出版社 2010 年版，第 2393 页。

③ 司马迁：《史记》（上），北京燕山出版社 2018 年版，第 10 页。

④ 王同舟、李澜校注：《钦定四书文校注》，武汉大学出版社 2009 年版，第 784 页。

考核的标准和要求，竹简中不仅明确提出了"为吏之道"包括"廉而毋刖"，更具体列出了秦代考察官吏政绩的准则，即"五善""五失"。"五善"分别为"中（忠）信敬上""精（清）廉毋谤""举事审当""喜为善行""龚（恭）敬多让"，"五失"则为"夸以迣""贵以大（泰）""擅裂割""犯上弗智（知）害""贱士而贵货贝"。① "精（清）廉毋谤"之善，"贱士而贵货贝"之失，正是对廉洁与否的规定。西晋制定的法规《察长吏八条》规定，"在官公廉、虑不及私、正色直节、不饰名誉"四种为"廉察"，具体为公正廉明、不徇私情、正直有节操、不沽名钓誉；"身行贪秽、诡黠求容、公节不立、私门日富"四种为"劣察"②，具体为贪污腐败、诌媚逢迎、私德败坏、财富日增。这些考核标准对后世产生了重要影响，也构成了后世考核官吏的主要内容。

（三）廉洁是兴国之道

古代中国标榜德治，以道德作为社会运行的中枢，本质上即希望以道德感化民众，以道德治理国家，进而实现国家的长治久安。在个人、官员、国家的基本架构之下，道德是连接三者的桥梁，也是确保三方面殊途同归的工具。廉洁作为道德的重要组成部分，不仅是个人立身之本、官员为官之基，同样也是国家治国之要、兴国之道。

廉洁是国家发展的基本要素。春秋时期管仲便指出："国有四维，一维绝则倾，二维绝则危，三维绝则覆，四维绝则灭。倾可正也，危可安也，覆可起也，灭不可复错也。何谓四维，一曰礼，二曰义，三

① 睡虎地秦墓竹简整理小组编：《睡虎地秦墓竹简》，文物出版社1978年版，第281-283页。

② 贺清龙编著：《古代巡视制度史话》，中国方正出版社2016年版，第58页。

曰廉，四曰耻。"① 将"礼义廉耻"视为"国之四维"，意味着"廉"
直接关系到国运兴衰、国家存亡，是国家治理和社会发展的根本支柱
和原则。晏婴则言简意赅，将"廉"提到特殊高度，作为政事之根
本。《晏子春秋》有云："廉者，政之本也。"② 战国时的尉缭则指出：
"国必有慈孝廉耻之俗，则可以死易生。"③ 以"慈孝廉耻"之俗，而
令国家起死回生，足见包括廉洁在内的各项道德对于国家稳定和发展
的重要作用。《晋书》中则将廉洁对国家政治的作用与土壤雨露对生
物的作用进行类比，认为"廉耻之于政，犹树艺之有丰壤，良岁之有
膏泽，其生物必油然茂矣"④。

廉洁是治理国家的重要工具。廉洁既然是国家发展的基本要素，
国家治理当然也就必须依靠廉洁。自古以来便有"上行下效"之说法
与典故，管仲便指出："一人之治乱在其心，一国之存亡在其主。天
下得失，道一人出。主好本则民好垦草莱，主好货则人贾市，主好宫
室则工匠巧，主好文采则女工靡。夫楚王好小腰而美人省食，吴王好
剑而国士轻死。"⑤ 也就是说，君王的喜好是人民群众的"风向标"，
"投其所好"是人民群众的习惯性思维和倾向，这样的情况无疑是一
把双刃剑，用之得当对于国家而言则受益无穷，用之不当则贻患无穷。
正因如此，历朝历代均有很多关于君王必须践行廉洁、倡行廉洁，从
而带动百姓，实现以廉治国的著名论断。韩非子就认为，圣明君主必
须以廉耻、仁义为根本治理国家。《韩非子》中有云："君人者不轻爵

---

① 刘枫主编：《管子》（上），阳光出版社 2016 年版，第 22 页。
② 晏婴：《晏子春秋》，北方文艺出版社 2018 年版，第 178 页。
③ 何举芳主编：《中华经典美文选读》，敦煌文艺出版社 2019 年版，第 165 页。
④ 房玄龄等：《晋书》（二），大众文艺出版社 1999 年版，第 340 页。
⑤ 刘枫主编：《管子》（下），阳光出版社 2016 年版，第 315 页。

禄，不易富贵，不可与救危国。故明主厉廉耻，招仁义。"① 东汉王符也有类似观点，其所撰《潜夫论》指出，明君之政"务节礼而厚下，复德而崇化，使皆阜于养生而竞于廉耻也"②。西汉贾谊则从各方面强调了君王以廉耻、礼义治国的重要作用，其《治安策》称："上设廉耻礼义以遇其臣……故化成俗定，则为人臣者……顾行而忘利，守节而服义，故可以托不御之权，可以托五尺之孤，此厉廉耻、行礼义之所致也。"③ 唐代房玄龄则从治国的一般规律上总结了廉耻的意义所在，他在《晋书·阮种传》中提出了"王道治本，经国之务，必先之以礼义，而致人于廉耻。礼义立，则君子轨道而让于善；廉耻立，则小人谨行而不淫于制度"④ 的观点。种种说法具体虽不尽相同，表意却大体一致，即管理国家需要倡行廉耻，使百姓、群臣有廉耻之心，如此，他们便不会胡作非为，国家便能长治久安。除此之外，宋代苏辙更从归化易邦的视角将"廉"所具有的治国怀民作用提到了新的特殊高度，即"惟宽可以怀远人，惟廉可以服殊俗"⑤。

三、廉洁自律道德操守的特点

作为一种道德品性和价值取向，廉洁具有正面性、积极性，是社会正常运行、良性发展不可或缺的要素之一。相较而言，廉洁自律道德操守以"廉洁"为核心主体，以"自律"为基本要求，以"道德操

---

① 韩非子：《韩非子》，岳麓书社 2015 年版，第 77 页。
② 王符撰，龚祖培校点：《潜夫论》，辽宁教育出版社 2001 年版，第 28 页。
③ 贾谊：《贾谊集》，上海人民出版社 1976 年版，第 44-45 页。
④ 房玄龄等：《晋书》（二），大众文艺出版社 1999 年版，第 516 页。
⑤ 《唐宋八大家文集》编委会编：《苏辙文集》，中央民族大学出版社 2002 年版，第 77 页。

守"为根本性质。与廉洁虽有着密切关联，但作为一个含有多种属性和特定指向的复合概念，也有其自身的特征。

（一）廉洁自律道德操守具有统一性

从涵义来看，廉洁自律道德操守是手段、内容、目的的统一。自律是指在行为、思想和情感上进行自我控制和约束，达到自我管理、自我完善、自我提高的目的。自律能够培养个人的耐心、毅力、坚韧性，增强个人的逆境应对能力，有助于形成良好的个人行为习惯和生活方式，增强自信心和自尊心。廉洁自律则是指在工作和生活中，用"廉洁"的标准要求自己，保证自己言行举止的公平正直，干净清廉，诚实守信，不贪赃枉法，不索贿受贿，不贪图私利，不做违反职业道德、社会公德的行为。廉洁自律通过个体或组织对自我进行廉洁要求、廉洁约束，进而形成公正、公平、健康、清廉的社会风气和社会秩序，推动经济、社会的持续健康稳定发展。道德操守是指人的品德和气节，是个人或组织在道德价值观念指导下，遵守一定的伦理原则和行为规范，在处理各种问题、人际关系的实践过程中体现出的责任感和道德自律。廉洁自律道德操守是对道德操守的具体化，是以廉洁自律为主要内容的道德操守。廉洁自律道德操守即是通过对个人在廉洁生活、廉洁行为等方面实行严格的自我要求、自我约束、自我管理，进而形成廉洁自律的道德操守。这一概念是手段、内容、目的的统一，其中，自律是手段，廉洁是内容，形成道德操守是目的。

从内容来看，廉洁自律道德操守是处理各方面、各领域、各层次、各发展阶段、各种社会关系的共同要求。人类是社会动物，人在本质上是一切社会关系的总和，不能脱离各式各样的社会关系而存在。社会关系则是人们在物质和精神生活中结成的相互关系的总称，是人与人之间一切关系的集合。廉洁自律作为一种道德准则和基本操守，虽然是对自我品行、道德的高标准和严要求，但道德操守是社会的产物，归根结底要通过处理人与人之间的关系才能表现出来，是协调人与人之间关系的准则。人在处理社会关系的言语行动中体现其道德水平和品行素养，所以道德是社会关系的产物，道德赖以存在的客观条件和基本前提便是社会关系。脱离了社会关系，道德就是无根之木，难以存在。廉洁自律作为道德操守的一种，是各种社会关系正常、健康发展的必然要求。廉洁自律道德操守不是在特定社会关系中发挥其重要作用，而是通过"人"这一主体贯穿于各式各样、各方各面的社会关系之中。廉洁自律道德操守既是在政治关系、经济关系、文化关系、法律关系等各种社会关系中普遍存在的共同要求，也是在物质关系、精神关系、伦理关系等各种关系中都必须恪守的道德规范，还是在家庭关系、社会关系、宗教关系、民族关系、国际关系各方面都需要遵行的基本准则，是各方面社会关系发展的统一要求。

（二）廉洁自律道德操守具有自觉性

廉洁自律道德操守是现代社会的基本要求，作为一种以自律为形成手段的道德操守，自觉性是其基本前提。自觉性是一种重要的价值观念和行为习惯，具体指个体和组织自主、自觉、自愿地执行或追求达成一定目标的热情、热心、积极性。一般而言，自觉性带有显著的褒义，往往蕴藏着恪守职业道德、社会公德、家庭美德等内在要求，并能够以之为依据不断进行自我约束、自我调整。在个人层面，自觉性要求个体具有高度警觉的自我意识和明辨是非的价值观，能够主动地对自己的行为、决策、思想、言论等进行正确评估、及时矫正，确保言行举止乃至内在思想合乎社会道德和社会规范。在组织层面，自觉性要求组织成员有高度责任意识和主人翁精神，要求组织具备良好的监督机制和纠错机制，能够避免违规、违章、违法行为，维护组织正常运作。从作用上看，自觉性能够帮助个人规范自身行为、提高自身素养，形成良好道德，能够帮助组织进行内部管理，提高组织的凝聚力、战斗力、向心力，更好地实现组织目标，完成组织任务。

廉洁自律道德操守以廉洁作为自律的主要内容、主要标准和主要要求。在现实生活中，廉洁自律道德操守的自觉性首先表现在对于自我精神世界的建构、审查、反思、重塑上。行为是内心的外在表现，廉洁自律道德操守首先是一种源自内心的道德准则和价值观念。个人要形成廉洁自律道德操守，就必须自觉审查、反思自己的言行举止和思想行为模式，警惕奢侈腐化的倾向，剔除因私废公、贪图享乐等不符合廉洁道德的观念、思想。自觉建构以"廉洁"为核心价值的精神世界，从内心深处服膺廉洁自律的理念，确立公私分明、公平正直、崇廉拒腐、尚俭戒奢的思想。廉洁自律道德操守的自觉性还表现在对自我行为的规范、控制、约束、矫正上。思想决定行为，行为反映思想。廉洁自律道德操守作为调整人与人之间关系的重要道德，产生于实践活动的需要，最终也需要落实于实践活动之中。廉洁自律道德操守需要人们以之作为自身的行为准则和行动指南，自觉规范自己的行为，规避道德风险，抵制利益、权力、享乐等诱惑，控制、约束自己不做出违反廉洁自律道德操守的行为和举动，使一切行动遵循廉洁自律道德操守的指引，符合廉洁自律道德操守的要求。总之，只有在个人高度自觉和自我约束的情况下，廉洁自律道德操守才能真正具有意义，才能形成良好的社会风尚，推动社会健康、稳定发展。

（三）廉洁自律道德操守具有道德性

马克思主义认为，道德是一种社会意识形态，它是人们共同生活及其行为的准则和规范。道德不是天生的，而是通过后天的学习、教育、宣传、倡导，经过长期直接、间接影响而逐渐形成的。道德属于精神的范畴，是国家民族发展和人类社会运行必不可少的要素之一。《大学》开篇即言："大学之道，在明明德，在亲民，在止于至善。"①其中"明德"之"德"便是指道德、德行。将"明明德"作为"大学"的首要目的，作为"亲民""止于至善"的基础，凸显了道德在中国古代贤哲心目中的重要地位。道德对于国家、民族、个人发展而言都极为重要，是国家长治久安、民族生生不息、个人发展提升的根基。国无德不兴，人无德不立。一个国家、一个民族如果道德沦丧、精神缺失，必然会陷入无止境的混乱和失序之中。一个人如果毫无德行、毫无底线，必然人性扭曲、无所不为，不能获得发展和进步。

正如习近平所言："一个民族、一个人能不能把握自己，很大程度上取决于道德价值。"② 精神的力量是无穷的，道德的力量也是无穷的。廉洁自律作为一种对于社会发展极其重要的道德，具有鲜明的道德性。廉洁自律道德操守要求廉洁修身，自觉提升思想道德境界，不断提高思想觉悟，是对个人品德的要求。廉洁自律道德操守要求廉洁齐家，自觉带头形成良好家风、家教、家庭环境、家庭氛围，是对家庭美德的要求。廉洁自律道德操守要求廉洁做事，公道正派处理各种问题，保持定力，严守规矩，不贪赃枉法，不因私废公，不监守自盗，是对职业道德的要求。廉洁自律道德操守要求廉洁处世，安贫乐道，洁身自好，平等相待，不多占多取，不侵占他人财物，不侵犯他人自由和空间，是对社会公德的要求。个人品德、家庭美德、职业道德、社会公德是人们日常生活中道德的主要组成部分和重要集中体现。不仅如此，廉洁自律道德操守通过倡导廉洁自律的正确价值观和价值导

---

① 樊东译注：《大学·中庸译注》，上海三联书店 2018 年版，第 4 页。

② 中共中央文献研究室编：《习近平关于社会主义文化建设论述摘编》，中央文献出版社 2017 年版，第 139 页。

向，推动正确道德认知的形成；通过倡导以廉洁为标尺自觉、自律、自我约束、自我控制、自我规范，推动自觉的道德养成；通过倡导在个人成长、家庭和谐、职业发展、社会进步等方面贯彻对廉洁的要求，推动积极的道德实践。所以，廉洁自律道德操守一方面推动了个人品德、家庭美德、职业道德、社会公德的整体提升，另一方面将正确的道德认知、自觉的道德养成、积极的道德实践紧密结合起来，以激发人们形成廉洁的道德意愿、道德情感、道德判断、道德责任为目标，充分彰显了其道德性，也充分体现了其重要性。

第二章

新时代培养廉洁自律道德操守的背景

2022 年 1 月，习近平总书记在十九届中央纪委六次全会上发表重要讲话，特别强调了从严治党的问题。2 月，中共中央办公厅印发《关于加强新时代廉洁文化建设的意见》，从七个方面提出了加强新时代廉洁文化建设的具体举措，其中就包括"培养廉洁自律道德操守"。《关于加强新时代廉洁文化建设的意见》为新时代廉洁文化建设奠定了基础、提出了目标、指明了方向，也意味着"培养廉洁自律道德操守"已经成为党和国家在新时代的一项重要任务。《关于加强新时代廉洁文化建设的意见》是立足新时代的历史方位，根据国际国内形势制定的指导性文件，"培养廉洁自律道德操守"这一任务也是应对国际国内复杂形势和风险挑战的重要任务，更是建设社会主义现代化强国、实现中华民族伟大复兴、应对全球化和信息化趋势的必然要求。

一、新时代培养廉洁自律道德操守的历史背景

廉洁是中国共产党的基本品质，也是中国共产党在革命、建设、改革过程中一以贯之坚持的重要原则与要求。新时代党和国家对培养廉洁自律道德操守的重视和强调，与当前国际国内形势、任务、发展阶段等密切相关，但也要看到，培养廉洁自律道德操守还是对党的优良传统的继承与弘扬，是对党的历史经验的继承与发展。

（一）新民主主义革命时期党对培养廉洁自律道德操守的重视

近代以来，民族危机和社会危机日益加深，中国逐渐沦为半殖民地半封建社会，谋求民族独立和人民解放、国家富强和人民幸福，成为救国知识分子孜孜以求的目标。中国共产党自诞生之初，就以马克思主义为信仰，以建立共产主义的理想社会、实现全人类的解放为目标，以全心全意为人民服务为宗旨。这就意味着中国共产党一开始就将国家、民族、人民利益置于个人利益之上，没有自己的特殊利益。换句话说，廉洁奉公是中国共产党人的本质属性和内在要求，也是中国共产党人的出发点和归宿。

早在中共正式成立之前，1920 年 8 月成立的上海共产党早期组织就特别注意组织建设，并通过了《中国共产党宣言》，作为发展党员的标准。其中规定了共产主义者的目的是要创造一个新的社会，共产主义者的理想是要废除私有财产制度，实行公有制，消灭阶级，消灭"特殊势力"。[①] 中共一大通过的《中国共产党的第一个纲领》也规定，

---

① 中共中央党史研究室、中央档案馆编：《中国共产党第一次全国代表大会档案文献选编》，中共党史出版社 2015 年版，第 21 页。

入党需要承认党的纲领和政策，还必须经过严格的考察和相应的程序，入党后则必须接受党的领导，同时，地方委员会的财务、活动、政策要接受中央执行委员会的监督。① 尽管并没有明确提到廉洁的问题，但对地方委员会的财务监督，本质上体现的就是对党组织的廉洁要求。同时，对党的目的、理想、纲领、政策的规定和强调，是从更高的层次规定了党员干部的理想信念、行动方向，间接决定了党员的生活作风、行为准则、道德修养。中共二大则规定了中国共产党作为一个革命的党必须具备"严密的集权的有纪律的组织与训练"的原则，包括在言论、行动上都表现为共产主义者，"牺牲个人的感情意见及利益关系"等②。中共二大通过的《中国共产党章程》更专门规定了"纪律"一章，要求党员服从党组织、党的下级组织服从上级组织，未经特许党员不得做官等。③ 整体来看，中共二大各文件反复强调了中国共产党相信群众、依靠群众、代表群众的立场，规定了党员要抛弃个人利益，为党的理想、目标、原则、宗旨服务的原则。中共三大在中共二大通过的《中国共产党章程》基础上，第一次修正党章，严肃党纪，进一步完善了入党手续，修改了有关组织纪律、财经纪律、会议纪律等规定。会议还通过了《中国共产党中央执行委员会组织法》，其中对财务问题有重点强调和明确规定，确定了会计在中央督察之下，"管理本党财政行政，并对于各区各地方及本党一切机关之财政行政

---

① 中共中央党史研究室、中央档案馆编：《中国共产党第一次全国代表大会档案文献选编》，中共党史出版社 2015 年版，第 5 页。

② 中共中央党史研究室、中央档案馆编：《中国共产党第二次全国代表大会档案文献选编》，中共党史出版社 2014 年版，第 25 页。

③ 中共中央党史研究室、中央档案馆编：《中国共产党第二次全国代表大会档案文献选编》，中共党史出版社 2014 年版，第 28 页。

负责①的原则。同时，中央委员会的财务报告由大会指定审查委员会审查，且审查委员会要实行回避原则，即中央执行委员不得担任审查委员，以确保财务申报不受直接关系人的干扰和影响。

截至 1925 年 10 月，中国共产党在全国只有 3000 多名党员。随着国共第一次合作和大革命顺利进行，中国共产党的人数规模与其面对的环境、形势及承担的重任难以相符，党员人数过少成为一个重要问题。中国共产党中央执行委员会扩大会议审时度势，提出了大力发展党组织，扩大党的队伍的任务。到了 1926 年 7 月，党员人数增加到1.3 万多人。在组织规模扩大和党员人数剧增的背后，一方面，一些思想、动机不纯，作风、品质不好的投机分子趁机加入了党组织；另一方面，在革命形势飞速发展的前提下，中国共产党所支配的政治、经济等资源逐渐增加，党内不少人思想发生了转变，贪图享乐、多拿多占、特权思想等开始出现，这些情况严重影响了党的形象和党的凝聚力、战斗力。保证党的纯洁性，保证党员干部廉洁自律的任务开始提上党的工作日程。1926 年 8 月，中共中央发出了《关于坚决清洗贪污腐化分子的通告》，文件揭示了腐败分子将使党"陷于腐化"，不能执行革命工作，"将为群众所厌弃"的恶劣影响，并将"贪污"视为党员的坏倾向给党造成恶劣影响的"最显著的事实"，表现为"经济问题上发生吞款、揩油的情弊"，认为这种行为"不仅丧失革命者的道德，且亦为普通社会道德所不容"，要求各级党部展开严格审查，以切实处理、纠正。② 这一文件表明了中国共产党对不法行为的高度

---

① 中共中央党史研究室、中央档案馆编：《中国共产党第三次全国代表大会档案文献选编》，中共党史出版社 2014 年版，第 16 页。

② 中共中央组织部、中共中央党史研究室、中央档案馆编：《中国共产党组织史资料》第 8 卷（上），中共党史出版社 2000 年版，第 99-100 页。

警惕，对建设廉洁自律的党组织的高度重视，对贪污腐败行为的"零容忍"，为中国共产党从严治党、重拳反腐奠定了基调。在 1927 年 4 月召开的中共五大上，中共中央不仅通过了《组织问题决议案》，进一步严格了党的组织工作，更规定在中央设立维护党规、执行党纪的专门机构，即中央监察委员会，各省设立省监察委员会。监察委员会的设立，从制度层面彰显了党严守纪律、注重廉洁的态度和决心。6 月，中共中央政治局通过了《中国共产党第三次修正章程决案》，增加了"监察委员会"一章，并对监察委员会的成员构成、组织架构、职能权限等进行了详细规定，从党的章程的高度表明了党对于监察工作、纪律问题的重视。①

随着蒋介石、汪精卫先后叛变革命，国共合作破裂，大革命宣告失败，近代中国历史进入土地革命战争时期。在这一时期，中共中央经过三次"左"倾错误，付出了惨痛的代价，最终走出了农村包围城市、武装夺取政权的中国革命新道路，开启了建立农村革命根据地，实行工农武装割据的新阶段。在这一时期，中国共产党面临着应对国民党反动派"围剿"和建立革命政权的双重任务，更需要获得人民群众的支持和拥护。在这种险恶的环境中，树立党和苏维埃政权的良好形象变得至关重要。反对腐化堕落，保证党员干部的廉洁自律，也就成为维护中国共产党和苏维埃政府的良好形象，进而决定革命事业成败的重要因素。

1928 年 10 月，毛泽东便注意到了党组织发展过程中出现的党员质量问题，并在为湘赣边界第二次代表大会起草的决议案中指出，提拔工农分子要"特别注意教育"，发展党员要"特别注意质量"。1929

---

① 中共中央党史研究室、中央档案馆编：《中国共产党第五次全国代表大会档案文献选编》，中共党史出版社 2015 年版，第 33 页。

年6月，中共六届二中全会也特别指出，"目前阶段上是要特别注重质量的发展，数量是次要的"。① 对党员质量的重视，具体而言即是要挑选品德高尚、信仰坚定、作风优良的同志入党，是对党员道德素养、理想信念的高要求，也内蕴着对党员干部廉洁自律的要求。1929年12月召开的古田会议更充分反映了中国共产党对于组织纯洁性和党员干部遵纪守法、廉洁自律的高要求。古田会议通过了由毛泽东起草的《中国共产党红军第四军第九次代表大会决议案》，该决议案批评了党内、军内存在的流寇主义、绝对平均主义、个人享乐主义等各种非无产阶级思想和现象，确立了思想建党的方针，强调了党的纪律问题和党的思想建设的极端重要性，提出了党员应具备的基本条件，包括政治观念正确、没有发洋财的意图、忠实等，指出党内教育问题是党内最迫切的问题。② 古田会议具体剖析了党和红军内存在的各种非无产阶级思想的表现形式和产生根源，并提出了针对性的解决方案，对党和人民军队的建设发挥了极为关键的重要作用。对于纪律、教育、宣传等的强调和思想建党方针的确立，本质上也是对党和军队廉洁守纪的强调。

在这一时期，党和苏维埃政府还制定了各项政策和措施，专门针对贪污腐败等行为加以整肃。早在1927年10月，毛泽东在井冈山西南荆竹山便向红军战士强调了搞好同群众关系的必要性，提出了著名的"三项纪律"，即行动听指挥、不拿群众一个红薯、打土豪要归公。1928年初，针对红军在革命过程中出现的没收小贩财物、惊扰群众等

---

① 中共中央文献研究室、中央档案馆编：《建党以来重要文献选编（一九二一——一九四九）》第6册，中央文献出版社2011年版，第234页。

② 中共中央文献研究室、中央档案馆编：《建党以来重要文献选编（一九二一——一九四九）》第6册，中央文献出版社2011年版，第726-739页。

问题，又制定了最早的"六项注意"，即还门板，捆铺草，说话和气，买卖公平，不拉伕、请来伕子要给钱，不打人不骂人。尽管其后"三项纪律""六项注意"不断根据实际情况进行调整、改变，并最终形成"三大纪律""八项注意"。但不管内容如何变化，其核心要义始终如一，即要求党员干部和红军战士遵守纪律、公平正道、不贪污不妄取，本质上可视为简明的反腐条例。1933 年 12 月，中共中央执行委员会发出《关于惩治贪污浪费行为》的训令，对于贪污数额和相应刑罚作了明确规定。训令规定，凡苏维埃机关、国有企业及公共团体工作人员贪污公款 500 元以上者，处以死刑；贪污公款 300 元以上 500元以下者，处 2 年以上 5 年以下监禁；贪污公款 100 元以上 300 元以下者，处半年以上 2 年以下监禁；贪污公款在 100 元以下者，处半年以下的强迫劳动。对于上述犯罪者，另附加没收其本人家产之全部或一部，并追回贪污之公款。对挪用公款为私人盈利者，以贪污论罪。对因玩忽职守而浪费公款致国家受损失者，依情节严重程度处以警告、撤销职务以至一个月以上三年以下监禁。① 贪污数额 500 元以上便是死刑的规定，彰显了苏维埃政府对贪腐毫不容情的决心。除了在法律法规层面加强对贪腐行为的惩治，相关的财政监督政策、制度、机构也在积极探索和建设之中。1931 年 11 月，中华苏维埃全国代表大会正式规定设立"工农检查处"，工农检查处有权代表工人、农民对国家机关工作人员进行检查和监督。同时，苏维埃临时政府成立财政审查委员会，建立专门的财务审计制度。随后，中央苏区和各根据地在探索中逐渐建立起了完善的监察、检查、审计制度和相关机构。

在具体对腐败问题的查办方面。1928 年，中共山东区执行委员会

---

① 柯华主编：《中央苏区财政金融史料选编》，中国发展出版社 2016 年版，第159 页。

王复元因贪污被开除出党，成为中共党内因贪腐而被开除党籍的第一人。1932 年 5 月，瑞金县九区叶坪村苏维埃主席谢步生因贪污腐化、滥用权力而被枪毙，打响了苏维埃政权惩治腐败分子的第一枪。7 月，瑞金赤卫军连长李军彪因勒索小商贩，公报私仇被判处死刑。1933年，钟圣谅、钟铁青、陈静魁、范束林、袁雨山、肖伦海、林祖先等人先后因贪污腐化被处以死刑，被撤职开除者数量更多。在 1934 年，对于贪污腐化的查处力度进一步加大，仅前三个月，便有唐达仁、左祥云、刘仕祥、刘洪清、刘天浩、李其芬、腾琼等人被处以死刑，更有徐毅、管永才、刘兆山、谢开松等一大批干部受到监禁、禁闭、撤职、警告、开除党籍等处分。对影响重大、情节恶劣的贪腐分子予以惩处，甚至处以极刑，极大震慑了居心不良、理想信念动摇的分子，表明了党和政府全心全意为人民服务，坚决杜绝以权谋私、贪污腐败行为的决心，树立了党和苏维埃政府的良好形象，为红色政权的发展延续、中国共产党的发展壮大、中国革命新道路的实践奠定了良好的基础。

1937 年 7 月 7 日，日军发动卢沟桥事变，抗日战争全面爆发。早在此前，1935 年 8 月 1 日，中国共产党就在法国巴黎出版的《救国报》上发表了《中国苏维埃政府、中国共产党中央为抗日救国告全体同胞书》，即著名的"八一宣言"，呼吁全国人民团结起来，停止内战，一致抗日。在抗日战争时期，为了抵制投降派，团结力量一致抗日，中国共产党明确提出了建立抗日民族统一战线的方针。在这种背景下，保持党和政府的廉洁，直接关系到国际国内对中国共产党的认识，也直接关系到抗日民族统一战线的感召力和影响力。

1937 年 8 月，中国共产党中央政治局在洛川召开扩大会议，会议提出了《抗日救国十大纲领》，十大纲领的第四条为"改革政治机构"，其中就包括"实行地方自治，铲除贪官污吏，建立廉洁政府"

的主张。在《抗日救国十大纲领》中明确提出建立廉洁政府的主张，意味着反腐惩贪、建立廉洁政府与抗日救国的大业息息相关，也反映出中国共产党坚持为人民服务，坚决反对贪污腐化，坚守廉洁底线的原则立场。1938 年 10 月，毛泽东在党的六届六中全会上的发言中提出了共产党人在政府工作中应秉持的态度，呼吁共产党人成为"十分廉洁、不用私人、多做工作、少取报酬的模范"，要求共产党人在任何时候都"不应把个人利益放在第一位，而应以个人利益服从于民族的和人民群众的利益"，并给出了对比式的结论，即"自私自利，消极怠工，贪污腐化，风头主义等等，是最可鄙的；而大公无私，积极努力，克己奉公，埋头苦干的精神，才是可尊贵的"。[①] 1939 年 7 月，刘少奇在延安马克思列宁学院做了题为《论共产党员的修养》的著名演讲，批评了部分党员在胜利中放肆、骄傲，"以至动摇、腐化和堕落"的现象，号召共产党员牢记实现共产主义这一"最基本的责任"，为了共产主义理想去改造世界，"用无产阶级的思想意识去同自己的各种非无产阶级思想意识进行斗争；用共产主义的世界观去同自己的各种非共产主义的世界观进行斗争"，清除个人主义、自私自利、风头主义等思想意识。[②] 在这一段时期，针对党内、军内、边区政府内出现的个人享乐主义、贪污腐败行为，陕甘宁边区政府陆续颁布了一系列施政纲领，明确要求建立严格的财政经济制度，肃清贪污浪费。1941 年颁布的《陕甘宁边区施政纲领》更规定"实行以俸养廉原则"，同时要求"厉行廉洁政治，严惩公务人员之贪污行为，禁止任

---

① 《毛泽东选集》第 2 卷，人民出版社 1991 年版，第 522 页。

② 中共中央党史和文献研究院编：《刘少奇年谱》第 1 卷，中央文献出版社 2018 年版，第 284—285 页。

何公务人员假公济私之行为"。① 相关纲领和政策法规的颁布,反映了中国共产党对廉洁自律的极端重视。

随着抗日战争的胜利,中国革命进入解放战争时期。在这一时期,中国共产党先面临国民党反动派优势兵力的武力进攻,后面临着由局部执政向全国执政,工作重心由农村转向城市的历史任务。廉洁自律在这一时期发挥着凝聚民心、争取解放战争最后胜利,获得民意、顺利成为全国性执政党,领导人民建立新中国的重要作用。

面对抗战胜利后国民党接受敌产过程中出现的各种贪污腐败、违法乱纪、扰民害民的行为,中国共产党极为重视。党中央和各解放区政府纷纷部署制定惩治贪污腐败的计划,颁布了一系列法规文件,包括《关于反贪污浪费的指示》《东北解放区惩治贪污暂行条例》《晋冀鲁豫边区惩治贪污条例》《苏北区奖励节约、惩治贪污暂行条例》《修正淮海区惩治贪污暂行条例》等,这些条例明确规定了贪污罪包括的各种情况,如侵占、窃取群众斗争果实和缴获不交公、以权谋私、勒索受贿、吞没公产、徇私舞弊等,对于从法律规章层面预防腐败、杜绝腐败意义重大。在解放战争中,中国人民解放军势如破竹,建立新中国的任务近在眼前。1949 年 3 月,中国共产党在河北省平山县西柏坡村召开了七届二中全会,毛泽东在会上作了重要报告,要求全党同志警惕资产阶级糖衣炮弹的袭击,并提出了"两个务必"的重要思想,即"务必使同志们继续地保持谦虚、谨慎、不骄、不躁的作风,务必使同志们继续地保持艰苦奋斗的作风"。全会还作出了防止资产阶级腐蚀的具体规定,包括"禁止给党的领导者祝寿""不送礼"等。"两个务必"本质上即是呼吁全党同志保持内心的信仰和坚守,在任

---

① 中共中央文献研究室、中央档案馆编:《建党以来重要文献选编(一九二一——一九四九)》第 18 册,中央文献出版社 2011 年版,第 242 页。

何情况下都坚持廉洁自律，不得逾规越矩。除此之外，在这一时期，中共中央还在各解放区组织开展了以"查阶级、查思想、查作风"为主要内容的"三查"运动，以"整顿组织、整顿思想、整顿作风"为主要内容的整党运动等。这些运动一定程度上肃清了党员干部的不良思想，保证了党员干部队伍的纯洁性，对培养党员干部廉洁自律道德操守起到了重要作用。

新中国成立之初，面对国际国内严峻的形势，中国共产党将倡廉肃贪作为重要任务之一，在确保党员干部廉洁自律方面，也作出了卓有成效的斗争。1950年5月，中共中央作出决定，在全党全军范围内进行大规模的整风运动，目的是"提高干部和一般党员的思想水平和政治水平"，克服各种不良风气和不良作风，改善党群关系。整风运动结束后不久，中共中央又紧锣密鼓地进行了为期三年的整党运动。1951年底，中共中央又在党和国家机关内，开展了以反贪污、反浪费、反官僚资本主义为主要内容的"三反"运动。1953年1月，中共中央又发出了关于反对官僚主义、反对命令主义、反对违法乱纪的指示，掀起了"新三反"运动。整风运动纯洁了党的组织、纯粹了党的思想，"三反"运动和"新三反"运动则有针对性地处理了不良作风、不良习气，对于形成廉洁自律的良好风气起到了重要作用。

（二）社会主义革命和建设时期党对培养廉洁自律道德操守的重视

随着三大改造完成，我国确立了社会主义制度，踏上了全面建设社会主义的新征程。在这一时期，党和国家在探索符合中国国情的社会主义建设道路的过程中，也进行了廉政建设的探索，取得了巨大成就。

1956年9月，刘少奇在中共八大上作政治报告时便指出，在党领导国家政权后，党内贪污腐化、违法乱纪、道德堕落等现象"有了某种程度的发展"，今后"必须经常从思想上和组织上进行反对腐化堕落现象的斗争"。① 邓小平在会上作关于修改党的章程的报告时则重点批判了部分党员存在的"特权"思想，明确指出"我们党不但不需要，而且不允许有任何在遵守党员义务方面与众不同的老爷"②。为此，邓小平着重强调了监督问题，认为不仅需要实行党内监督，还需要加强人民群众、党外人士的监督，要从加强对于党员的思想教育，加强党的领导作用，加强国家制度和党的制度等方面"对于党的组织和党员实行严格的监督"。1956 年 11 月召开的中共八届二中全会重点强调了党内国内可能存在的"特权阶层"问题，在会上，刘少奇重点强调了领导干部可能成为特殊的"统治阶层"，工人可能成为"贵族阶层"的问题。周恩来则表示，中国封建主义思想根深蒂固，要密切注意党政干部"脱离群众，高高在上，生活特殊，讲究排场"等问题。毛泽东在全会闭幕时发表了讲话，讲述了两个小故事。一个是资本家吃饭五个碗，解放军吃饭是盐水加酸菜，毛泽东认为酸菜里面出政治、出模范。另一个是解放战争打锦州，不拿老百姓家的苹果的故事，认为这体现了无产阶级的纪律性、自觉性、革命精神。在此基础上，毛泽东号召全党同志和国家工作人员发扬艰苦朴素的作风，与群众同甘共苦，反对铺张浪费。按照中共八大和八届二中全会的精神，党中央采取了防止"特权阶层"产生的相应措施，如在 1956 年底干部工资调整中，规定国家行政 5 级以上干部一律不增加工资。1957 年开始，中共中央又要求机关、团体、部队、学校、企事业单位等有计

① 中共中央党史和文献研究院、中央档案馆编：《建国以来刘少奇文稿》第 8 册，中央文献出版社 2018 年版，第 270 页。

② 《邓小平文选》第 1 卷，人民出版社 1994 年版，第 243 页。

划地节俭集体消费。

至 1957 年，在党中央的领导和部署下，在全党开展了反官僚主义、宗派主义、主观主义的整风运动，并强调党员干部要接受来自党、来自群众、来自民主党派和无党派民主人士的广泛监督。随着"大跃进"和人民公社化运动的进行，农村基层贪污、腐败、官僚主义问题严重，社会上"共产风"、浮夸风、命令风、干部特殊风、生产瞎指挥风等不良风气逐渐盛行，这些问题严重浪费党和国家的资源，损害党和国家的形象，给国家发展带来极大的阻碍。1960 年 5 月，中共中央发出在农村开展反贪污、反浪费、反官僚主义的"三反"运动。1963 年至 1966 年，中共中央又决定在农村开展以"清理账目、清理仓库、清理财务、清理工分"为内容的"四清"运动，在城市开展以"反对贪污盗窃、反对投机倒把、反对铺张浪费、反对分散主义、反对官僚主义"为内容的"五反"运动，后改为以"清政治、清经济、清组织、清思想"为主要内容的"四清"运动。这些运动，及时遏制了党内的不正之风，进一步倡导了廉洁的纪律和风气，体现了中国共产党对廉洁自律的高度重视，也在一定程度遏制了腐败、浪费、思想堕落等问题。

（三）改革开放新时期党对培养廉洁自律道德操守的重视

1978 年 12 月，党的十一届三中全会召开，中国进入了改革开放新时期。实行改革开放，意味着党和国家将面临更开放的环境，随之而来的是更多样化、多元化的风险和挑战，党员干部廉洁自律问题也将面临更严峻的形势，倡廉反腐成为党和国家更紧迫的任务。

1980 年 8 月，邓小平在中央政治局扩大会议上发表重要讲话，特别批评了党内部分干部将自己视为人民的主人，"搞特权、特殊化"等现象，要求从制度上解决问题，确保"公民在法律和制度面前人人平等，党员在党章和党纪面前人人平等"。所谓干部搞特权、特殊化，本质上即是以权谋私，是不廉洁的表现。从制度上解决问题，即是建立相关的制度法规，确保党员干部廉洁自律。1979 年 11 月，中共中央、国务院颁布实行《关于高级干部生活待遇的若干规定》，对高级干部的住宿、房租、水电、差旅、外出休养、文化娱乐、请客送礼、用车、服务人员配备等作出详细规定，为确保高级干部廉洁自律制定了良好的规范。

1980 年 2 月，党的十一届五中全会正式通过了《关于党内政治生活的若干准则》，从坚持党的政治路线和思想路线、严守党的纪律、坚持党性、言行一致、接受监督、不搞特权、努力学习等各方面对党内政治生活作出了规定。1989 年 8 月，邓小平在讲话中特别提出，要抓紧立法，利用法制解决社会丑恶问题和腐败问题。随后，党和国家先后制定了一系列防治、惩治以权谋私和假公济私等种种行为的规章制度。如《关于解决当前机关作风中几个严重问题的通知》《党和国家机关必须保持廉洁的通知》《关于坚决查处共产党员索贿问题的决定》《关于惩治贪污贿赂罪的补充规定》《关于国家行政机关工作人员贪污贿赂行政处分暂行规定》《关于违反财政法规处罚的暂行规定》等。除此之外，党的中央和地方各级纪律检查机关逐渐恢复和完善。党的十二大通过的党章明确规定了党的中央和地方各级纪律检查委员会的主要任务，即"维护党的章程和其他重要的规章制度，协助党的委员会整顿党风，检查党的路线、方针、政策和决议的执行情况"[1]。这些文件的出台和纪检机关的完善，为党内政治生活提供了法律保障，确保了党内政治生活的规范化、廉洁化。

---

[1]《中国共产党第十二次全国代表大会文件汇编》，人民出版社 1982 年版，第 124 页。

与此同时，中共中央深刻认识到，社会主义建设不仅是物质文明建设，精神文明建设同样重要。早在 1979 年 9 月，叶剑英在庆祝中华人民共和国成立三十周年大会上讲话时便指出，要在建设高度物质文明的同时，建设高度的社会主义精神文明，提高全民族科学教育文化水平和健康水平，树立崇高的革命理想和革命道德风尚。1980 年 1 月，邓小平也在讲话中指示，"要在全党和全国范围内有领导、有计划地大力提倡社会主义道德风尚"，还要"进行坚持社会主义道路，反对资本主义腐蚀的革命品质教育"。① 在同年 12 月的中央工作会议上，邓小平更明确地将精神文明建设与廉洁相联系，提出建设社会主义国家既要有高度的物质文明，也要有高度的精神文明，"要教育全党同志发扬大公无私、服从大局、艰苦奋斗、廉洁奉公的精神，坚持共产主义思想和共产主义道德"②。精神文明建设和物质文明建设两手抓，成为改革开放后社会主义建设的重要特征、重要内容之一，既显示了对于廉洁自律道德操守的高度重视，也形成了培养廉洁自律道德操守的良好氛围。

作为关系党和国家发展的重要问题，党中央从各层面对廉洁自律提出了要求、作出了规定。1989 年 7 月，中共中央政治局全体会议讨论并通过了《中共中央、国务院关于近期做几件群众关心的事的决定》，决定"在惩治腐败和带头廉洁奉公、艰苦奋斗方面先做七件事"，包括进一步清理整顿公司，坚决制止高干子女经商，取消对领导同志少量食品的"特供"，严格按规定配车，严格禁止请客送礼，严格控制领导干部出国，严肃认真地查处贪污、受贿、投机倒把等犯

---

① 《邓小平文选》第 2 卷，人民出版社 1994 年版，第 262 页。

② 《邓小平文选》第 2 卷，人民出版社 1994 年版，第 367 页。

罪案件。① 1990 年 11 月，中共中央批转中央纪委《关于加强党风和廉政建设的意见》，并要求各级党委和政府从"党和国家的生死存亡、改革开放的兴衰成败的高度，充分认识党风和廉政建设的重要性和紧迫性"②。文件将党风和廉政建设作为社会主义精神文明建设的重要内容，要求将党风和廉政建设同经济建设、深化改革相结合，同民主与法制建设相结合，坚持党风、政风、社会风气一起抓，动员全党全社会力量进行综合治理。

1992 年 10 月，江泽民在党的十四大上指出："坚持反腐败斗争，是密切党同人民群众联系的重大问题。要充分认识这个斗争的紧迫性、长期性和艰巨性。在改革开放的整个过程中都要反腐败，把端正党风和加强廉政建设作为一件大事，下决心抓出成效，取信于民。"③ 根据这一讲话精神，1993 年 8 月，中央纪委召开会议，全面部署反腐败斗争，确定了反腐败斗争要着重做好的三项工作，即党政机关领导干部要带头廉洁自律、查办一批大案要案、狠刹几股群众反映强烈的不正之风。在这一背景下，1994 年，中央纪委提出了县处级以上领导干部廉洁自律的五条规定，涉及购买、更换汽车，购买、装修住房，出行接待标准，操办宴席和借机敛财，拖欠公款和从事营利等。次年又提出了四条补充规定，严厉禁止违规参建集资房、建私房，严禁违规使用车号牌，严禁公款进行娱乐活动，严禁接受对公正执行公务有影响的宴请。1997 年，江泽民在党的十五大报告中又明确强调了抓好党员

① 中共中央文献研究室编：《十三大以来重要文献选编》（中），人民出版社1991 年版，第 555-557 页。

② 中共中央文献研究室编：《十三大以来重要文献选编》（中），人民出版社1991 年版，第 1293 页。

③ 《中国共产党第十四次全国代表大会文件汇编》，人民出版社 1992 年版，第50 页。

干部廉洁自律的任务，并作出了"坚持标本兼治，教育是基础，法制是保证，监督是关键。通过深化改革，不断铲除腐败现象滋生蔓延的土壤"① 的指示，为抓好党员干部廉洁自律工作指明了方向、奠定了基础。

　　党的十六大以后，党中央延续了党和国家对廉洁、廉政工作的高度重视和重点关注。2003 年 2 月，胡锦涛在中央纪委第二次全体会议上讲话时，明确将"继续坚定不移地做好党风廉政建设和反腐败工作"作为"建设社会主义政治文明的重要任务"。② 2005 年 1 月，胡锦涛在中央纪委会上的讲话中明确提出了"把廉政文化建设作为建设社会主义先进文化的重要内容，进一步完善反腐倡廉教育的工作机制，形成反腐倡廉的整体合力"的要求。2007 年 6 月，胡锦涛在中央党校发表讲话时强调了反腐败工作的长期性、艰巨性、复杂性，要求"把反腐倡廉建设放在更加突出的位置"，"在坚决惩治腐败的同时，更加注重治本，更加注重预防，更加注重制度建设，加强领导干部廉洁自律工作，坚决查办违纪违法案件"。③ 这一讲话将以往的"反腐倡廉工作"上升到了"反腐倡廉建设"的高度，从根本上体现了对反腐倡廉工作的重视。同年 10 月，胡锦涛在党的十七大报告中重点强调了全面推进党的建设新的伟大工程的问题，要求"以坚定理想信念为重点加强思想建设，以造就高素质党员、干部队伍为重点加强组织建设，以保持党同人民群众的血肉联系为重点加强作风建设，以健全民主集中制为重点加强制度建设，以完善惩治和预防腐败体系为重点加强反腐

---

　　①　中共中央文献研究室编：《十五大以来重要文献选编》（上），人民出版社 2000 年版，第 49 页。

　　②　《加强党的执政能力建设大参考》，红旗出版社 2004 年版，第 38 页。

　　③　《胡锦涛在中央党校发表重要讲话强调　坚定不移走中国特色社会主义伟大道路　为夺取全面建设小康社会新胜利而奋斗》，《人民日报》2007 年 6 月 26 日。

倡廉建设，使党始终成为立党为公、执政为民，求真务实、改革创新，艰苦奋斗、清正廉洁，富有活力、团结和谐的马克思主义执政党"①，并具体强调了"加强领导干部廉洁自律工作，提高党员干部拒腐防变能力"②的问题。党的十七大还修改了党章，增加了"党坚持标本兼治、综合治理、惩防并举、注重预防的方针，建立健全惩治和预防腐败体系，坚持不懈地反对腐败，加强党风建设和廉政建设"的内容。为了贯彻中共中央关于反腐倡廉的要求和指示，国务院召开多次廉政工作会议，强调了落实廉洁自律规定、加强党风政风建设、创新体制机制、严厉惩处腐败、纠正不正之风、开展专项整治、推行政务公开、规范行政执法、强化国有资产监管、重点治理商业贿赂、认真解决损害群众利益的突出问题等。廉政工作会议从正面与反面，重点与一般，落实规定与解决问题，党、政、民、企等各方面存在的问题进行了系统的关照和规定，为从理论和实践方面倡导和践行廉洁自律奠定了坚实的基础。2007年，国家成立了国家级预防腐败的专门机构——国家预防腐败局。2008年5月，中共中央印发《建立健全惩治和预防腐败体系2008—2012年工作规划》，对反腐倡廉工作的指导思想、基本要求、工作目标、具体举措作出具体规定。2009年12月，中央纪委更专门印发了《关于加强廉政文化建设的意见》，认为"加强廉政文化建设是全党全社会的共同责任，是一项长期的战略任务"③。专门机构的设立、专门工作规划的出台和实施、专门文件的颁布，意味着反腐倡廉和廉政文化建设日趋专门化、专业化。

---

① 《中国共产党第十七次全国代表大会文件汇编》，人民出版社2007年版，第48页。

② 《中国共产党第十七次全国代表大会文件汇编》，人民出版社2007年版，第53页。

③ 《关于加强廉政文化建设的意见》，《人民日报》2010年1月5日。

（四）新时代党对培养廉洁自律道德操守的重视

从党的十八大开始，中国特色社会主义进入了新时代。以习近平同志为核心的党中央传承了中国共产党对廉洁自律的高度重视，并在新的时代背景下和国内外形势中，将反腐倡廉工作推向了新的高度，对廉洁自律也提出了新的要求。

习近平始终认为，廉洁自律是共产党人的政治本色之一。2012 年 11 月，习近平在第十八届中央政治局第一次集体学习时的讲话中指出："各级党委要旗帜鲜明地反对腐败，更加科学有效地防治腐败，做到干部清正、政府清廉、政治清明，永葆共产党人清正廉洁的政治本色。"① 2013 年，党的十八届三中全会通过《关于全面深化改革若干重大问题的决定》，其中提及要"强化权力运行制约和监督体系"，具体要求"坚持用制度管权管事管人，让人民监督权力，让权力在阳光下运行，是把权力关进制度笼子的根本之策。必须构建决策科学、执行坚决、监督有力的权力运行体系，健全惩治和预防腐败体系，建设廉洁政治，努力实现干部清正、政府清廉、政治清明"②。在 2017 年 1 月召开的第十八届中央纪律检查委员会第七次全体会议上，习近平又对党员、干部提出具体要求，主张党员干部"不断提升人文素养和精神境界，去庸俗、远低俗、不媚俗，做到修身慎行、怀德自重、清廉自守，永葆共产党人政治本色"③。在 2021 年"七一勋章"颁授仪式上，习近平对廉洁奉公的内涵进行了具体阐释，认为廉洁奉公"就是

---

① 《习近平谈治国理政》第 1 卷，外文出版社 2018 年版，第 16 页。

② 《中共中央关于全面深化改革若干重大问题的决定》，人民出版社 2013 年版，第 43 页。

③ 习近平：《增强全面从严治党系统性创造性实效性》，《人民日报》2017 年 1 月 7 日。

保持共产党人艰苦朴素、公而忘私的光荣传统，从不以功臣自居，不计较个人得失，不贪图享受，守纪律、讲规矩，生动体现了共产党人应有的道德风范"，并在此基础上要求全党同志"明大德、守公德、严私德，清清白白做人、干干净净做事，做到克己奉公、以俭修身，永葆清正廉洁的政治本色"。①

对于反腐倡廉工作的重要性、艰巨性，习近平认知清醒。2013年1月，习近平在十八届中央纪委二次全会上发表讲话时，特别强调了反腐倡廉工作的长期性、经常性。讲话指出："反腐倡廉必须常抓不懈，拒腐防变必须警钟长鸣，关键就在'常'、'长'二字，一个是要经常抓，一个是要长期抓。"② 2021年1月，习近平在十九届中央纪委五次全会上说道："反对腐败、建设廉洁政治，是我们党一贯坚持的鲜明政治立场，是坚持党的性质和宗旨的必然要求，是党自我革命必须长期抓好的重大政治任务。"③ 这一说法，充分彰显了反腐倡廉工作的重要性。在2022年1月省部级主要领导干部学习贯彻党的十九届六中全会精神专题研讨班上的讲话中，习近平再次强调了反腐倡廉建设的艰巨性，他说："党风廉政建设和反腐败斗争永远在路上，一刻也不能放松，要以抓铁有痕、踏石留印的坚韧和执着，继续打好党风廉政建设和反腐败斗争这场攻坚战、持久战。"④

对于廉洁的作用，习近平充分重视。2019年3月，习近平在中央党校（国家行政学院）中青年干部培训班开班式上讲话指出："一个

---

① 习近平：《在"七一勋章"颁授仪式上的讲话》，人民出版社2021年版，第3—4页。

② 《习近平谈治国理政》第1卷，外文出版社2018年版，第386页。

③ 《习近平谈治国理政》第4卷，外文出版社2022年版，第507页。

④ 《习近平谈治国理政》第4卷，外文出版社2022年版，第32页。

人廉洁自律不过关，做人就没有骨气。"① 将廉洁与骨气相衔接，意味着廉洁是自尊自爱的重要特质，也是保持人格的基本要求。2015年11月，习近平在纪念胡耀邦同志诞辰100周年座谈会上讲话时提出："公道正派才能出清风正气，廉洁自律才能塑良好形象。"这一说法既言简意赅地指明了廉洁自律所具有的形象塑造功能，也深刻阐明了廉洁自律内蕴公道正派的基本要求。不仅如此，习近平还要求全党同志"严守清正廉洁的政治本色，以良好党风带动政风民风，用实实在在的行动赢得人民群众信任和拥护，从而凝聚起推动党和人民事业不断从胜利走向胜利的强大力量"。②

除此之外，以习近平同志为核心的党中央还特别注重新时代廉洁文化的建设。2022年2月，中共中央办公厅印发了《关于加强新时代廉洁文化建设的意见》，对新时代廉洁文化建设的重大意义、具体内容、主要措施等进行了详细阐述。同年10月，习近平在党的二十大报告中也明确要求："加强新时代廉洁文化建设，教育引导广大党员、干部增强不想腐的自觉"③。2023年1月，习近平在二十届中央纪委二次全会上的讲话中再次强调："要在不想腐上巩固提升，更加注重正本清源、固本培元，加强新时代廉洁文化建设，涵养求真务实、团结奋斗的时代新风。"④

---

① 《习近平谈治国理政》第3卷，外文出版社2020年版，第521页。

② 习近平：《在纪念胡耀邦同志诞辰100周年座谈会上的讲话》，人民出版社2015年版，第12、13页。

③ 习近平：《高举中国特色社会主义伟大旗帜 为全面建设社会主义现代化国家而团结奋斗——在中国共产党第二十次全国代表大会上的报告》，人民出版社2022年版，第69页。

④ 《习近平在二十届中央纪委二次全会上发表重要讲话强调 一刻不停推进全面从严治党 保障党的二十大决策部署贯彻落实》，《人民日报》2023年1月10日。

二、新时代培养廉洁自律道德操守的现实诉求

习近平在中国共产党第十九次全国代表大会上宣布："经过长期努力，中国特色社会主义进入了新时代。"① 中国特色社会主义进入新时代，是根据国际国内形势做出的科学判断，是中国日益走近世界舞台中央，为解决人类问题贡献中国智慧和中国方案，为人类作出更大贡献的时代。中国特色社会主义进入新时代，也意味着我国进入了实现第二个百年奋斗目标，实现中国式现代化，实现中华民族伟大复兴的关键时期。越是紧要关头，越要蹄疾步稳，越是前途光明，越要勇毅笃行。面对新时代所面临的伟大斗争、伟大工程、伟大事业、伟大梦想，面对世界之变、时代之变、历史之变，我们要保证中国特色社会主义旗帜不变色、不褪色，要确保中国特色社会主义事业不断前进，就要始终不断推进廉政文化建设和党风廉政建设，培养廉洁自律道德操守。

（一）培养廉洁自律道德操守是全面推进新时代党的建设新的伟大工程的重要内容

"全面建设社会主义现代化国家、全面推进中华民族伟大复兴，关键在党"②，而保持党的先进性和纯洁性，增强党的凝聚力和战斗力，永葆党的生机和活力，关键就在于党的建设。党的建设是党为保持自己的性质、作风、信仰、本色而从事的一系列自我发展、自我提

---

① 习近平：《决胜全面建成小康社会　夺取新时代中国特色社会主义伟大胜利——在中国共产党第十九次全国代表大会上的讲话》，人民出版社 2017 年版，第 10 页。

② 《中国共产党第二十次全国代表大会文件汇编》，人民出版社 2022 年版，第 52 页。

升、自我监督、自我完善的活动，既包括实践活动也包括理论活动，既包括基础性的党务活动，也包括党的政治建设、思想建设、组织建设、作风建设、制度建设、纪律建设等。

　　早在 1939 年 10 月，毛泽东在《〈共产党人〉发刊词》中便提出："统一战线，武装斗争，党的建设，是中国共产党在中国革命中战胜敌人的三个法宝，三个主要的法宝。"① 统一战线是中国共产党处理与革命盟友关系的基本准则，武装斗争是中国共产党处理与反动派关系的根本方式，党的建设则是中国共产党处理自身内部问题的原则遵循。无论是得到拥护和认可而不断扩大统一战线，还是在武装斗争中取得胜利，党的建设都是关键性的因素。新中国成立后，中国共产党成为全国性的执政党，面对千疮百孔、百废待兴的国家面貌，中国共产党面临着艰巨的建设任务。中国共产党能否凝聚民心、团结民力，摆脱一穷二白的面貌，关键也在于党的建设。进入 20 世纪 70 年代，随着真理标准问题大讨论的进行和党的十一届三中全会的召开，中国共产党冲破了"左"的束缚，重新确立了党的实事求是的思想路线，作出了改革开放的伟大决策。无论是关于真理标准问题的大讨论，还是十一届三中全会，都是党的建设的重要内容和党的建设历史上的重要里程碑。而改革开放意味着中国共产党迈出了重要的发展步伐，需要迎接国际国内的新形势、新挑战、新任务。改革开放以来，中国特色社会主义政治、经济、文化、社会等各方面的不断发展，既彰显着改革开放的正确性、科学性，也反映了中国共产党坚持党的建设的不懈努力和伟大成就。党的十八大以来，中国特色社会主义进入了新时代。新时代是在党的领导下，党的建设全面加强的基础上，中国特色社会主义发展新的历史方位。可以说，在长期的革命、建设、改革过程中，

---

　　① 《毛泽东选集》第 2 卷，人民出版社 1991 年版，第 606 页。

中国共产党坚持人民至上，坚持为人民服务的宗旨和原则，推动党的建设新的伟大工程不断取得显著成效。

进入新时代，党的建设迈出了新征程，党的十九大提出了新时代党的建设的总要求，"坚持和加强党的全面领导，坚持党要管党、全面从严治党，以加强党的长期执政能力建设、先进性和纯洁性建设为主线，以党的政治建设为统领，以坚定理想信念宗旨为根基，以调动全党积极性、主动性、创造性为着力点，全面推进党的政治建设、思想建设、组织建设、作风建设、纪律建设，把制度建设贯穿其中，深入推进反腐败斗争，不断提高党的建设质量，把党建设成为始终走在时代前列、人民衷心拥护、勇于自我革命、经得起各种风浪考验、朝气蓬勃的马克思主义执政党。"[①] 新时代党的建设总要求，充分凸显了廉洁自律对党的建设的重要性，廉洁自律要求大公无私、正直高洁，是从严治党的前提。廉洁自律要求安贫乐道、人民至上，是保证党的执政能力，保证党的先进性和纯洁性的基础。廉洁自律既是政治建设的重要体现，也是思想建设的内在要求；既是组织建设过程中的必备素养，也是作风建设的重要内容；既是纪律建设的根本遵循，也是制度建设的根本目标。也就是说，廉洁自律贯穿着党的政治建设、思想建设、组织建设、作风建设、纪律建设、制度建设，是党的建设的重要内容，是推进党的建设的重要途径。2022 年 10 月 16 日，习近平在中国共产党第二十次全国代表大会上作报告，对以往的工作进行了总结和评价，对将来的历史使命、历史任务进行了部署。其中就明确指出，要

---

① 习近平：《决胜全面建成小康社会 夺取新时代中国特色社会主义伟大胜利——在中国共产党第十九次全国代表大会上的报告》，人民出版社 2017 年版，第 61-62 页。

"坚定不移全面从严治党,深入推进新时代党的建设新的伟大工程"①。要进一步深入推进新时代党的建设新的伟大工程,就需要进一步强化党内的廉洁自律,切实做好培养新时代廉洁自律道德操守的各项工作。

(二)培养廉洁自律道德操守是推进自我革命的基本目标

2021年2月,习近平在党史学习教育动员大会讲话时旗帜鲜明地指出:"勇于自我革命,是我们党最鲜明的品格,也是我们党最大的优势。"② 自我革命是对自我内心世界的防范和规范,是对自我精神世界的拷问和发展,也是对自我言行举止的监督和反思。由于个人在不同环境、不同群体中扮演着多种角色,具有多种身份,所以自我革命在不同层次上也就具有多重不同的意义,能够对家庭、社会、国家等各个层面产生影响。廉洁自律作为一种高尚的德性,是自我革命的基本目标之一,也是自我革命的根本要求。

进入新时代,党和国家对于自我革命的重要性认识愈加深刻,并将自我革命与社会革命相联结,突出了自我革命对于社会进步、国家发展、民族复兴的重要作用。党的十九大在强调全面准确贯彻落实新时代中国特色社会主义思想的精神实质和丰富内涵时,尚只是将"自我革命"作为"坚持全面从严治党"的组成部分和内在要求,将"勇于自我革命,从严管党治党"作为"我们党鲜明的品格"。随后,以习近平同志为核心的党中央对"自我革命"问题作了进一步的深入研究和阐释。2018年4月,习近平在党的十九届中央政治局第五次集体

---

① 习近平:《高举中国特色社会主义伟大旗帜　为全面建设社会主义现代化国家而团结奋斗——在中国共产党第二十次全国代表大会上的报告》,人民出版社2022年版,第63页。

② 习近平:《在党史学习教育动员大会上的讲话》,人民出版社2021年版,第9页。

学习时指出：“党要领导人民推进伟大社会革命、实现民族伟大复兴，就必须发扬自我革命精神”①。发扬自我革命精神，推动社会革命，进而实现中华民族伟大复兴，三者构成逐步推进的紧密逻辑链条。将自我革命与社会革命、民族复兴紧密结合，彰显了自我革命的重要意义和价值。2022 年 1 月，习近平在“不忘初心、牢记使命”主题教育总结大会上从自我革命与社会革命的视角对党的历史进行了总结和分析，在回顾党的历史的基础上认为，“在推动社会革命的同时，勇于推动自我革命”是我们党始终能够绝处逢生、拨乱反正，打不倒、压不垮的关键，并作出了“强大的政党是在自我革命中锻造出来的”论断。在 2022 年 11 月党的十九届六中全会审议通过的《中共中央关于党的百年奋斗重大成就和历史经验的决议》中，“自我革命”的重要性得到极大加强，具有了独立的意义。该决议对百年来中国共产党带领人民取得的重大成就和历史经验进行了全面分析和系统总结，其中，“坚持自我革命”便是建党百年奋斗的历史经验之一。同时，将“勇于自我革命”视为中国共产党与其他政党不同的显著标志，将“自我革命精神”作为“党永葆青春活力的强大支撑”，特别强调了坚持真理、直面问题，确保党不变质、不变色、不变味的重要性。②

　　不难看出，“自我革命”已经成为影响党和国家发展前途命运的重要因素和重大课题。正因如此，党的二十大不仅从“从严治党”的视角提出了“以党的自我革命引领社会革命”的历史命题，明确了“完善党的自我革命制度规范体系”的历史任务，更进一步明确了“自我革命”是“跳出治乱兴衰历史周期率的第二个答案”的重要论

① 习近平：《论党的宣传思想工作》，中央文献出版社 2020 年版，第 314 页。
② 《中共中央关于党的百年奋斗重大成就和历史经验的决议》，人民出版社 2021 年版，第 70 页。

断。党的二十大报告中有关"自我革命"的论述，意味着自我革命将是新时代党领导全国人民建设中国特色社会主义，实现第二个百年奋斗目标，实现中华民族伟大复兴过程中不可忽视、一以贯之的基本要求和行为准则。归根结底，自我革命产生影响的程度、发挥作用的高低，取决于自我革命后形成的道德素养、品德能力、理想信念。廉洁自律内涵丰富，取向鲜明，蕴含公私分明、崇廉拒腐、尚俭戒奢、甘于奉献等美好品德，囊括修身、齐家、用权、从政的基本要求，是权为民所用、利为民所谋、情为民所系的重要保障，更是增强党自我净化、自我完善、自我革新、自我提高能力的根本。实际上，党的二十大报告明确提出："腐败是危害党的生命力和战斗力的最大毒瘤，反腐败是最彻底的自我革命。"① 培养廉洁自律道德操守以反腐败为主要目标之一，自然构成自我革命的基本内容和重要目标。

（三）培养廉洁自律道德操守是实现中国式现代化的必然要求

"现代化"是从西方引入的概念，指西方工业革命后，社会、政治、经济、文化等各方面发生的深刻变革。与西方通过工业革命逐步走上现代化道路，进而依靠侵略扩张获得快速发展不同，中国的现代化道路是在吸取世界各国先进经验的基础上，结合中国国情、具有中国特色的中国式现代化道路。

近代中国面临着亡国灭种危机，自鸦片战争开始，先进的中国人便试图寻找适合中国的救国之路、独立之路、发展之路，以实现

---

① 习近平：《高举中国特色社会主义伟大旗帜　为全面建设社会主义现代化国家而团结奋斗——在中国共产党第二十次全国代表大会上的报告》，人民出版社2022年版，第69页。

中国的独立和富强。不过，无论是传统的农民起义还是西方的共和民主制度，在近代中国都行不通，西方帝国主义者更不允许中国通过走西方的近代化道路获得民族独立和人民解放。第一次世界大战爆发暴露了西方民主制度的弊端，巴黎和会上中国的外交失败让时人认识到了西方宣扬的自由平等等"普世价值"的虚伪。俄国十月革命的胜利，则让探索救国道路的中国人看到了不同于西方的全新发展道路，而且这一新型发展道路契合了中国知识分子心心念念的大同理想，部分先进知识分子开始转向马克思主义。早期中国马克思主义知识分子由此诞生，随后成立了中国共产党，带领中国人民推翻了三座大山的压迫，建立了新中国，开启了近代化的探索。在革命过程中，以毛泽东为代表的中共领导人便深刻地认识到，中国国情具有特殊性，将马克思主义基本原理与中国具体国情、具体实际相结合，才能找到适合中国的道路。面对新中国的建设问题，毛泽东在 1956 年 4 月提出了要把马克思列宁主义与中国实际进行"第二次结合"的思想，表明了中国共产党人探索中国建设道路的原则，也为邓小平探索"中国式的现代化"道路奠定了基础。1979 年 3 月，在党的理论工作务虚会上，邓小平提出，过去搞民主革命要适应中国情况，"现在搞建设，也要适合中国情况，走出一条中国式的现代化道路"，并特别强调搞"四个现代化"必须看到中国底子薄、人口多、耕地少的特点，强调"中国式的现代化，必须从中国的特点出发"。[①] 其后，邓小平在多个场合反复强调、阐释了"中国式的现代化"这一概念，强调中国式的现代化要根据自己的情况、自己的特点，自力更生，体现中国特色。

进入新时代后，中国的政治、经济、文化、社会等各方面飞速发

[①] 《邓小平文选》第 2 卷，人民出版社 1994 年版，第 163-164 页。

展，并愈加明显地呈现出自己的特色和特点。中国故事、中国话语、中国方案、中国智慧、中国力量、中国式的现代化等问题得到学术界的广泛讨论，也得到国际社会的广泛关注，更得到党和国家的高度重视。2020年10月，习近平在党的十九届五中全会第二次全体会议上指出："中国式现代化既切合中国实际，体现了社会主义建设规律，也体现了人类社会发展规律。我国要坚定不移推进中国式现代化，以中国式现代化推进中华民族伟大复兴，不断为人类作出新的更大贡献。"[①] 在庆祝中国共产党成立一百周年大会上的讲话中，习近平更将"创造了中国式现代化新道路"总结为中国共产党百年奋斗的历史经验之一。其后，习近平多次强调，要以中国式现代化推进中华民族伟大复兴。在党的二十大报告中，习近平在阐述"新时代新征程中国共产党的使命任务"时明确指出，党的中心任务是"团结带领全国各族人民全面建成社会主义现代化强国、实现第二个百年奋斗目标，以中国式现代化全面推进中华民族伟大复兴"，并对中国式现代化的特点、内涵作出了规定，将中国式现代化的特点概括为"人口规模巨大的现代化""全体人民共同富裕的现代化""物质文明和精神文明相协调的现代化""人与自然和谐共生的现代化""走和平发展道路的现代化"。[②]中国式现代化作为推进民族复兴的重要手段，作为中国建设社会主义现代化强国的基本途径，是全国人民一体、物质与精神一体、人与自然一体、国际与国内一体的全方位发展，是政治开明、社会清明、生态文明的和谐共进。中国式现代化的推进，归根结底是依靠人，根本

---

① 《习近平谈治国理政》第4卷，外文出版社2022年版，第124页。

② 习近平：《高举中国特色社会主义伟大旗帜　为全面建设社会主义现代化国家而团结奋斗——在中国共产党第二十次全国代表大会上的报告》，人民出版社2022年版，第22—23页。

目标也是实现人的全面发展。培养廉洁自律道德操守既是确保中国式现代化持续稳步、快速发展的基础，更是处理好人与人、人与自然之间的关系，实现精神富裕的基本前提和根本目标，既是实现中国式现代化的必然要求，也是实现中国式现代化的必然结果。

（四）培养廉洁自律道德操守是构建人类命运共同体的重要前提

人类社会发展最终将往何处去的问题，是自人类诞生以来便一直存在，并吸引世界各地无数贤哲深入思考的话题。柏拉图提出了"理想国"，莫尔设计了"乌托邦"，圣西门等人建构了"空想社会主义"，马克思、恩格斯则在总结人类历史发展规律的前提下，经过科学分析、论证、构思，提出了"共产主义社会"的蓝图。这些设想对于人类未来的社会构成、社会制度、生产生活方式等进行了擘画，对于人与人之间关系，虽然有所考虑，甚至预见到了社会经济的发展可能带来人类生产生活方式的变革，但对于具体的全球化所带来的国家与国家之间、人种与人种之间的复杂关系，则难免囿于时代背景而考虑不够周全。习近平考察国际、国内形势，结合人类社会发展的规律和人类的共同理想，创造性地提出了"构建人类命运共同体"这一宏大议题，为世界发展提供了中国方案。

尽管和平与发展仍然是当今世界的主流，但世界不少国家和地区仍然存在各种各样的矛盾、冲突。习近平在 2017 年接见驻外使节时指出："放眼世界，我们面对的是百年未有之大变局。"[①]"百年未有之大变局"，是中国共产党对当前世界发展局势作出的重要论断，是对中国发展的外部环境的观察与思考。"变局"既会带来机遇，也会带来

---

① 《习近平谈治国理政》第 3 卷，外文出版社 2020 年版，第 421 页。

挑战。一方面是新一轮科技革命和产业革命深入发展、日新月异，全球各国联系日益紧密、关系日益密切，越来越成为一个难以分割的整体，世界化的背景为发展提供了更多的空间、渠道、机遇和可能。另一方面是世界部分国家和地区矛盾冲突不断，不确定性、不稳定性突出，霸权主义、单边主义、保护主义、极端民族主义、逆全球化、环境污染等问题层出不穷，尤其是近年来新冠肺炎疫情、俄乌战争，以及以美国为首的西方国家趁机兴风作浪，更让整个人类社会的发展蒙上了阴霾。人类命运共同体的提出，是应对国际局势，应对时代变局的重要举措，是谋求世界和平、共赢发展的科学理念。作为人类命运共同体的提出国、倡议国，要切实推进人类命运共同体的构建，首先要让世界认识中国、认同中国，要让世界看到一个富强、民主、文明、和谐、美丽的社会主义现代化国家，让世界看到中国之治、中国之路、中国之理的科学性、先进性。培养廉洁自律道德操守，是塑造良好中国形象，建设社会主义现代化强国，实现中国之治，修筑中国之路，论证中国之理的重要前提，也是推动人类命运共同体构建的重要前提。

（五）培养廉洁自律道德操守是实现中华民族伟大复兴的必要举措

在漫长的人类历史发展长河中，中华民族曾创造了璀璨的华夏文明，形成了举世瞩目的中华文化。在很长的一段时间内，中华民族在政治、经济、文化等各方面长期居于世界首位。被誉为"当代最伟大的经济历史数据考证与分析专家"的英国著名经济学家安格斯·麦迪森在《中国经济的长期表现》中便曾对近代中国的 GDP 进行过测算。他认为，从 1700 年到 1820 年，中国不仅 GDP 排名世界第一，在世界的比重也由 22.3% 增长到 32.9%，人口比重则从 22.9% 增长到 36.6%。由此不难想见中国在人类社会发展历程中曾经拥有过的辉煌盛况。

不过，随着清政府的闭关锁国和西方列强的野蛮入侵，内忧外患接踵而至，国家、民族和人民陷入深深的苦难之中。人为刀俎我为鱼肉，割地赔款，丧权辱国成为常态。清末民初国力颓微，国墟人奴的现实危机激发了知识分子的民族悲情。挽狂澜于既倒，扶大厦之将倾的努力背后，有着恢复昔日荣光，复兴民族的诉求。孙中山提出了"诚可举政治社会、社会革命毕其功于一役"的主张。其中，政治革命是对西方资本主义共和民主制度的向往，是挽救时局的有感而发。社会革命的"平均地权""节制资本"主张，则是克服资本主义制度弊端的探索，蕴含着快速追赶西方，甚至超其而上的潜台词。陈独秀、李大钊等人由服膺西方民主共和到最终转向马克思主义，虽有第一次世界大战、巴黎和会、十月革命等重要客观历史事件的影响，但学习西方即便能够改变中国政治、经济、文化、社会等各方面状况，可终究只能亦步亦趋而难以改变中国的世界地位未尝不是重要原因。实际上，五四之后无政府主义在中国大行其道、马克思主义在中国快速传播发展，与二者直指人类最终理想社会的本质大有关联。对中国知识分子而言，跨越资本主义"卡夫丁峡谷"，意味着在社会形态上弯道超车，社会形态的优越性无疑会带来发展上的优势。新中国快速走上社会主义道路，开启大规模的社会主义建设，毛泽东多次缩短"赶英超美"的时间，既是向苏联看齐，也是与世界较劲，更是对社会主义中国应当也必然能快速发展，进而走在世界前列的坚定信心表达。

进入新时代，在党和国家的带领下，中国各方面成绩斐然，发展势头强劲。尤其随着脱贫攻坚顺利收官，全面建成小康社会，第一个百年奋斗目标胜利实现，社会的主要矛盾转化为人民日益增长的美好生活需要和不平衡不充分的发展之间的矛盾。实现民族复兴的基础更加雄厚，渴望愈发强烈。2012 年 11 月，习近平在参观国家博物馆主办的"复兴之路"展览时，第一次阐释了"中国梦"的概念，认为"实现中华民族伟大复兴"就是中华民族近代以来最伟大的梦想。"中国梦"将国家、民族、个人作为命运共同体，将国家利益、民族利益、社会利益、个人利益有机结合，反映了全党和全国人民的共同愿望和共同憧憬。在党的十九大报告中，习近平13次使用了"中国梦"的说法，27次使用了"中华民族伟大复兴"的说法。在党的二十大报告中，"中国梦"的使用频次虽有所下降，但"中华民族伟大复兴"的说法依然热度不减，出现了15次。反映出中华民族伟大复兴已经越来越不仅仅是梦想，而是越来越成为党和国家看得见、摸得着的期待。两次大会的主题，最终都落脚到为实现中华民族伟大复兴而奋斗，点明了新时代党和人民努力的方向、目标。民族复兴，人人有责。人作为民族复兴的主体，作为发展的动力，决定着发展的好坏、速度、方向。盛极一时的大清王朝之所以走向衰亡，声势浩大的国民党之所以败走台湾，贪污腐败、人心涣散是极为重要的原因。前事不忘，后事之师，在为实现中华民族伟大复兴的梦想而努力的今天，我们更要铭记历史，吸取经验，切实培养廉洁自律道德操守，确保个人的良好品行，进而形成社会的良好风气、民族的良好氛围，实现国家的良好发展。

第三章

新时代培养廉洁自律道德
操守的主要内容

如前所述，"洁"之内涵虽较为明确，但"廉"之字义有其复杂的发展演变过程，内涵也较为丰富。迄于当代，党和国家又结合时代特点和社会发展需要，根据时势对"廉洁"提出新的要求、完善新的内容，这就使得"廉洁自律道德操守"具有了较为复杂的内涵和较为立体的内容。总体而言，道德品质主要通过外化为言行举止来体现，在生产、生活实践中有各方各面的不同表现。当前我们所强调的"廉洁自律道德操守"，主要内容具体表现为在处理公与私、廉与腐、俭与奢、苦与乐四种关系方面所应遵循的基本准则和原则要求。

一、处理好公与私的关系

处理公与私的关系，是廉洁自律道德操守的首要作用和功能，也是衡量党性的根本标准。2013 年 9 月，习近平在讲话中便指出："在作风问题上起决定作用的是党性，衡量党性强弱的根本尺子是公、私二字"①。在处理公私关系的问题上，大致可依据对二者的态度，归结为三个层次，即公私分明、先公后私、公而忘私乃至大公无私。

（一）处理公与私的关系，公私分明是基础

公私分明是处理好公与私的关系的基础。从重要性的角度而言，作为国家治理的"廉洁"与作为个人品德的"廉洁"自然不可同日而语。党员干部承担着率先垂范、治国安民的重任，其行为作风廉洁与否，直接关系到社会发展与稳定，所以党员干部尤其要注重廉洁。一般来说，作为社会的组成部分，党员干部的身份有着双重属性，一方面是作为"私"的个人、家庭，另一方面则代表"公"的国家、民族。处理好"公"与"私"的关系，是廉洁对于广大党员干部的首要要求。而处理好"公"与"私"的关系，首先要明辨公私之间的界限，做到公私分明。

"大道之行也，天下为公。"中华传统文化特别强调"公"，要求公私分明。《说文解字》中对"公"的解释为："平分也。从八从厶。

---

① 中共中央文献研究室编：《十八大以来重要文献选编》（上），中央文献出版社 2014 年版，第 468 页。

八犹背也。韩非曰：背厶为公。"① "公"与"私"作为对立的二者，一定程度上相互依存。韩非子还曾指出："所谓直者，义必公正，公心不偏党也。"② 意思是所谓正直，就是道义上必然公正，有公心而不偏私。《商君书》中也指出："公私之分明，则小人不嫉贤，而不肖者不妒功。"③ 即公私界限明确之后，小人就没办法嫉妒贤才，不贤的人也就没法嫉妒有功之人，所以公私分明对于国家、社会而言非常重要。唐朝独孤及有"善恶生于公私"④ 的表达，明朝胡居仁有"公生明，私生昏"⑤ 的说法，《明史》中有"人有公私，故言有邪正"⑥，三者涵义大体一致，即公与私产生善与恶、明与昏、邪与正。清代何启则从公平角度指出，"公者无私之谓也，平者无偏之谓也"⑦，意即不偏不私才能谓之公平。可见"公"与私相对，是一种重要的道德，公平公正内蕴着不偏不私的言下之意。战国时期的荀子强调了处事公正所具有的重要意义，其言称"公生明，偏生暗"⑧，即公正就能耳聪目明，偏私则昏暗愚昧。不仅如此，荀子还曾言："公道达而私门塞矣，

① 许慎撰，段玉裁注：《说文解字注》，上海古籍出版社 1988 年版，第 49 页。

② 王先慎撰，钟哲点校：《韩非子集解》，《新编诸子集成》卷六，中华书局 1998 年版，第 146 页。

③ 魏徵、褚亮、虞世南、萧德言合编，《群书治要》学习小组译注：《群书治要译注》第 8 册，中国书店 2013 年版，第 3017 页。

④ 蒋栋臣、霍亮编著：《百家哲言录》，汕头大学出版社 2008 年版，第 205 页。

⑤ 金沛霖主编：《四库全书 子部精要》，天津古籍出版社 1998 年版，第 307 页。

⑥ 张廷玉等撰：《明史》卷 127-160，吉林人民出版社 2005 年版，第 2714 页。

⑦ 何启、胡礼垣著，郑大华点校：《新政真诠 何启 胡礼垣集》，辽宁人民出版社 1994 年版，第 73 页。

⑧ 徐颂陶主编：《资政通鉴》（一）修身卷、齐家卷，中国社会出版社 2003 年版，第 99 页。

公义明而私事息矣。如是，则德厚者进，而佞悦者止；贪利者退，而廉节者起。"① 也就是为公之路畅达，徇私请托之门径就被杜绝，为公之大义彰明，个人谋私之事就止息，这样的话，品德淳厚者得到任用，而奸佞诌媚者受到遏制，贪图利益者被辞退，而廉洁奉公者受到重用。荀子之说，既凸显了"公正"的重要价值，也说明了公私分明的重要性，更体现了公、私、贪、廉之间的逻辑关联。

公正与偏私对于国家、社会的发展稳定具有截然不同的影响，决定了公私分明的重要性。要做到公私分明，就要明确公权与私权、公心与私心、公事与私事、公益与私益的区别，把握二者之间的界限。具体而言，党员干部在日常工作、生活中，要时刻保持清醒、保持警惕，严格注意把握权力与权利的关系。权力由党和国家授予，人民让渡，主要用于管理社会公共事务，服务于公众利益。权利则是个人享有的，除非法律另有规定，否则天生且不可剥夺，是个人作为个体、作为独立的人格主体在社会中所应享有的权益。公心私心、公事私事、公务私务则属于一组密切相关的概念，为国家、民族、人民、集体、公众着想的心，便是公心，为国家、民族、人民、集体、公众服务的事，便是公事，为国家、民族、人民、集体、公众谋取的利益，便是公益。相反，为个人、亲友、利益相关者着想、谋事、获益，便是私心、私事、私益。公私分明在处理公心私心、公事私事、公务私务方面，要求在不同情况、不同场合、不同环境中都要把握自己的身份定位、行为定位、作风定位，属公事者就必须秉公心谋公益。

公私分明根本上是要恪守本分、不越底线，习近平便多次就公私分明提出严格要求。2014 年 5 月，他在参加河南省兰考县委常委班子

---

① 吕效祖、赵保玉编：《群书治要考译》第 3 册，团结出版社 2011 年版，第 492 页。

专题民主生活会时便提出："执政党对资源的支配权力很大，应该有一个权力清单，什么权能用，什么权不能用，什么是公权，什么是私权，要分开，不能公权私用。"① 在十八届中央纪委三次全会上，习近平又指出："公款姓公，一分一厘都不能乱花；公权为民，一丝一毫都不能私用。"② 对于公权私用、公款私用的警惕，也是对公私分明的强调。在历史上，我们有众多优秀的党员和干部，秉持着公私分明的基本原则，为培养廉洁自律道德操守树立了良好的榜样。1937年初中共江西临时省委成立时，一度靠乞讨度日却始终不动用党的经费，江西省苏维埃政府主席刘启耀将保管了3年的经费交给组织。内蒙古自治区党委原常委、呼和浩特市委原书记牛玉儒，在遇到亲人请托解决侄子工作问题时，义正词严地拒绝，"权力是人民给的，不属于我自己，我不能随便支配"③。他们用公私分明的态度、立场和行动，显示了光明正大、堂堂正正的人格，也彰显了自身廉洁自律的道德操守。

（二）处理公与私的关系，先公后私是要求

相较于公私分明，先公后私无疑是更高层次的要求，表现为克己奉公，即克制自己的私心私欲，一心为公，大局为重。要求在面临"公"与"私"的取舍时，将"公"置于第一位。北宋程颢、程颐所著《二程集》中有"一心可以丧邦，一心可以兴邦，只在公私之间

---

① 中共中央纪律检查委员会、中共中央文献研究室编：《习近平关于党风廉政建设和反腐败斗争论述摘编》，中央文献出版社2015年版，第129页。

② 《习近平谈治国理政》第1卷，外文出版社2018年版，第394页。

③ 冯国权、刘平主编：《镜鉴——与党员干部谈反腐倡廉》，人民出版社2014年版，第90页。

尔"①的说法，意思是私心可以亡国，公心则可以兴邦。这一说法充分显示了公心、私心的此消彼长可能带来的积极作用和消极后果，也很好地诠释了先公后私的重要意义。

武则天在其《臣轨》一书中即对先公后私进行了具体剖析，对为臣者如何处理公、私关系作出了指示。书中指出："天无私覆，地无私载。日月无私烛，四时无私为。忍所私而行大义，可谓公矣。"书中还强调："人臣之公者，理官事则不营私家，在公门则不言货利，当公法则不阿亲戚，奉公举贤，则不避仇人。"②也就是说，"公"即"忍所私而行大义"，对于人臣而言，具体即办公事不图私利，为公家效力不贪财利，执行法律不偏袒亲戚，举荐贤才不避开仇人。北宋苏辙提出要"不以私爱害公义"，即不能以私人偏好损害公众利益，也即不能将私凌驾于公之上。南宋著名理学家朱熹在《中庸章句》中提出了自己的公私观，即"不以一毫私意自蔽，不以一毫私欲自累"③。即不因一点个人利益而是非不分，不因为一点私心而让自己身心疲惫。清代周希陶也指出："毋私小惠而伤大体，毋借公论而快私情。"④意思是不要私下以小恩小惠影响大局，不要以公论解决私情，本质上就是要先公后私。这些说法，都强调了先公后私的原则性、重要性。

与此同时，以权谋私、因私废公的行为，自古以来便为中国知识分子所唾弃，也为士大夫所不齿。西汉刘向在其《战国策》一书中指出："所贵于天下之士者，为人排患释难，解纷乱而无所取也；即有

---

① 李敖主编：《周子通书 张载集 二程集》，天津古籍出版社2016年版，第260页。

② 武则天：《臣轨》，中华书局1985年版，第20页。

③ 子思撰，李春尧译注：《中庸译注》，岳麓书社2016年版，第81页。

④ 翟博主编：《中国家训经典》，海南出版社2002年版，第748页。

所取者，是商贾之人也。"① 即天下士者可贵的品质在于，为人排忧解难而不求回报，只有商人才会要求回报。唐代吴兢则从徇私舞弊的角度阐述该行为之恶劣影响，以警醒世人。其《贞观政要》一书中云："若徇私浊，非止坏公法，损百姓，纵事未发闻，中心岂不恒恐惧？恐惧既多，亦有因而致死。大丈夫岂得苟贪财物，以害身命，使子孙每怀愧耻耶？"② 简而言之，即徇私舞弊害处不仅在破坏法纪、损害百姓，而且会导致恐惧害命，使子孙后代愧疚耻辱。吴兢之言，是从中国知识分子注重清誉，追求名节，尤其注重子孙后代前途出路的传统习惯而言，留下恶名使子孙愧耻，无疑会令人投鼠忌器，可谓抓住了中国知识分子的"软肋"。

2016 年 4 月，习近平在知识分子、劳动模范、青年代表座谈会上讲话时指出："坚持国家至上、民族至上、人民至上，始终胸怀大局、心有大我。"③ 国家、民族、人民至上，心怀大局、大我，换句话说便是以公为上，将个人、个人利益置于次要地位，便是先公后私。在中国历史上，不乏先公后私的典型。大禹治水三过家门而不入，是将苍生黎民置于个人和家庭之上。蔺相如功高被拜为上卿，面对廉颇的挑衅，不顾个人荣辱，多次主动避开，在随从相问时，则以"先国家之公而后私"相对，最终感动廉颇，创造了"负荆之交"的佳话，成就了赵国的强大。革命烈士梁金生在家书中对自己提出了"英雄未必无情者，先公后私界限明"的要求。历经百战的战斗英雄方和明在新中国成立后深藏功与名，回到家乡做起了农民，面对子女的埋怨，方和

---

① 叶玉麟选释：《译解战国策》，生活·读书·新知三联书店 2022 年版，第 334 页。

② 陈虎总主编，李宝校注：《贞观政要》，吉林大学出版社 2021 年版，第 171 页。

③ 习近平：《在知识分子、劳动模范、青年代表座谈会上的讲话》，人民出版社 2016 年版，第 6 页。

明耐心教导："先公后私、先人后己才是共产党人。"先公后私的重要性在周恩来1963年在华东地区农业先进集体代表大会上发表的讲话中体现尤为突出，周恩来在会上提出了"八先八后"的原则。具体包括先集体，后个人；先国家，后个人；先求己，后求人；先责己，后责人；先顾公，后顾私；先为公，后为私；我为全民，全民为我；我为世界，世界为我。其中，"先集体，后个人""先国家，后个人""先顾公，后顾私""先为公，后为私"都是先公后私的同义表达，充分体现了党和国家领导人对于先公后私的极端重视，也昭示着在培养廉洁自律道德操守的过程中，必须固守"公"的理念，坚持"公心"，避免以权谋私；坚持"公务"优先，避免假公济私；坚持"公事"优先，避免因私废公；坚持"公益"优先，避免监守自盗。

（三）处理公与私的关系，大公无私是目标

在处理公与私的关系时，相较于公私分明、先公后私，公而忘私乃至大公无私作为摈弃了一己之私的高风亮节，是最高层级的目标。刘安在《淮南子》中对尧给予了"公正无私，一言而万民齐"[1]的评价。公正无私，言语能得到民众的一致赞同，这一评价既是对尧人品道德的肯定，也是对公与私关系的说明，更是对公正无私作用的阐释。

中华优秀传统文化从各方面对大公无私的品德进行了赞誉和弘扬。《汉书》中有"国耳忘家，公耳忘私"[2]之说，即为国家办事要忘记自家的事，办公事就要忘掉私事。东汉著名经学家马融指出，"不私而

---

① 刘安著，刘少影译注：《淮南子》，中国工人出版社2016年版，第172页。

② 贾谊：《贾谊集》，上海人民出版社1976年版，第199页。

天下自公"①，意即不怀私心，天下自然就公正了。晋代傅玄指出，"去私者，所以立公道也。唯公然后可以正天下"②，意思是去除私情才能确立公正的原则，公正无私才能匡正天下。隋朝王通有言，"无私，然后能至公，至公，然后以天下为心矣"③，即无私心才能做到至公，有了公心然后就能以天下事为己任。唐代韩愈则对大公无私的具体要求进行了阐释，认为"公无私者，其取舍进退无择于亲疏远迩"，④ 即大公无私的人，取舍进退应该排除亲疏远近的关系。同时代张蕴古所谓"大明无偏照，至公无私亲"⑤ 与韩愈之说意思表达大体一致。这些说法充分肯定了大公无私作为处理公私关系的最高原则和最终目标所具有的重要作用。

中国共产党始终坚持人民至上，没有自己的特殊利益。没有自己的特殊利益，实际上也就是没有私利，只有为民为公。也就是说，作为无产阶级的先锋队，本身就要求有大公无私的觉悟和品行。在党的历史发展过程中，雷锋同志立足本职，在平凡工作中创造出不平凡的业绩，以艰苦奋斗的精神坚持践行着全心全意为人民服务的宗旨，是为共产主义伟大理想无私奉献的典型。雷锋意外牺牲后，毛泽东向全党发出了"向雷锋同志学习"的号召。焦裕禄担任兰考县委书记时，一边忍受病痛折磨，与肝癌作斗争，一边坚持严于律己、关心群众、

---

① 孔子、马融著，卢付林注译：《孝经　忠经》，崇文书局 2012 年版，第 120 页。

② 魏征等编撰：《群书治要》，北京理工大学出版社 2013 年版，第 661 页。

③ 张文治编：《国学治要　集部　子部》，北京理工大学出版社 2014 年版，第 753 页。

④ 《韩愈集》，凤凰出版社 2020 年版，第 240 页。

⑤ 张文治编：《国学治要　集部　子部》，北京理工大学出版社 2014 年版，第 989 页。

艰苦朴素、认真工作，积极整治"内涝、风沙、盐碱"三害，最终铸就了"亲民爱民、艰苦奋斗、科学求实、迎难而上、无私奉献"的焦裕禄精神。江泽民、胡锦涛、习近平都多次强调，要向焦裕禄同志学习，做人民的好公仆，为人民利益奉献一生。可以说，雷锋和焦裕禄极为典型地体现了中国共产党人应该有的思想和觉悟，体现了中国共产党人应该具备的大公无私的态度和无私奉献的精神。

进入新时代后，习近平多次强调在处理公私问题时，要公私分明、先公后私，乃至公而忘私、大公无私。2013年，习近平在讲话中便指出，党员干部"只有一心为公，事事出于公心"①，才能有正确的是非观、义利观、权力观、事业观，才能把群众装在心里。"一心为公"便是不存私心，也就是公而忘私、大公无私，将之作为树立正确是非观、义利观、权力观、事业观的前提，反映了习近平对大公无私的重视。2014年，习近平在第十八届中央纪律检查委员会第三次全体会议上讲话时，专门强调了公与私的问题。其中指出："作为党的干部，就是要讲大公无私、公私分明、先公后私、公而忘私，只有一心为公、事事出于公心，才能坦荡做人、谨慎用权，才能光明正大、堂堂正正。"② 2021年，习近平在讲话中又强调："党的干部都要有秉公办事、铁面无私的精神，讲原则不讲面子、讲党性不徇私情。"③ 从根本上而言，对于大公无私的倡导，本质上是对秉公用权的弘扬，是践行党立党为公、执政为民的原则，也是坚持党员干部人民公仆身份的本质要求。

---

① 《习近平谈治国理政》第1卷，外文出版社2018年版，第394页。
② 《习近平谈治国理政》第1卷，外文出版社2018年版，第394页。
③ 《习近平谈治国理政》第4卷，外文出版社2022年版，第533页。

二、处理好廉与腐的关系

"廉"的直接体现和主要内涵是不贪污、不妄取，而不贪污、不妄取本身也构成"洁"的内涵和要求。从另一个角度来看，贪污、妄取其实便是"腐败"，所以崇廉拒腐、清白做人、干净做事也就成为"廉洁"的基本要求之一。正确处理好廉与腐的关系，既要树立清廉是福、贪欲是祸的观念，更要践行崇廉拒腐、清白干净的要求。

（一）树立清廉是福、贪欲是祸的观念

外因通过内因起作用，作为一种负面的行为表现，腐败有其深层次的内在心理根源。贪欲作为一种消极的欲望，往往表现为无休止的求取行为，是腐败的内在驱动力。2019 年 3 月，习近平在中央党校（国家行政学院）中青年干部培训班开班式上讲话时便强调："要牢记清廉是福、贪欲是祸的道理，树立正确的权力观、地位观、利益观，任何时候都要稳得住心神、管得住行为、守得住清白。"[1] 所以要处理好廉与腐的关系，首先要树立正确的价值取向，形成有关廉与贪的正确观念、态度和立场。

明代王文禄认为，"夫无欲者，廉之清也"，也就是没有包括利欲心在内的各种欲望就是廉洁的清白特征，所以清廉便是无贪欲、不贪污。贪欲与贪污腐败一体两面，贪欲为思想取向，贪污腐败则为行为实践。贪污始于贪欲，也即始于追求利益，以利为先，见利而忘义。春秋时期孔子曾言："无欲速，无见小利。欲速则不达，见小利则大

---

[1]　《习近平谈治国理政》第 3 卷，外文出版社 2020 年版，第 521 页。

事不成。"① 意思就是不要急于求成，不要贪图小利，急于求成则达不到目的，贪图小利则大事难成。战国时期吕不韦则对义、利、廉的逻辑关系进行了简要叙述，即"临大利而不易其义，可谓廉矣"②，其意为见利而不忘义可谓廉，换句话说便是见利而不妄取，不贪污腐败，就能称之为"廉洁"。

从一般意义来看，贪欲之心和贪污之行与人的日常生活习惯、行为方式息息相关。古人云"膏粱难整"，即整天享用精致美食的人难有端正的品性，对此，北朝颜之推认为原因在于"以其为骄奢自足，不能克励也"③，也就是只知骄横奢侈自我满足，便不能自我克制和勉励。清朝汪辉祖在《学治臆说》中则言，"侈靡之为害也，取之百姓不已，必至侵及官帑"④，奢靡为害而取之百姓不已，甚至侵及官帑，也就是生活奢靡必然导致贪污腐败，具体表现为剥削百姓甚至损害国家。该言揭示了奢侈与贪污、妄取之间的联系，也即贪与廉之间的关系。同时期的福林也指出："多欲者必放于利，放于利必重贿。贿聚于公，则国弊；聚于私，则家危。"⑤ 金钱欲望多则追求利益，追求利益必然会重金贿赂，贿赂行于国家则国家弊端丛生，行于私人则危及家族，这一说法诠释了由贪至腐的演进逻辑，及其对于国家、家族的危害。

整体来看，对于"利""财"的态度，大致构成贪腐与清廉的界限。所谓"君子爱财，取之有道"，取之无道则不廉，且易招灾祸。

---

① 孔丘著，杨伯峻、杨逢彬注译：《论语》，岳麓书社 2000 年版，第 116 页。

② 吕不韦等编撰，王勇主编：《吕氏春秋全编》，北京日报出版社 2016 年版，第 132 页。

③ 陈志坚主编：《诸子集成》第 5 册，北京燕山出版社 2008 年版，第 743 页。

④ 李明泉主编：《中华官德文献集萃》，光明日报出版社 2015 年版，第 267 页。

⑤ 刘金泽主编：《官鉴》第 1 部，经济日报出版社 1998 年版，第 200 页。

老子在《道德经》中便提出，"祸莫大于不知足，咎莫大于欲得"①，意即最大的灾祸莫过于不知道满足，最大的凶险莫过于放纵自己的欲望。南宋吕本中在《官箴》中也称："然世之仕者，临财当事不能自克，常自以为不必败，持不必败之意，则无所不为矣。然事常至于败而不能自已（已），故设心处事，戒之在初，不可不察。"② 当官者临财不能自我克制，而心存侥幸，就没有什么不敢做的，以至于失败而难以自已，所以处事一开始便要谨慎小心、自我克制。从具体语境来看，其"戒之在初"之说，针对"临财不能自克"之情境，指向妄取之心、贪腐之意。"常至于败"，则意味着贪财行事而灾祸易召。北宋司马光也认为，"君子多欲则贪慕富贵，枉道速祸；小人多欲则多求妄用，败家身亡"③，君子的贪慕富贵和小人的多求妄用，归根结底都是对财富、利益的渴求，是取祸败亡之道。同时期的林逋也称，"广积聚，骄富贵，不知止者杀身"④，其言所述与司马光同理，即贪财骄奢不知收敛，会招杀身之祸。这些说法，从各种层面充分论证了清廉是福、贪欲是祸的道理，构成处理廉与腐关系的基本价值导向。

（二）践行崇廉拒腐、清白干净的准则

道德操守需要通过言行举止来体现，清廉是福、贪欲是祸的观念也需要通过实践才能获得其现实意义。所以在处理廉与腐的关系问题

---

① 陆学艺、王处辉主编，王处辉、周一骑、胡翼鹏选编：《中国社会思想史资料选辑》先秦卷，广西人民出版社2005年版，第132页。

② 李志敏主编：《中华资政绝学》第2卷，光明日报出版社2002年版，第127页。

③ 何香久主编：《中国历代名家散文大系》宋卷，人民日报出版社1999年版，第426页。

④ 刘金泽主编：《官鉴》第2部，经济日报出版社1998年版，第185页。

上，更重要、更根本的是要在日常活动中，自觉拒绝受贿、贪污等渎职腐败行为，坚守职业道德和职业操守，时时自我约束、自我反省，真正践行崇廉拒腐的道德要求，清清白白做人、干干净净做事。

唐代柳宗元指出，"蠲浊而流清，废贪而立廉"①，意即除污浊而水流清，废贪婪而廉洁立，本质上即是要求立廉而废贪，也即崇廉而拒腐。明朝陈继儒在其《小窗幽记》中则探讨了善恶与贪念的关系，认为"万分廉洁，只是小善；一点贪污，便是大恶"②，凸显了对贪污的极端反感和反对。清朝曾国藩在其家书中强调："以后宜不妄取分毫，不寄银回家，不多赠亲族，此廉字功夫也。"③ 自己不妄取，且家中不寄、亲族不赠，是谨小慎微，保证自己的廉洁，也是确保家族不养成贪污、奢靡的作风。也正因"廉"与"贪"互为反面，所以清朝雍正皇帝在整治吏治时，重点和核心举措便是"奖廉惩贪"，并取得了良好的效果，为乾隆朝的稳定奠定了基础。奖廉惩贪，实际上也就是崇廉拒腐。

崇廉拒腐，是清白做人、干净做事的基础。俗话说"吃人嘴软，拿人手短"，意思是拿了别人的好处，就会刻意礼让三分，即使人家有缺点或者有错误也就不敢说、不敢管了。贪腐的根源在于利益交换和权力寻租，掌握权力者获得了不法利益之后便难以继续公平、公正行使权力、执行法纪，从人品人格而言自然也就不再清白，从做事执法而言自然便已不再干净。崇廉拒腐作为社会主义核心价值观的重要组成部分，要求个人坚守道德底线，不为个人利益、特权和权力献媚折节，也不接受他人的贿赂和利益诱惑，内蕴着尽最大努力维护清白

① 刘金泽主编：《官鉴》第1部，经济日报出版社1998年版，第220页。
② 华生编著：《中华圣贤经释义本》，海天出版社2005年版，第359页。
③ 曾国藩著，赵焕祯校注：《曾国藩家书》，崇文书局2012年版，第33页。

干净的自我形象和公正透明的社会形象的言下之意。崇廉拒腐的实质是要实现"清白做人、干净做事"，即通过道德操守方面的廉洁自律，构建一个公正、透明、法制化的社会环境。清代理学家张伯行在《禁止馈送檄》中指出："一丝一粒，我之名节；一厘一毫，民之脂膏。宽一分，民受赐不止一分；取一文，我为人不值一文。"① 一丝一粒都关乎声名节操，一厘一毫都是民脂民膏。对百姓宽松一分，老百姓得到的好处就不止一分；放任自己多拿一文，自己的为人就不值一文。张伯行之言，是对廉洁自律、抵制贪腐，进而清白做人、干净做事的另一种表达。

在新时代，处理廉与腐的关系，关系党和国家的形象，也关系中国特色社会主义现代化建设事业的发展。反对腐败、建设廉洁政治、发展廉洁文化，是党处理廉与腐问题的根本答案，是党和国家一贯坚持的鲜明政治立场，也是党的性质和宗旨的必然要求，更是党自我革命必须长期抓好的重大政治任务。习近平多次强调党员干部要践行崇廉拒腐、清白干净的准则。2021年，习近平在"七一勋章"颁授仪式上的讲话中便指出："全党同志都要明大德、守公德、严私德，清清白白做人、干干净净做事，做到克己奉公、以俭修身，永葆清正廉洁的政治本色。"②

三、处理好俭与奢的关系

处理好俭与奢的关系，是廉洁自律道德操守的应有之义，也是中

---

①　顾亚奇、常仕本：《兴衰之鉴：纵横两千多年的王朝更替史》，河南人民出版社2017年版，第208页。

②　习近平：《在"七一勋章"颁授仪式上的讲话》，人民出版社2021年版，第4页。

国共产党不断发展进步的重要动力。2021 年 3 月，习近平在讲话中不仅指出，"节俭朴素，力戒奢靡，是我们党的传家宝"，更强调现在虽然生活条件有所好转，但仍要坚持以俭修身、以俭兴业，坚决抵制享乐主义、奢靡之风，"永葆共产党人清正廉洁的政治本色"。① 将节俭朴素作为清正廉洁的政治本色的重要组成部分，也意味着处理好俭与奢的关系属于廉洁自律道德操守的重要内容。

（一）树立俭以养廉的思想

一个人的行为嗜好，是其思想的直接反映，决定着其价值观、道德感的发展变化。节俭和廉洁相辅相成，互为条件。节俭要求物质生活简单，不浪费、不奢侈，能够帮助个人摆脱贪欲，抑制腐败行为，从而保持个人廉洁。廉洁要求不利用职务和职权谋取私利，不以升官发财、奢侈享乐为追求，能够使人保持俭朴的生活环境和节俭的生活习惯。可以说，节俭是良好道德的必要内容和个人道德水平的重要体现，也是廉洁的重要基础和条件。

古往今来，很多人都对"廉"与"俭"的关系进行了分析，特别强调了"俭"对于"廉"所具有的不可替代的基础性作用。唐代司空图认为："俭足养廉。"② 《元史》中则有"士非俭无以养廉，非廉无以养德"③ 的说法。清代顺治皇帝指出："居官之所恃者，在廉。其所

---

① 《立志做党光荣传统和优良作风的忠实传人　在新时代新征程中奋勇争先建功立业》，《人民日报》2021 年 3 月 2 日。

② 周绍良主编：《全唐文新编》第 4 部第 3 册，吉林文史出版社 2000 年版，第 9957 页。

③ 许嘉璐主编，李修生分史主编：《二十四史全译　元史》第 5 册，汉语大词典出版社 2004 年版，第 3048 页。

以能廉者，在俭。"① 清朝重臣曾国藩在其著作《挺经》中也提出了"唯俭可以养廉"② 的观点。同时期的金缨有"贪饕以招辱，不若俭而守廉"③ 的思想，陈廷敬有"贪廉者，治理之大纲；奢俭者，贪廉之根柢。欲教以廉，先使之俭"④ 的说法。不难看出，前人大都认为，俭可以养廉，甚至唯俭方能养廉，俭是廉的基础和根本。北宋司马光在《训俭示康》中称："夫俭则寡欲，君子寡欲，则不役于物，可以直道而行；小人寡欲，则能谨身节用，远罪丰家。"⑤ 也就是说，身居高位者生活俭朴就能够减少人的贪欲，从而不被外物左右，可以正道直行。对平民百姓来说，则能精打细算、勤俭节约，不仅可保家庭丰裕，而且可以避免自己跌入犯罪的深渊。这一说法重在强调要保持正直，就要俭朴、节俭，而正直是廉洁的重要内容之一，所以换句话说，也是在强调节俭是廉洁的基础。

在中国共产党的奋斗历程中，不乏以俭养廉的典范。中国共产党的创始人之一、中华人民共和国的缔造者之一、"延安五老"之一的董必武将"民生在勤，勤则不匮。性习于俭，俭以养廉"作为自己的座右铭，劳苦功高却一直"甘为民仆耻为官"，无论身居何职，都怀着"新功未建惭高坐，老本无多早啃完"的谦逊态度，一生在衣食住行等各方面克勤克俭，践行"吃饭决不能铺张"的原则。在革命时期，更曾因六角钱不能平账而愧疚万分，在机关大会公开检讨，并向

---

① 刘金泽主编：《官鉴》第 1 部，经济日报出版社 1998 年版，第 209 页。

② 李瀚章编撰，李鸿章校勘：《曾文正公全集》第 14 册，同心出版社 2014 年版，第 183 页。

③ 金缨：《格言联璧》，伊犁人民出版社 1999 年版，第 132 页。

④ 张长法主编：《资政类纂》，北京燕山出版社 1992 年版，第 1416 页。

⑤ 何香久主编：《中国历代名家散文大系》宋卷，人民日报出版社 1999 年版，第 426 页。

党中央写了检讨信。"延安五老"的另一位成员徐特立也指出:"俭朴的生活,不但可以使精神愉快,而且可以培养革命品质。"早年担任长沙师范学校校长时,徐特立便将自己的月薪与校内主任、庶务等同样定为 20 元,并经常接济学生。在留法勤工俭学时,又对国内军阀政府的笼络嗤之以鼻。新中国成立后,更长期保持了勤俭节约的作风。除此之外,中国共产党也十分重视以俭养廉的思想建设和作风建设,2012 年 12 月,中共中央政治局会议审议通过了关于改进工作作风、密切联系群众的"八项规定"。随后,更以此为基础,查处、批评、教育、帮助、处理了一大批违反"八项规定"的干部,深刻体现了中国共产党弘扬勤俭作风,坚持以俭养廉的工作思路。

习近平对于以俭养德、以俭养廉也非常重视。2021 年 3 月,习近平就在讲话中强调,要"坚持以俭修身、以俭兴业,坚持厉行节约、勤俭办一切事情"①,以确保党员干部廉洁清正。2022 年 6 月,习近平在四川考察时又指出,党员干部要"清白做人、勤俭齐家、干净做事、廉洁从政,管好自己和家人"②。

(二) 形成尚俭戒奢的意识

俭与奢作为一组对立的概念,处理俭与奢的关系,最直观地表现在尚俭戒奢。《左传》中称,"俭,德之共也;侈,恶之大也"③,意思是节俭是最大的美德,奢侈是最大的罪恶。《尚书》中也有"克勤于

---

① 《立志做党光荣传统和优良作风的忠实传人 在新时代新征程中奋勇争先建功立业》,《人民日报》2021 年 3 月 2 日。

② 《深入贯彻新发展理念主动融入新发展格局 在新的征程上奋力谱写四川发展新篇章》,《人民日报》2021 年 6 月 10 日。

③ 陈戍国点校:《四书五经》上,岳麓书社 2014 年版,第 743 页。

邦，克俭于家，不自满假，惟汝贤"① 的说法，意谓为国守勤，持家守俭，便是贤能。三国时期蜀相诸葛亮在其名篇《诫子书》中指出，"静以修身，俭以养德"②，清朝张英则有"俭于嗜欲，则德日修"③ 之说，二者意思表达并无二致，重点在于强调以俭养德。北宋田况在其《儒林公议》中，则将俭、侈与个人名声好恶、福祸相联系，称："俭则常足，常足则乐而得美名，祸咎远矣；侈则常不足，常不足则忧而得訾恶，福亦远矣。"④ 俭则知足常乐，而美名至灾祸远，侈则欲壑难填，而非议至幸福远，凸显了"俭"与"奢"对人的不同影响和个人应有的取向。南宋倪思更系统阐述了"俭"与"奢"的影响，"俭者，君子之德。世俗以俭为鄙，俭则可以成家，俭则可以立身，俭则可以传子孙。奢则用不给，奢则贪求，奢则掩身，奢则破家，奢则不可以训子孙"⑤。

"俭"对于国家、社会发展具有重要意义，奢、侈则对于国家、社会发展有重大不利影响。春秋管仲有云："沉于乐者洽于忧，厚于味者薄于行，慢于朝者缓于政，害于国家者危于社稷。"⑥ 这一说法充满了朴素的辩证法智慧，也揭示了思想与行为之间的互相影响，耽于享乐则常陷于忧患，沉湎口腹之欲则易缺失德性，怠慢朝政则多贻误

---

①　王春林：《〈书集传〉研究与校注》，人民出版社 2012 年版，第 206 页。

②　张文治编：《国学治要　集部　子部》，北京理工大学出版社 2014 年版，第 960 页。

③　张英、张廷玉著，张舒、丛伟注：《父子宰相家训》，新星出版社 2015 年版，第 85 页。

④　光明日报社文艺部编：《节约箴言》，学习出版社 2006 年版，第 42 页。

⑤　楼含松主编：《中国历代家训集成》第 2 册，浙江古籍出版社 2017 年版，第 866 页。

⑥　郭超主编：《四库全书精华》子部第 1 卷，中国文史出版社 1998 年版，第 287 页。

政事，损害国家则不免危害社稷，自古以来莫不如此。荀子则认为，"虽有矛戈之刺，不如恭俭之利也"①。恭俭胜于矛戈，是道德感化胜于武力征伐，凸显了恭俭之德在荀子心中的重要地位。老子则将"慈""俭""不敢为天下先"视为治国"三宝"，同时认为治国之圣人，应"去甚，去奢，去泰"，即去掉过分的欲望、去掉奢侈的生活、去掉安乐的想法，反映了老子崇俭戒奢的基本主张。战国时期的墨子将俭、奢与人品高下和国家兴衰紧密联系在一起，提出了"圣人之所俭节也，小人之所淫佚也。俭节则昌，淫佚则亡"②的论断。清代学者金缨也指出，"俭则约，约则百善俱兴；侈则肆，肆则百恶俱纵"③。节俭就会有节制，有节制则各种良善都会兴起；奢侈就会放肆，放肆则各种罪恶都会爆发，是从个人视角对俭与奢的重要影响进行的剖析。

唐太宗李世民的论断更为深入、系统和具体。其对"圣世之君"的德行进行了具体探讨，认为"圣世之君，存乎节俭"，即使"富贵广大"也应"守之以约"，即使"睿智聪明"也应"守之以愚"，"不以身尊而骄人，不以德厚而矜物"，进而"茅茨不剪，采椽不斫，舟车不饰，衣服无文，土阶不崇，大羹不和"，而之所以如此，"非憎荣而恶味，乃处薄而行俭"，社会才能"风淳俗朴，比屋可封"。李世民对"圣君"德性的阐释说明，完全可推而广之，毕竟其落脚点在于"风淳俗朴，比屋可封"，最后更有"奢俭由人，安危在己"的总结。④ 不难看出，李世民的这一说法，其实是在说明节俭对于国家、社会、个人的整体影响。

① 纪昀：《四库全书》，吉林大学出版社 2011 年版，第 240 页。

② 张文治编：《国学治要 集部 子部》，北京理工大学出版社 2014 年版，第840 页。

③ 金缨原著，罗舒钧译注：《格言联璧诠解》，天津古籍出版社 2018 年版，第110 页。

④ 吴云、冀宇校注：《唐太宗全集校注》，天津古籍出版社 2004 年版，第 612 页。

（三）养成艰苦朴素、勤俭节约的作风

艰苦朴素、勤俭节约是中华民族的传统美德，具有深厚的文化底蕴和社会意义，也是廉洁自律道德操守的重要内容。艰苦朴素、勤俭节约之间有着深刻的内在联系，其意涵彼此交织。艰苦往往指向勤劳努力，不懈奋斗的艰辛过程，而朴素则与勤俭、节约指向一致，所以总体而言，艰苦朴素、勤俭节约强调的便是勤与俭。

《尚书》中有"克勤于邦，克俭于家"的说法，意即强调要以勤俭节约治理国和家。晚唐著名诗人李商隐在总结历史经验的基础上写下了"历览前贤国与家，成由勤俭破由奢"的名句，揭示了勤俭节约的重要作用。北宋欧阳修则有"忧劳可以兴国，逸豫可以亡身"之说，即辛勤奋发可以使国家兴旺，贪图安逸享乐则可能遭到灭顶之灾。曾国藩在其家书中也有类似表达，即"勤苦俭约，未有不兴；骄奢倦怠，未有不败"，意思是拥有勤苦俭约这些美德，就能够兴盛；沾染骄奢倦怠这些恶习，就必然衰败。

艰苦朴素、勤俭节约也是中国共产党的优良作风，被党的领导人反复强调和推崇。1939 年 5 月，毛泽东便将艰苦奋斗的工作作风与坚定正确的政治方向紧密相连，认为二者互为前提，有艰苦奋斗的作风，才能执行坚定正确的政治方向，有坚定正确的政治方向，就能激发艰苦奋斗的工作作风。1956 年 11 月，毛泽东在会议上又指出："根本的是我们要提倡艰苦奋斗，艰苦奋斗是我们的政治本色。"[①] 邓小平将艰苦朴素、勤俭节约进行了发展和浓缩，特别强调"艰苦朴素"。1979年 11 月，邓小平就要求全国党员干部尤其是高级干部模范带头，把

---

① 《毛泽东文集》第 7 卷，人民出版社 1999 年版，第 162 页。

"艰苦朴素、密切联系群众的传统作风很好地恢复起来，坚持下去"①。
1989 年 6 月，邓小平又强调："艰苦朴素的教育今后要抓紧，一直要
抓六十至七十年。"② 江泽民、胡锦涛也多次强调艰苦朴素、勤俭节约
的美德。1997 年 1 月，江泽民提出："要在全党全社会大力提倡高尚
的社会主义思想道德和中华民族的优良传统，以艰苦奋斗、勤俭朴素
为荣。"③ 2002 年 12 月，胡锦涛也强调，艰苦奋斗作为党的优良传统
和作风，作为马克思主义政党的政治本色，是"凝聚党心民心、激励
全党和全体人民为实现国家富强、民族振兴共同奋斗的强大精神力量，
是我们党保持同人民群众血肉联系的一个重要法宝"④。

进入新时代，艰苦朴素、勤俭节约成为处理俭与奢关系的基本准
则，成为廉洁文化建设和廉洁自律道德操守的重要内容，得到习近平
的高度关注。2019 年 3 月，习近平在讲话中明确提出："艰苦奋斗、
勤俭节约的思想永远不能丢。艰苦奋斗、勤俭节约，不仅是我们一路
走来、发展壮大的重要保证，也是我们继往开来、再创辉煌的重要保
证。"⑤ 这一说法充分彰显了艰苦奋斗、勤俭节约这一思想对于党和国
家发展的重要作用。2021 年 6 月，习近平在十九届中央政治局第三十
一次集体学习时的讲话中再次强调："决不能丢掉谦虚谨慎、戒骄戒

---

① 《邓小平文选》第 2 卷，人民出版社 1994 年版，第 230 页。

② 《邓小平文选》第 3 卷，人民出版社 1993 年版，第 306 页。

③ 江泽民：《大力发扬艰苦奋斗的精神——在中央纪委第八次全会上的讲话摘
要》，人民出版社 1997 年版，第 11 页。

④ 胡锦涛：《坚持发扬艰苦奋斗的优良作风 努力实现全面建设小康社会的宏
伟目标——在西柏坡学习考察时的讲话》，人民出版社 2004 年版，第 7 页。

⑤ 中共中央党史和文献研究院、中央"不忘初心、牢记使命"主题教育领导小
组办公室编：《习近平关于"不忘初心、牢记使命"论述摘编》，党建读物出版社、
中央文献出版社 2019 年版，第 245 页。

躁、艰苦奋斗、勤俭节约的传统，决不能丢掉不畏强敌、不惧风险、敢于斗争、敢于胜利的勇气。"① 几天后，又在"七一勋章"颁授仪式上的讲话中提到："廉洁奉公，就是保持共产党人艰苦朴素、公而忘私的光荣传统，从不以功臣自居，不计较个人得失，不贪图享受，守纪律、讲规矩。"② 习近平的讲话，既充分说明了中国共产党对于艰苦奋斗、勤俭节约这一传统的重视，也明确表明了艰苦朴素、公而忘私是廉洁奉公的基本内容。不仅如此，新时代以来，党中央多次倡导艰苦奋斗、勤俭节约，坚决反对铺张浪费。2013 年 1 月，习近平在十八届中央纪委二次全会上的讲话时便要求"大力弘扬中华民族勤俭节约的优秀传统，大力宣传节约光荣、浪费可耻的思想观念"，呼吁"使厉行节约、反对浪费在全社会蔚然成风"。③ 同年 11 月，中共中央、国务院更印发了《党政机关厉行节约反对浪费条例》，其中总则第一条开宗明义指出，该条例颁布是"为了进一步弘扬艰苦奋斗、勤俭节约的优良作风，推进党政机关厉行节约反对浪费，建设节约型机关"④。在 2020 年 9 月的谈话中，习近平再次强调，"要提倡艰苦奋斗、勤俭节约"，反对铺张浪费，要"在全社会营造浪费可耻、节约光荣的浓厚氛围"。⑤ 在 2021 年 1 月的讲话中，则从党的建设的角度，要求对于公款吃喝、餐饮浪费等问题"露头就打、反复敲打"，坚持

---

① 《用好红色资源赓续红色血脉　努力创造无愧于历史和人民的新业绩》，《人民日报》2021 年 6 月 27 日。

② 习近平：《在"七一勋章"颁授仪式上的讲话》，人民出版社 2021 年版，第 3 页。

③ 《习近平谈治国理政》第 1 卷，外文出版社 2018 年版，第 363 页。

④ 《党政机关厉行节约反对浪费条例》，人民出版社 2013 年版，第 1 页。

⑤ 《习近平谈治国理政》第 4 卷，外文出版社 2022 年版，第 310 页。

全面从严、一严到底。①

四、处理好苦与乐的关系

廉洁自律道德操守作为一种高尚的道德，需要通过对自我言行举止实行长期的严格约束来实现，而对自我的长期约束和坚持，就意味着与暂时的放纵、一时的舒适、偶尔的欢愉相背离。而通过人格的完善、道德的提高、追求的远大来获得更为长远、更为持久、更为高级的快乐。从这个意义上来看，培养廉洁自律道德操守，必然需要处理好苦与乐的关系问题。

（一）要先苦后乐

先苦后乐思想是中华传统文化中非常重要的一种道德价值观念。所谓先苦后乐，并非刻意先追求苦难，后寻找快乐，而是有其内在的理论逻辑。从个人而言，快乐往往来自孜孜不倦的探索、锲而不舍的奋斗、坚持不懈的努力，是尽力拼搏之后获得回报的欣然，是全力付出之后得到收获的喜悦。从国家社会角度而言，先苦后乐往往意味着爱国情怀和民族精神，以忧国忧民之心，行为国为民之事，以个人的努力为国家、民族、人民而奋斗，实现精神上的快乐，以未来后人的快乐为快乐。

先苦后乐也是中华传统文化的重要价值取向和观念。孟子在《生于忧患，死于安乐》一文中有言："天将降大任于是人也，必先苦其心志，劳其筋骨，饿其体肤，空乏其身，行拂乱其所为，所以动心忍

---

① 《充分发挥全面从严治党引领保障作用　确保"十四五"时期目标任务落到实处》，《人民日报》2021 年 1 月 23 日。

性，曾益其所不能。"这一段话几乎是《孟子》中最著名的篇章之一，成为很多人的座右铭，激励了无数仁人志士努力奋斗，其中先苦其心志、劳其筋骨等之说，意味着须先磨砺己身，忍受痛苦，方能成事，方能享受胜利、成功的喜悦。不仅如此，文章名"生于忧患，死于安乐"同样至今为人称颂，可谓以简要之言陈述人间至理的典范，也反映着先忧而后能安、先苦而后能乐的基本哲理。述及先苦后乐或者说先忧后乐最著名的文章，无疑是范仲淹的《岳阳楼记》，其"先天下之忧而忧，后天下之乐而乐"的名句可谓众所周知，表达了把国家、民族利益摆在首位，为国家、民族、人民的前途和命运殚精竭虑，为天下人民幸福鞠躬尽瘁的志向，体现了其先苦后乐、以天下为己任的高尚品格和政治抱负，是对"先苦后乐"最好的诠释。除此之外，古语有云，"宝剑锋从磨砺出，梅花香自苦寒来"，其意即先经历艰辛的磨砺、修炼，克服各种的困难，才能有相应的收获。"少壮不努力，老大徒伤悲""少壮不经勤学苦，老来方悔读书迟"的说法，表达的意思是年轻时不努力不苦学，老了难免悲伤后悔，是对先乐后苦的劝诫和批评，也是从反面对先苦后乐的说明和注解。

先苦后乐的精神，本质上是一种崇高的责任感和使命感，是一种超越个人直接观感的精神追求。司马迁在《报任安书》中提到："文王拘而演《周易》；仲尼厄而作《春秋》；屈原放逐，乃赋《离骚》；左丘失明，厥有《国语》；孙子膑脚，《兵法》修列；不韦迁蜀，世传《吕览》；韩非囚秦，《说难》《孤愤》；《诗》三百篇，大底圣贤发愤之所为作也。"遭逢挫折终成名篇，是逆境中的沉淀与求索，也是先苦后乐的体现。

在历史上，中华民族一直是面临许多挑战和困难的民族。尤其到了近代，以往的天朝上国一堕而为西方列强随意欺凌的弱者，在国亡种灭的危机中，无数仁人志士始终保持着坚韧不拔、自强不息的精神。

为了获得民族独立、人民解放、国家富强的大成功、大幸福、大欢乐，他们用勇气、智慧、毅力，将个人享乐、个人荣辱、个人生死置之脑后，不断探索、不懈努力，为中华民族之崛起、为新中国之成立而抛头颅洒热血，这本质上也是一种"先苦后乐"价值观的体现。这种"先苦后乐"的精神和价值，超脱了个人苦乐的本身，以国家、民族、人民的未来为着眼点，以自身苦难换取国家、民族、人民未来的欢乐、幸福，彰显着民族主义的大爱。三国时期的曹植便指出："忧国忘家，捐躯济难，忠臣之志也。"忧虑国家而忘记家庭，为拯救国家危难而捐躯献身，是忠臣的志向。本质上即认为忠臣应甘于奉献，为国尽忠。

总体而言，先苦后乐的观念为在苦难和逆境中追求成功和幸福提供了价值观指引和方法论指导。树立先苦后乐的观念，能够让人明确当前磨砺和苦难的价值，了解当前努力和奋斗的意义。对于形成一心为公、为民、为国的理念，保持公平、公正的处事原则，具有重要的作用，也构成廉洁自律的前提条件和基本要求。

（二）要与民同乐

中华传统文化强调"天下兴亡，匹夫有责"，苦与乐也由此脱离了个人喜乐，与国家人民的苦乐相通、相连。以国家人民苦难为自身苦难之源，以国家民族兴旺发达为自身快乐之本，是个人与国家民族的统一，是与民同乐、以民乐为乐的高尚价值追求，具体体现为忧民之忧、乐民之乐。

《诗经》中便有不少呈现忧乐情感、展现家国大爱、连通自身与家国的句子。如《小雅·节南山》中便有"忧心如惔，不敢戏谈""忧心如酲，谁秉国成？不自为政，卒劳百姓"[1] 的说法，忧国忧民之

---

① 陈戍国点校：《四书五经》上，岳麓书社 2014 年版，第 363 页。

心彰显无遗，映射着仁人君子的大爱、大苦、大忧。《小雅·桑扈》中则有"交交桑扈，有莺其领。君子乐胥，万邦之屏"①，从保家卫国的依靠视角呈现君子之乐，也脱离了个人的喜乐。至春秋战国时期，礼崩乐坏，苦乐忧喜等思想更明显与时局演化、家国情怀、天下苍生息息相关。孔子曰："益者三乐，损者三乐。乐节礼乐，乐道人之善，乐多贤友，益矣。乐骄乐，乐佚游，乐宴乐，损矣。"②其意为有益的爱好、有害的爱好各有三种。以用礼乐调节自己为乐，以称道人的好处为乐，以有很多德才兼备的朋友为乐，是有益的。以骄纵享乐为乐，以安逸游乐为乐，以宴饮无度为乐，是有害的。这些说法体现了中国传统知识分子的大忧大乐和担当精神。孟子发扬了孔子的观点，提出了"独乐乐不如众乐乐""乐民之乐者，民亦乐其乐；忧民之忧者，民亦忧其忧。乐以天下，忧以天下，然而不王者，未之有也"③等说法。《晏子春秋·内篇问下》中有"卑而不失尊，曲而不失正者，以民为本也"的说法，意思是地位低下但不失尊严，处境不好但不失正直的人，把百姓视为国家的根本。不仅如此，晏婴还认为，"意莫高于爱民，行莫厚于乐民。意莫下于刻民，行莫贱于害身也"④，即最高的思想境界是爱护百姓，最好的品行是使百姓欢乐，最低的思想境界则是刻薄百姓，最坏的品性是残害百姓。可见，在春秋时期，便特别注重以民为本，爱民乐民，以人民利益为最高目标。这一基本价值取向对后世也影响深远。南宋杨万里在《见执政书》中称："古之君子，

---

① 孙静主编：《诗经》，百花文艺出版社2016年版，第288页。

② 郭超主编：《四库全书精华》经部第1卷，中国文史出版社1998年版，第718页。

③ 郭超主编：《四库全书精华》经部第1卷，中国文史出版社1998年版，第731页。

④ 吴则虞：《晏子春秋集释》，中华书局1982年版，第282-283页。

以其所难者，先身而后民；以其所利者，先民而后身。"① 意思是古代君子，对于难做到的事，自己先做到然后才要求百姓，对于能获利的事，则先百姓后自己，也就是强调君子要以民为先，以服务人民为乐。

古往今来，凡只顾个人利益和自我享乐，而不顾民众者，均会被人民和历史所抛弃。此种情况，历史上有诸多典型。商纣王酒池肉林，只顾自己享乐，最终为武王所灭。周幽王为博妃子一笑，烽火戏诸侯，威信尽丧，最终亡于犬戎之手。隋炀帝为游玩不顾百姓，穷奢极欲，大兴土木，最终激化社会矛盾，导致亡国之祸……帝王尚且如此，他人更不必论。西汉时期贾谊曾指出："自古至于今，与民为仇者，有迟有速，而民必胜之。"② 也就是凡与民众为敌者，迟早会被民众所打倒，这既是历史经验的总结，也是社会发展的规律。

与之相反，为国分忧、为民谋利，作为正直、廉洁的一种表现，也是"赢得生前身后名"的重要途径，在历史上留下了不少传世佳话。唐代杜甫之所以能被尊为"诗圣"而受人敬仰、万世流芳，与其关心百姓疾苦的博大情怀大有关联。在自身颠沛流离的情况下，杜甫仍写出了"安得广厦千万间，大庇天下寒士俱欢颜"的名句，做到了不以己身之苦为苦，而以天下人温饱欢乐为目标，深刻体现了人民疾苦高于个人荣辱的精神境界，其"圣"之名不仅是对诗词文采的赞誉，更是对其人格品性的颂扬。南宋陆游闲居乡村，依然写出了"僵卧孤村不自哀，尚思为国戍轮台。夜阑卧听风吹雨，铁马冰河入梦来"的名篇，道出了自己收复国土的愿望和为国尽忠的决心。明朝于谦借《咏煤炭》一诗表达了"但愿苍生俱饱暖"的大爱，清代郑板桥

① 刘金泽主编：《官鉴》第1部，经济日报出版社1998年版，第308页。
② 徐颂陶主编：《资政通鉴》（四）新民卷、廉洁卷，中国社会出版社2003年版，第19页。

则用"衙斋卧听萧萧竹，疑是民间疾苦声。些小吾曹州县吏，一枝一叶总关情"的诗句表达了对百姓疾苦的关心。凡此种种，不一而足，均体现了为国为民甘于奉献、安于吃苦的精神和廉洁高尚的品行。

（三）要甘于奉献

处理苦与乐的关系似乎存在着褒苦抑乐、尚苦贬乐的基本倾向。需要指出的是，这一原则主要意思和意图并非主张吃苦，而是颂扬奉献。即将个人吃苦与大家吃苦、群众吃苦分开，将大家享受、大家快乐与个人享受、个人快乐相统一。具体表现为将集体利益、国家利益置于个人利益之上，也即人民利益至上的价值取向。这既是要求与民同乐的逻辑轨迹，也是要求甘于奉献的理论依据。

甘于奉献要求关心社会、关心大局、关心人民，并贡献自己的力量，同时在此过程中获得满足感和成就感，发挥自己的优势、潜能、作用。《墨子·兼爱中》指出，"仁人之所以为事者，必兴天下之利，除去天下之害，以此为事者也"[1]，意思是仁人所做的事，必定要维护天下的利益，除去天下的祸害，以此作为自己的事业。换言之，即有德行者理当心怀天下，为天下而行事，本质上即要为天下而奋斗、而奉献。司马迁《报任安书》中有"常思奋不顾身，而殉国家之急"[2]之说，即常常想着要不顾自身的安危保卫国家的安全，这是将国家利益置于个人安危之上，强调了为国奉献。海瑞喊出了"三生不改冰霜操，万死长留社稷身"的豪迈宣言，表明了自己忠于国家、甘于奉献、万死不辞的志气。相较而言，诸葛亮在《出师表》中留下的"鞠

---

① 冯克诚、田晓娜主编：《四库全书精编　子部》，青海人民出版社1998年版，第118页。

② 司马迁：《史汉文统·史记统》，商务印书馆2019年版，第238页。

躬尽瘁，死而后已"的千古名句流传更为广泛，也更令人印象深刻。与司马迁心忧国家安危和海瑞心怀社稷相比，诸葛亮的说法更具有普遍性，是甘于奉献最为经典的表达之一。

中国共产党作为工人阶级的先锋队，作为以实现人的自由、全面发展为目标的政党，甘于奉献是党的基本政治底色，也是党员应具备的基本素养。1937 年 9 月，毛泽东在《反对自由主义》一文中便指出，共产党员应该"以革命利益为第一生命，以个人利益服从革命利益"，"关心党和群众比关心个人为重，关心他人比关心自己为重。这样才算得一个共产党员"。① 1944 年 9 月，在张思德同志追悼会上，毛泽东作了《为人民服务》的演讲，高度赞扬了张思德为人民利益牺牲的壮举，并强调了共产党及其领导的部队应该"完全是为着解放人民的，是彻底地为人民的利益工作"②。毛泽东的这一演讲，明确了党"为人民服务"的宗旨，也意味着甘于奉献是党员应该具备的基本素养和目标追求。雷锋便认为，"我觉得要使自己活着，就是为了使别人过得更美好"③，这是他对于奉献精神的朴素认知，也是激励其始终无私奉献的动力根源。

习近平也高度重视甘于奉献的精神，并以之作为处理苦与乐关系的重要原则。2015 年 7 月，习近平在信中提到，"忠于党、忠于人民、无私奉献，是共产党人的优秀品质"④。2022 年 5 月，习近平在庆祝中国共青团成立 100 周年大会上指出："要做艰苦奋斗、无私奉献的模

---

① 《毛泽东选集》第 2 卷，人民出版社 1991 年版，第 361 页。

② 《毛泽东选集》第 3 卷，人民出版社 1991 年版，第 1004 页。

③ 总政治部编：《雷锋日记选》，解放军文艺出版社 1989 年版，第 56 页。

④ 中共中央党史和文献研究院、中央"不忘初心、牢记使命"主题教育领导小组办公室编：《习近平关于"不忘初心、牢记使命"论述摘编》，党建读物出版社、中央文献出版社 2019 年版，第 5 页。

范，带头站稳人民立场，脚踏实地、求真务实，吃苦在前、享受在后，甘于做一颗永不生锈的螺丝钉"①。不仅如此，习近平更从实例出发，倡导和弘扬甘于奉献的精神，主张广大党员干部学习廖俊波同志"对党忠诚、心系群众、忘我工作、无私奉献的优秀品质"，做到"不忘初心、扎实工作、廉洁奉公"；强调要以王杰同志"在荣誉上不伸手，在待遇上不伸手，在物质上不伸手"的"三不伸手"作为镜子，检查自身；倡导学习王继才同志为国守岛 32 年的"爱国奉献精神"，并要求使之成为新时代奋斗者的价值追求；呼吁广大党员干部以黄群、宋月才、姜开斌三位同志为榜样，"坚定理想信念，不忘初心、牢记使命，履职尽责、许党报国"；指示广大官兵和退役军人学习张富强老英雄，"积极弘扬奉献精神，凝聚起万众一心奋斗新时代的强大力量"。②

———————————

　　①　习近平：《在庆祝中国共产主义青年团成立 100 周年大会上的讲话》，人民出版社 2022 年版，第 11 页。

　　②　新华月报编：《新中国 70 年大事记（1949. 10. 1—2019. 10. 1）》（下），人民出版社 2020 年版，第 1774、1827、1889、1893、1963 页。

第四章

丰富新时代培养廉洁自律
道德操守的思想资源

　　自律是对自我的要求，是自觉、主动地对法律、制度、原则、道德等的遵循，具体表现为对自我各方面言行举止的约束，本质上是一种思想层次和道德品质。物质决定意识，思想层次和道德品质不是空中楼阁，不能凭空而生，需要通过各种途径、各种方式加以影响、熏陶、教育，而要对个人思想、道德的特定方面施加影响、熏陶、教育，首先需要有特定方面的思想资源。换句话说，要培养廉洁自律道德操守，首先要具备培养廉洁自律道德操守的丰富思想资源。

一、大力发掘中华优秀传统文化中的廉洁资源

中国是四大文明古国之一，中华文明也是世界上唯一未曾中断过的文明。上下五千年的薪火传承，中华儿女创造了悠久灿烂的华夏文明，构成了源远流长、博大精深、内涵丰富、形式多样的中华优秀传统文化。中华优秀传统文化是中华民族和华夏儿女的智慧结晶，是中华文化的主体和精髓，也是重要的德育、智育、美育资源。廉洁自律作为中国历史上备受推崇的价值取向，在中华优秀传统文化中也占有十分重要的地位，构成当前培养廉洁自律道德操守的重要思想资源、实例资源、制度资源。

（一）中华优秀传统文化对廉洁自律重要性的说明论证，构成培养廉洁自律道德操守的理论资源

中华传统文化对"廉""廉洁"的要求由来已久，"廉"的理念可谓根深蒂固，"廉洁自律"的要求也随之贯穿于修身立德、治国理政等各方面。也正由于"廉洁"具有如此重要的作用，"廉洁自律"也就显得极为重要。纵观中国历史，在浩瀚的中华传统文化中，不同时代的知识分子对于"廉洁自律"都给予了充分的重视，并从各个角度对其重要性进行了充分的阐述。

前已述及，在中国传统社会，"廉洁"在各种观点中具有立身之本、为官之基、兴国之道的重要地位和作用。"廉耻"不仅被视为立人之大节，更被作为做官之根本，有"吏不廉平，则治道衰""清者莅职之本"等说法。历朝历代对官员的考核，也均将"廉洁"作为基

本指标之一。除此之外，晏婴将"廉"视为"政之本"，管仲将礼义廉耻作为"国之四维"，都彰显着"廉"对国家的重要作用。西汉刘安所著《淮南子》一书也指出："民无廉耻，不可治也。"① 没有廉耻之心的人民无法治理，说明廉耻是治国的基本要素和重要工具。明代王文禄甚至从天地发端、世界起源的视角探讨了"廉"符合天地大道。他在《廉矩》一书中指出，"粤维大道，一元至清，作浑辟宰，莫亏莫增，廉之心也"，意即大道至清，开辟混沌主宰宇宙，不增不减，是为廉明之心意。他还指出，廉是性情纯粹的表现，"廉也者，湛性之澄也"。② 这些说法，充分凸显了"廉洁"的重要作用。

在自律方面，孔子曾言："其身正，不令而行；其身不正，虽令不从。"即自身端正，不用命令人们都会遵行，自身不端正，虽下了命令也无人听从，体现了自律克己、以身作则的重要性。北宋王安石称："不患人之不能，而患己之不勉。"③ 不担心自己没有能力，而担心自己不够尽力，也是强调对自己的严要求和高标准。南宋岳飞也指出："正己然后可以正物，自治然后可以治人。"④ 简而言之，即端正自身才能纠正其他东西，修养自身才能管理别人。元代张养浩也有类似说法，即"自律不严，何以服众？"⑤

汉代桓宽则直接针对廉洁问题提出了自律的重要性，其言称："欲影正者端其表，欲下廉者先己身"⑥，意思是想要影子正先要端正

① 刘安著，谦德书院注：《淮南子》，团结出版社 2019 年版，第 789 页。

② 杨杰主编，谢伟民、易华、梁运华编译：《政范·官箴》，海南出版社 1992 年版，第 31 页。

③ 王安石撰，张鹤鸣整理：《王安石全集》，崇文书局 2020 年版，第 371 页。

④ 王华元主编：《廉正箴言》，广东高等教育出版社 2004 年版，第 58 页。

⑤ 金锋主编：《中华孤本》，内蒙古人民出版社 2001 年版，第 2416 页。

⑥ 王艳编著：《中华句典》，北京出版社 2008 年版，第 146 页。

仪表，想要下属廉先要以身作则，强调了廉洁修身所带来的示范效应。北宋陈襄指出"居官不言廉，廉盖居官者分内事"①，将"廉"视为为官者分内事，也即认为"廉"是所有为官者都应自觉遵守的品德，也即廉洁自律是为官者的本职。明代陈继儒在《小窗幽记》中云："正以处心，廉以律己，忠以事君，恭以事长，信以接物，宽以待下，敬以治事，此居官之七要也。"② 将"廉以律己"作为"居官七要"之一，也强调了廉洁自律对于做官之人的不可或缺。清代雍正皇帝指出，"操守清廉乃居官之大本"，"故凡居官者，必当端其操守以为根本，乃可以勉为良吏"。③ 将操守清廉作为居官之大本，在于强调清廉的重要性，要求居官者端操守，勉为廉吏，则是要求其坚持廉洁自律，成为廉洁官员。清代王永吉也提出："大臣不廉，无以率下，则小臣必污；小臣不廉，无以治民，则风俗必坏。"④ 意思是上级官员不廉洁自律就不能给下级官员做出表率，下级官员必然贪污；而下级官员不廉就不能治理百姓，则风俗必然败坏。这一说法，根本上也是强调官员廉洁修身对于社会治理、社会风俗的决定性作用。

（二）中华优秀传统文化对廉洁自律人物、事迹的推崇备至，构成培养廉洁自律道德操守的实例资源

"一个民族、一个国家，必须知道自己是谁，是从哪里来的，要到哪里去"⑤。认识历史，是把握现在和走向未来的前提。要知道"自己是谁""从哪里来"，就必须重视、学习自己的历史。从古至今，中

---

① 刘金泽主编：《官鉴》，经济日报出版社 1998 年版，第 167 页。
② 陈继儒著，张楚主编：《小窗幽记》，漓江出版社 2018 年版，第 435 页。
③ 梁希哲：《梁希哲明清史论集》，吉林人民出版社 2003 年版，第 255 页。
④ 乔立君主编：《官箴》，九州出版社 2004 年版，第 277 页。
⑤ 《习近平谈治国理政》第 1 卷，外文出版社 2018 年版，第 171 页。

华民族历来十分重视历史，《左传》中便记载了"崔杼弑其君"，史官秉笔直书，以至兄弟相继赴死，最终保留真实历史记载的故事。璀璨的华夏文明长河中，留下了无数廉洁自律的历史典故，一直发挥着榜样和示范效应，鼓舞、陶冶、影响着一代代中国人，构成培养、弘扬廉洁自律道德操守的实例资源。

齐国著名政治家晏婴崇廉尚俭，拒赐拒车，三返不受，最终历仕三朝，辅政五十余年，成为一代名相。东汉王密感杨震举荐之恩，夜送黄金十斤，并称夜深无人知晓，杨震则义正词严，对以"天知、神知、我知、子知"而拒受，其后更拒绝老朋友为子孙布置产业的建议。其"四知之言，可质天地"①，诚士大夫律己之端。其言传身教，更对子女影响甚深。东汉南阳太守羊续清廉为官，虽治富庶之地，却安于贫穷，甚至将同事所送之鱼"悬于庭"，以示拒绝，直至鲜鱼变为鱼干，终成官员廉洁的榜样，留下"悬鱼太守"的美誉。唐太宗李世民始终以隋炀帝奢靡而亡国的历史警醒自己，在实践中不仅节制自己的吃穿用度，更限制王公贵族的生活规格，最终造就了"贞观之治"的盛世。北宋包拯以廉洁著称，严于律己。知端州时，一改以往官员以"端砚"贿赂朝廷权贵的陋习，三年期满调任时"不持一砚归"，死后更留下家训："后世子孙仕宦者有犯赃滥者，不得放归本家；亡殁之后，不得葬于大茔之中。不从吾者，非吾子孙。仰珙刊石，竖于堂屋东壁，以诏后世。"其廉其正其刚其直，深得民心，去世之后，"京师吏民，莫不感伤；叹息之声，闻于衢路"，留下了"包青天"的美名。②明朝海瑞面对官场行贿陋习，坦然而言："尽天下而不为上官之赂也，岂尽不迁？又尽天下而惟上官之赂也，岂尽不黜？安

---

① 蔡东藩：《后汉演义》，民主与建设出版社2020年版，第172页。

② 李士彪：《清风百代》，浙江古籍出版社1997年版，第75-78页。

可自以其身甘沟壑也。"① 最终一生恪守清廉，死无余财，深得百姓爱
戴，留得万世清名。清代刘统勋清正廉洁拒受贿赂，严厉查处惩治贪
官污吏，死后宅院狭小，宅门矮破，被乾隆称为"真宰相"，号召群
臣学习，得谥"文正"。其子刘墉同样以奉公守法、清正廉洁闻名于
世，形成了父子廉洁的良好榜样。

可以说，中国历史上历朝历代、各个时期，均有不少廉洁自律的
榜样，留下了很多流传千古的美谈。历史记载对廉洁人物、廉洁事迹
的高度评价和歌颂，是国家、民族价值取向、道德操守的体现，也是
对廉洁自律的一种宣传、引导、教育，是培养、形成廉洁自律社会氛
围，促进个人廉洁自律的具体实例资源。

（三）中华优秀传统文化对廉洁制度法规的发展完善，构成培养廉洁自律道德操守的制度资源

汉代以察举制作为选拔官吏的主要制度，"举孝廉"是其中一项
重要内容。"孝廉"即"孝顺亲长、廉能正直"之意。除"举孝廉"
之外，还有"察廉"制度。所谓"察廉"，顾名思义，即察举廉吏，
加以迁补。也就是说，在汉代，"廉"既是地方向中央推举人才的主
要依据，也是官员升迁的基本标准，从制度方面体现了我国古代对
"廉洁"的重视。秦始皇统一中国后，便设立了巡视监察系统，由中
央的御史大夫、御史和中央派往地方的监御史组成，主要负责对官员
的监督考核。汉承秦制，在执行法规上，汉朝监察主要依据汉惠帝时
制定的"监御史九条"和汉武帝时制定的"六条问事"。"监御史"
主要是监察九种不法行为，分别为词讼、盗贼、铸伪钱、狱不直、徭

---

① 海瑞著，李锦全、陈宪猷点校：《海瑞集》下册，海南出版社2003年版，第822页。

赋不平、吏不廉、吏苛刻、逾侈及弩力十石以上、作非所当服。"六条问事"具体为："一条，强宗豪右田宅逾制，以强凌弱，以众暴寡；二条，二千石不奉诏书，遵承典制，倍（背）公向私，旁诏守利，侵渔百姓，聚敛为奸；三条，二千石不恤疑狱，风厉杀人，怒则任刑，喜则淫赏，烦扰刻暴，剥截黎元，为百姓所疾，山崩石裂，祅祥讹言；四条，二千石选署不平，苟阿所爱，蔽贤宠顽；五条，二千石子弟恃怙荣势，请托所监；六条，二千石违公下比，阿附豪强。通行货赂，割损政令也。"①

不难看出，无论是"监御史九条"还是"六条问事"，对于廉洁的要求均为主要内容之一。与此同时，汉代还有"十金法"，即官员贪污数额在"十金"即十万钱以上者，处死刑。汉文帝更规定"官吏以饮食免"，意即上级官员吃了下级官吏行贿的饭也要被免职，可见对于廉洁的重视。

作为中华文明中极力倡导的道德标准和价值取向，秦汉时期对于廉洁的重视，尤其有关廉洁方面的法律法规和制度建设，直接影响了其后的历朝历代。统治者深知廉洁对于国家治理和社会发展的重要性，不断制定廉洁立法、完善监察制度，特别注重严惩贪官污吏。如魏晋南北朝时期，先后颁布了《违制律》《察长吏八条》等律例，对监察进行各方面具体规定。唐朝、宋朝则明确将官吏贪赃枉法之罪规定在大赦之外，唐朝多位皇帝宣布大赦天下时，均特别申明，"官吏枉法受财犯罪不在赦列"，宋太祖颁布赦令时也规定贪赃为"不赦之罪"。②明代朱元璋则主持制定了刑法典《大诰》，其中针对官吏贪赃枉法者条目达到一半之多，反映了明朝建国之初对于廉洁的极端重视。清朝

---

① 林剑鸣：《秦汉史》（上），上海人民出版社 2019 年版，第 333—334 页。
② 谭世贵：《廉政学》，法律出版社 1995 年版，第 77 页。

制定了我国古代立法水平最高、最全面系统的监察法规——《钦定台规》，并完善了监察机构设置和权力分配，实行了"火耗归公""养廉银"等推进廉政工作的收入分配制度等。这些廉洁制度、廉洁法规的制定、实行、完善，为培养廉洁自律道德操守提供了丰富的制度文化资源。

二、充分利用革命文化中的廉洁资源

中国共产党诞生于国家危难之际，从一开始便矢志革命，以救人民于水火，挽乾坤于倒悬为己任。经过长期的努力和不懈的奋斗，最终领导中国人民推翻了三座大山的压迫，建立了一个新的中国。新中国成立后，中国共产党领导的革命依然未曾结束。"改革是第二次革命"，革命事业将伴随改革开放的深入不断进行、不断推进。进入新时代，革命事业依然方兴未艾，党的二十大报告便明确提出，"党的自我革命永远在路上"，并强调要"深入推进新时代党的建设新的伟大工程，以党的自我革命引领社会革命"。① 可以说，革命是中国共产党带领中国人民推翻三座大山，实现从站起来、富起来到强起来，直到实现中华民族伟大复兴的保证。

在长期的革命斗争过程中，党形成了内涵丰富的革命文化。革命文化是新时代中国特色社会主义文化的重要组成部分，也是长期以来党和人民创造的宝贵财富。了解过去的艰辛，才能更加深刻地理解当前的来之不易，才能更加珍惜当前的美好生活。正如习近平所说：

---

① 习近平：《高举中国特色社会主义伟大旗帜　为全面建设社会主义现代化国家而团结奋斗——在中国共产党第二十次全国代表大会上的报告》，人民出版社 2022 年版，第 64 页。

"中国革命历史是最好的营养剂，重温这部伟大历史能够受到党的初心使命、性质宗旨、理想信念的生动教育，必须铭记光辉历史、传承红色基因。"① 在新时代培养廉洁自律道德操守的历史使命中，我们也要重视革命历史，充分利用革命历史、革命文化中的廉洁资源。

（一）要讲好革命故事

古往今来，讲故事都是教育的重要途径和方式。讲故事往往因其生动性、传奇性、易于传播性而脍炙人口、口口相传，在社会上发挥着潜移默化、润物无声的教育、熏陶作用，引导着人们向善向美向前。习近平强调："要讲好党的故事、革命的故事、根据地的故事、英雄和烈士的故事，加强革命传统教育、爱国主义教育、青少年思想道德教育，把红色基因传承好，确保红色江山永不变色。"② 在 100 多年的奋斗历程中，中国共产党人涌现了一大批视死如归的革命烈士、一大批顽强奋斗的英雄人物、一大批忘我奉献的先进模范。这些革命烈士、英雄人物、先进模范留下的革命故事，发挥着榜样作用和示范效应，形塑着社会的价值观和个人的人生观，鼓舞着一代代中国人奋勇前进。革命故事具有多方面的价值，廉洁自律是其中非常重要的一方面。

赣东北和闽浙赣革命根据地的创建人方志敏，是革命历程中廉洁自律的榜样。方志敏担任信江特区苏维埃政府主席时，饥寒交迫的母亲和姊姊找到方志敏，希望他能给予援助。方志敏只能含泪晓之以理动之以情，强调不能挪用革命的钱。妻子被捕需要保释费时，方志敏仍坚守原则，不公款私用。方志敏被捕时，国民党士兵搜遍他全身，

---

① 习近平：《在党史学习教育动员大会上的讲话》，人民出版社 2021 年版，第 3 页。

② 习近平：《论中国共产党历史》，中央文献出版社 2021 年版，第 111 页。

也只在他身上发现了一支笔和一块旧表。入狱后，方志敏仍然坚持为党、国家和革命事业工作，面对生死抉择，给出了"敌人只能砍下我们的头颅，决不能动摇我们的信仰"①的答复。方志敏的一生，真正践行了清正廉洁、大公无私、不怕牺牲、无愧于信仰的品格，是共产主义者的杰出代表。

中国工农红军和新四军高级将领彭雪枫，一生洁身自爱，始终两袖清风。彭雪枫曾负责统战工作，经手巨额款项，但他坚持公私分明，一尘不染。对于生活用品，决不搞特殊化，对于超规格招待，都要加以责问。罹患胃病时，炊事员给他单独做了一碗面条，他却坚持主张共产党员应当吃苦在前、享乐在后，没有高低贵贱，并将面条送给了一位生病的老大娘。面对新四军党委决定的旅以上干部可以实行小灶待遇的规定，他也以不习惯吃"小灶"而拒绝。1944年不幸牺牲时，留下的只有军装、被子、草鞋等日常用品，没有一文一毫的财物。彭雪枫自己曾说："廉洁奉公、艰苦朴素光荣，贪图享受可耻。我们共产党人要为千百万人民谋幸福，而不是计较个人的享受。"他坚定地履行了自己的承诺，在实际行动中真正做到了艰苦朴素、廉洁奉公。在彭雪枫的追悼会上，中共中央领导人给予了高度评价，将他称为"中华民族英雄，共产党人好榜样"。

革命年代，党的主要领导人带头践行着廉洁自律的准则。陈毅过雪山草地时，就要求与战士们同吃同住。担任上海市市长时更与父母约法三章：不得随意动用公车，不得以其市长名义外出办事，没有特别的事不要外出。担任国务院副总理时，又与父母约法三章：回川后衣食自理，不惊动当地政府；做一个普通公民，不惊动邻里；坚持原则，不为亲友的无端要求牵线搭桥。陈毅如同青松一般，坚守了其崇

---

① 习近平：《论中国共产党历史》，中央文献出版社2021年版，第254页。

高的气节。周恩来总理更留下了无数廉洁自律的故事。在 1943 年 3 月 18 日 45 岁生日时，周恩来谢绝了南方局同志准备的瓜果糕点，将之留给加夜班的同志，而仅让厨房做了一碗普通挂面作为纪念。担任国务院总理后，他多次拒绝装修会议厅，一件睡衣穿了 20 多年，补了又补，一件衬衣旧得换了领子，衣服补得颜色不一了，依然舍不得扔掉。周恩来廉洁自律的事迹，众人皆知，名扬海内外，也成为很多人的榜样。毛泽东同样艰苦朴素、廉洁自律，更在不同时期都严厉打击和制裁腐败行为。在井冈山时期，毛泽东就主持制定并严格执行了《井冈山反腐败训令》，保证了工农兵政府的廉洁和威信。在苏区，毛泽东坚决与贪污腐败作斗争，并指出："腐败不清除，苏维埃旗帜就打不下去，共产党就会失去威望和民心！与贪污腐化作斗争，是我们共产党人的天职，谁也阻挡不了！"① 新中国成立初期，毛泽东更明确指出："治国就是治吏，礼义廉耻，国之四维；四维不张，国将不国。如果臣下一个个都寡廉鲜耻，贪污无度，胡作非为，而国家还没有办法治理他们，那么天下一定大乱，老百姓一定要当李自成。国民党是这样，共产党也会是这样。杀张子善、刘青山时，我讲过，杀了他们就是救了二百个，二千个，二万个啊。我们共产党不是明朝的崇祯，我们决不会腐败到那种程度。谁要是搞腐败那一套，我毛泽东就割谁的脑袋，我毛泽东若是腐败，人民就割我毛泽东的脑袋。"② 在实际工作中，毛泽东更身体力行，拒绝特殊待遇，定下了"不接不送，不叫不到"的规矩。

---

① 中央纪委国家监委研究室编：《中国共产党党风廉政建设百年纪事》，中国方正出版社 2021 年版，第 37 页。

② 中共上海市纪律检查委员会编：《惩治腐败　预防腐败　构建社会主义和谐社会》，上海教育出版社 2006 年版，第 43 页。

（二）要弘扬革命精神、优良作风

革命精神、优良作风是对党领导革命事业过程中思想道德、言行举止的凝练、总结和升华，是革命文化的集中体现，同时也是对中国共产党人思想、行为、作风的原则性规定。革命精神、优良作风作为一种正向的价值导向，其背后隐藏着对廉洁自律道德操守的高度要求。

革命精神是老一辈革命家勇于实践、勇于探索、勇于思考、奋发进取的开拓精神，不畏艰险、坚韧不拔、顽强拼搏、攻坚克难的奋斗精神，为党和人民事业"鞠躬尽瘁、死而后已"的献身精神，集中体现中国共产党人的政治觉悟、意志品质、思想道德，是党和国家的宝贵财富，也是在历史进程中和将来前进道路上不断战胜各种考验和危险，确保精神上不动摇、不懈怠、不放松、不停步的关键。习近平强调："人无精神则不立，国无精神则不强。精神是一个民族赖以长久生存的灵魂，唯有精神上达到一定的高度，这个民族才能在历史的洪流中屹立不倒、奋勇向前。"① 经过长期的研究和梳理，党形成了一批纳入中国共产党人精神谱系的伟大精神，这些精神"跨越时空、永不过时，是砥砺我们不忘初心、牢记使命的不竭精神动力"②，也是中华民族和中国人民价值观的中流砥柱和价值取向的集中体现。

坚持真理、坚守理想，践行初心、担当使命，不怕牺牲、英勇斗争，对党忠诚、不负人民的伟大建党精神，是中国共产党的精神之源、精神之本、精神之基。伟大建党精神从坚持共产主义的伟大理想，担

---

① 《习近平谈治国理政》第 2 卷，外文出版社 2017 年版，第 47—48 页。

② 中共中央党史和文献研究院、中央"不忘初心、牢记使命"主题教育领导小组办公室编：《习近平关于"不忘初心、牢记使命"论述摘编》，党建读物出版社、中央文献出版社 2019 年版，第 18 页。

当中华民族伟大复兴的初心使命，舍生忘死的道德品质，对党、对人民的态度等方面，从宏观、中观、微观，国家、民族、个人，历史、现实、未来，理想、行动、态度相结合的角度，提出了对党员干部的基本要求，对于培养廉洁自律道德操守具有根源性、导向性的重要作用。如果说伟大建党精神是对党员干部思想道德的全面要求，那么苏区精神无疑特别强调了廉洁自律的问题，"坚定信念、求真务实、一心为民、清正廉洁、艰苦奋斗、争创一流、无私奉献"的具体内涵，体现了为民、务实、清廉的党风廉政建设的基本要求，凸显了廉洁自律道德操守的主要内涵。除此之外，井冈山精神、长征精神、遵义会议精神、延安精神、抗战精神、西柏坡精神等，这些革命精神，根本上都是中国共产党和中共党员为民族、国家、人民利益而奋斗，公而忘私、公而忘己的革命历史的总结，也是对当前和今后沿着这一轨迹继续奋斗的赞誉和呼吁，均包含着廉洁自律的内在要求。

优良作风是党在长期实践中培育、形成并坚持的在思想、工作、生活等方面表现出来的较为稳定的态度或行为风格，关系社会生活的方方面面。作风建设是党的建设的重要组成部分，在党的建设的历史进程中，我们形成了一系列的优良作风和光荣传统。2021 年 3 月，习近平在中央党校（国家行政学院）中青年干部培训班的开班式上便指出，我们党团结带领人民取得了革命、建设、改革的伟大成就，很重要的一条就是我们党在长期实践中培育并坚持了一整套光荣传统和优良作风。不论过去、现在还是将来，党的光荣传统和优良作风都是激励我们不畏艰难、勇往直前的宝贵精神财富。① 这一席话，从根本上揭示了党的光荣传统和优良作风所具有的始终不变的重要作用。可

---

① 人民日报社政治文化部编：《与党员干部谈谈心：新时代弘扬好传统好作风》，人民出版社 2022 年版，第 2 页。

以说，这些优良作风和光荣传统既是历史上党员干部立身处世的经验总结，也是当前和今后党员干部思想、主张、言行等方面的要求、原则和规训，既是培养廉洁自律道德操守的重要资源，也是廉洁自律道德操守的基本要求。

政党的作风直接关系政党的形象、宗旨，关系党的执政能力、领导水平，是保持党的先进性、纯洁性、战斗力的重要因素。毛泽东十分重视作风问题，多次强调要警惕和反对经验主义、官僚主义、命令主义、个人英雄主义、风头主义、宗派主义、自由主义等，提倡实事求是、调查研究、脚踏实地、联系群众的作风。1945年4月，在中共七大上，毛泽东在《论联合政府》的政治报告中正式概括出了党的"三大作风"。他指出："以马克思列宁主义的理论思想武装起来的中国共产党，在中国人民中产生了新的工作作风，这主要的就是理论和实践相结合的作风，和人民群众紧密地联系在一起的作风以及自我批评的作风。"[①] 在新中国成立前夕的七届二中全会上，毛泽东又提出了"两个务必"，即"务必使同志们继续地保持谦虚、谨慎、不骄、不躁的作风，务必使同志们继续地保持艰苦奋斗的作风"[②]。也正是由于对作风问题的极端重视，革命时期的延安"一没有贪官污吏，二没有土豪劣绅，三没有赌博，四没有娼妓，五没有小老婆，六没有叫花子，七没有结党营私之徒，八没有萎靡不振之气，九没有人吃摩擦饭，十没有人发国难财"[③]。这也是"延安作风"最终打败"西安作风"，中国共产党最终战胜国民党的根本原因。

---

① 《毛泽东选集》第3卷，人民出版社1991年版，第1093-1094页。

② 《毛泽东选集》第4卷，人民出版社1991年版，第1438-1439页。

③ 中共陕西省委党史研究室：《中共中央在延安十三年史》（上），中央文献出版社2016年版，第547页。

（三）要不断发展革命文化空间

"文化空间"也称为"文化场所"，是联合国教科文组织在保护非物质文化遗产时使用的一个专有名词。所谓"革命文化空间"，主要指通过对革命相关人物、事件、物品等进行展览、宣传、纪念，推动革命文化传播、研究、实践，进而产生社会价值、社会影响、社会效益的空间，是物质空间、文化空间、精神空间、纪念空间的有机统一。革命文化空间是历史与文化的结合，是形成、培养、教育、熏陶精神品德、道德操守的重要途径。

在漫长的革命历程中，中国共产党带领中国人民不懈奋斗，足迹遍布大江南北，在全国各地留下了众多革命圣地、红色旧址，建立了大量的革命纪念场所。中国革命的摇篮井冈山、中华苏维埃共和国临时中央政府诞生地瑞金、"转折之城，会议之都"遵义、敌后抗战的总后方延安、中共七届二中全会的召开地西柏坡……诸多革命圣地反映着峥嵘的斗争历史。中共一大旧址、南昌起义革命旧址、四渡赤水战役旧址、广州公社旧址、毛泽东同志主办农民运动讲习所旧址……遍布的红色旧址凸显着光荣的斗争岁月。南湖革命纪念馆、宁化县革命历史纪念馆、兴国县革命历史纪念馆、梅州市革命历史纪念馆、红岩革命纪念馆……众多的纪念场所铭刻着永恒的革命记忆。革命圣地、红色旧址、革命历史纪念场所作为基本、主要的革命文化空间，是革命精神、革命文化的载体，是党和国家的宝贵财富和重要资源，承载着共产党人为共产主义不懈奋斗的理想信念，为实现中华民族伟大复兴而奋勇向前的初心使命，全心全意为人民服务的基本宗旨。同时，这些革命文化空间也蕴含着对新时代共产党员的基本要求，是进行党员干部教育，培养党员干部德行，筑牢党员干部理想信念的重要资源和重要场所。

习近平就特别重视革命文化空间的重要意义。2022 年 1 月，习近平在省部级主要领导干部学习贯彻党的十九届六中全会精神专题研讨班开班式上提到："党的十八大以来，我到地方考察 70 余次，每到一个地方，我都要瞻仰对党具有重大历史意义的革命圣地、红色旧址、革命历史纪念场所，有的是专程去瞻仰革命旧址和纪念场所，主要的基本上都走到了。每到一地，我都是怀着崇敬之心，重温那一段段峥嵘岁月，回顾党一路走过的艰难历程，灵魂都受到一次震撼，精神都受到一次洗礼。我这样做的目的，就是要推动全党全国特别是广大青少年学习党史、铭记党史，勿忘昨天的苦难辉煌，无愧今天的使命担当，不负明天的伟大梦想，真正做到以史为鉴、开创未来，真正坚定历史自信。只要我们持之以恒这样做，就一定能收到明显成效。"① 习近平的这一段话，充分彰明了革命圣地、红色旧址、革命历史纪念场所等所具有的重要教育意义。不管时代如何变化，历史价值和思想意蕴永不腐朽，这些革命文化空间始终是鼓舞人心、净化思想、洗涤灵魂的重要资源，能够在新时代培养廉洁自律道德操守的事业中发挥重要作用。

三、丰富发展社会主义先进文化中的廉洁资源

社会主义先进文化是中国共产党在领导中国人民建设中国特色社会主义伟大实践中、推进中国式现代化历史使命中、实现中华民族伟大复兴历史征程中，在马克思主义、中国特色社会主义思想指导下形成的面向现代化、面向世界、面向未来的，民族的、科学的、大众的

---

① 习近平：《更好把握和运用党的百年奋斗历史经验》，《求是》2022 年第 13 期，第 19 页。

社会主义文化。社会主义先进文化以共产主义理想信念为根本、以社会主义核心价值观为支撑、以中国特色社会主义建设实践为依据，具有引领风尚、教育人民、服务社会、推动发展等重要作用，是培育为政清廉、秉公用权文化土壤，形成廉荣贪耻、向上向善社会氛围的关键，更是培养廉洁自律道德操守的现实思想资源。

（一）要加强理想教育

党的十八大以来，习近平多次强调理想信念建设对党员干部、对中国式现代化建设、对实现第二个百年奋斗目标所具有的重要意义和价值。党的十九大报告便强调：“要把坚定理想信念作为党的思想建设的首要任务，教育引导全党牢记党的宗旨，挺起共产党人的精神脊梁。”① 对马克思主义的信仰、对共产主义和社会主义的信念、对党和人民的忠诚，是中国共产党人的精神之“钙”，是中国共产党人具有强大免疫力和抵抗力的根本，也是中国共产党人战胜“软骨病”，防腐祛邪的根本。“志之所趋，无远勿届，穷山距海，不能限也。志之所向，无坚不入，锐兵精甲，不能御也。”② 理想信念就是志之所向，为人民服务就是心之所系。理想信念坚定，是勤奋工作、廉洁奉公的前提，也是自律自觉、严于律己的根本。党员干部腐败堕落，归根结底就是信仰迷茫、精神迷失。2013 年 1 月，习近平在十八届中央纪委第二次全体会议上讲话时便指出：“要加强反腐倡廉教育和廉政文化建设，督促领导干部坚定理想信念，保持共产党人的高尚品格和廉洁

---

① 习近平：《决胜全面建成小康社会　夺取新时代中国特色社会主义伟大胜利——在中国共产党第十九次全国代表大会上的报告》，人民出版社 2017 年版，第 63 页。

② 中共中央宣传部、中央广播电视总台：《平“语”近人：习近平总书记用典》，人民出版社 2019 年版，第 235 页。

操守，提高拒腐防变能力，在全社会培育清正廉洁的价值理念，使清风正气得到弘扬。"① 可以说，充分发挥、发掘、利用理想信念的廉洁要求、廉洁内涵、自律作用，是丰富发展社会主义先进文化中的廉洁资源的应有之义。

（二）要加强培育和践行社会主义核心价值观

2012 年 11 月，党的十八大明确提出了"三个倡导"，即倡导富强、民主、文明、和谐，倡导自由、平等、公正、法治，倡导爱国、敬业、诚信、友善。"三个倡导"分别对应国家、社会、个人三个不同层面，是社会主义核心价值体系的高度凝练、集中表达，体现了社会主义核心价值体系的丰富内涵、实践要求、根本性质和基本特征。"核心价值观是一个民族赖以维系的精神纽带，是一个国家共同的思想道德基础"②，决定着民族、国家、社会、个人的发展前途和精神家园。社会主义核心价值观的要求，根本上是对社会主义物质文明、精神文明协调发展的要求，蕴含着推动社会主义先进文化高度发展的言下之意。"廉洁"既是国家繁荣昌盛的保证，关系国家的富强民主、文明和谐，也是社会协调发展的前提，影响社会的自由平等、公正法治，更是个人品格高尚的基础，决定着个人能否爱国敬业、诚信友善。丰富发展社会主义先进文化中的廉洁资源，就应当充分了解、认识、宣传社会主义核心价值观所蕴含的廉洁要求，将培养廉洁自律道德操守与社会主义核心价值观建设有机结合，将社会主义核心价值观作为培养廉洁自律道德操守的重要思想资源。

---

① 中共中央文献研究室编：《习近平关于全面从严治党论述摘编》，中央文献出版社 2016 年版，第 176 页。

② 习近平：《论党的宣传思想工作》，中央文献出版社 2020 年版，第 111 页。

（三）要加强社会主义道德建设

社会主义道德是以为人民服务为核心，以集体主义为原则，以诚实守信为重点，以社会主义公民基本道德规范和社会主义荣辱观为主要内容，代表无产阶级和广大劳动人民根本利益和长远利益的先进道德体系，包括社会公德、职业道德、家庭美德、个人品德等。为人民服务要求以人民群众的根本利益为出发点，坚持权为民所用、利为民所谋、情为民所系。集体主义要求一切从集体出发，以集体利益、国家利益为立足点，在实际行动中能够做到少数服从多数，个人服从集体。公民基本道德规范可概括为 20 个字，"爱国守法，明礼诚信，团结友善，勤俭自强，敬业奉献"。社会主义荣辱观则以"八荣八耻"为主要内容，具体为"以热爱祖国为荣，以危害祖国为耻。以服务人民为荣，以背离人民为耻。以崇尚科学为荣，以愚昧无知为耻。以辛勤劳动为荣，以好逸恶劳为耻。以团结互助为荣，以损人利己为耻。以诚实守信为荣，以见利忘义为耻。以遵纪守法为荣，以违法乱纪为耻。以艰苦奋斗为荣，以骄奢淫逸为耻"。为人民服务的人民本位、集体主义的大局意识、守法诚信勤俭奉献的道德要求、"八荣八耻"的价值取向，均与贪、腐、奢、私的思想和行为倾向天然对立。社会主义道德的内容，内蕴着廉洁自律的道德要求和行为取向。培养廉洁自律道德操守是社会主义道德建设的重要内容，社会主义道德建设推动着廉洁自律道德操守的形成、发展，同时也为培养廉洁自律道德操守提供着源源不断的思想资源。

（四）要加强优质文化文艺产品的创作与生产

文化是国家和民族之魂，也是国家治理之魂。没有社会主义文化繁荣发展，就没有社会主义现代化。社会主义文化的繁荣发展，依赖于现代化文化产业体系的建构，更依赖于社会主义文化文艺产品的不断丰富。文化文艺产品是社会主义先进文化的重要内容、重要形式、重要载体。在历史发展和现实生活中，党历来重视文化文艺产品的创作和生产。2022 年 8 月，中共中央办公厅、国务院办公厅印发《"十四五"文化发展规划》，明确了文化建设和文化产业发展的指导思想、工作原则、目标任务、主要内容、具体方向等，特别提出了"繁荣文化文艺创作生产"的重要任务。文化艺术创作生产，从大的方面来看既要牢牢把握"中国特色社会主义"的主题主线，也要紧紧围绕"两个维护""四个意识""四个自信"。从更具体的角度则要倡导正确的价值观和文化导向，讲品位、讲格调、讲责任，抵制低俗、庸俗、媚俗。以文化文艺作品讴歌党、讴歌祖国、讴歌人民、讴歌时代，弘扬理想信念，弘扬社会主义核心价值观，弘扬社会主义道德，弘扬党的建设，弘扬廉洁自律道德操守。在社会主义现代化建设过程中，我们在文学、戏剧、电影、电视、音乐、舞蹈、美术、摄影、书法、曲艺、杂技以及民间文艺、群众文艺等各方面，已经产生了大量弘扬廉洁自律道德操守的文化艺术作品，将来还将源源不断诞生新的高质量的佳作。这些作品通过各种形式和渠道传播、推广、颂扬廉洁自律的人物、事迹、精神，构成新时代培养廉洁自律道德操守、形成廉洁自律社会氛围的重要思想资源。

第五章

夯实新时代培养廉洁自律
道德操守的思想根基

2014 年 5 月，习近平总书记在同中央办公厅各单位班子成员和干部职工代表座谈时指出："一个人能否廉洁自律，最大的诱惑是自己，最难战胜的敌人也是自己。"2023 年 1 月，习近平总书记在二十届中央纪委二次全会上也强调："要在不想腐上巩固提升，更加注重正本清源、固本培元。"廉洁自律是思想的高要求和道德的高水平，是发自内心的思想觉悟和行为约束。要培养廉洁自律道德操守，必须充分利用廉洁自律的思想资源，夯实廉洁自律的思想根基。

一、坚定理想信念

"革命理想高于天。"理想信念对国家、民族、社会、政党、个人而言，都有着不可或缺的重要作用，是共产党人安身立命的根本，也是共产党人始终坚持奋斗的动力源泉。尽管从概念视角而言，理想、信念各有其特点，但在中国共产党的话语体系中，理想信念经常被作为一个整体性概念来使用，中国共产党的理想信念，就是对马克思主义的信仰，对社会主义和共产主义的信念，其本质是中国共产党人的政治信仰。2021 年 9 月，习近平在 2021 年秋季学期中央党校（国家行政学院）中青年干部培训班开班式上指出："中国共产党成立一百年来，始终是有崇高理想和坚定信念的党。这个理想信念，就是马克思主义信仰、共产主义远大理想、中国特色社会主义共同理想。理想信念是中国共产党人的精神支柱和政治灵魂，也是保持党的团结统一的思想基础。"[①] 习近平的这一讲话，既揭示了理想信念的内涵，也彰明了理想信念的重要作用。夯实培养廉洁自律道德操守的思想根基，坚定理想信念是必然前提。

（一）要坚定对马克思主义的信仰

"人民有信仰，国家有力量，民族有希望。"马克思主义是中国共产党立党立国的根本指导思想，也是中国共产党人的灵魂、旗帜和信仰。坚定马克思主义信仰是坚定理想信念的根本前提。马克思主义本

---

① 《习近平谈治国理政》第 4 卷，外文出版社 2022 年版，第 522 页。

身就是在理想信念坚定的前提下诞生的，其创始人马克思就是坚定理想信念的典型。他一生饱尝颠沛流离的艰辛、贫病交加的煎熬，却始终不忘初心，矢志不渝，胸怀推翻旧世界、寻找科学真理、实现人类解放的理想信念，最终为人类社会留下了最有价值、最具影响力的精神财富——马克思主义。马克思主义是认识和改造主客观世界的锐利思想武器，揭示了人类社会发展的规律，创立了人民实现自身解放的思想体系，指引着人民改造世界的行动，具有无与伦比的科学性、真理性、影响力、传播面。

马克思主义不是简单的具体理论，而是马克思主义理论体系的简称，包括马克思主义哲学、马克思主义政治经济学和科学社会主义。马克思、恩格斯等人在考察人类社会发展的历史过程中，总结出了人类社会的历史发展规律，勾画了人类未来社会的发展蓝图。马克思、恩格斯等人在对人的发展进行剖析、研究的过程中，提出了关于人的全面发展的学说，勾勒了人自由、全面发展的条件和目标。马克思主义对人和人类世界发展的科学描绘，为人类的发展指明了方向，也为共产党和共产主义运动指明了发展方向。中国共产党自成立伊始，便坚定地选择了马克思主义，以马克思主义为信仰，进而以之为依据，形成了共产主义远大理想、中国特色社会主义共同理想，形成了关于党的理想信念的话语体系和时代表达，形成了党的优良传统和作风。从革命、建设到改革，中国共产党经历了磨难、曲折、发展、壮大，但从未动摇对马克思主义的坚定信仰。百年大党风华正茂，中国特色社会主义事业蓬勃发展，正在于马克思主义的科学性、真理性、人民性、实践性、发展性。也正因此，2017 年 9 月，习近平在十八届中央政治局第四十三次集体学习时的讲话中强调："马克思主义就是我们党和人民事业不断发展的参天大树之根本，就是我们党和人民不断奋进的万里长河之泉源。背离或放弃马克思主义，我们党就会失去灵魂、迷失方向。在坚持以马克思主义为指导这一根本问题上，我们必须坚定不移，任何时候任何情况下都不能动摇。"①

（二）要坚定共产主义远大理想、中国特色社会主义共同理想

党的十九大报告强调："共产主义远大理想和中国特色社会主义共同理想，是中国共产党人的精神支柱和政治灵魂，也是保持党的团结统一的思想基础。"② 共产主义既是无产阶级的思想体系，也是无产阶级最为期待、最为向往的最终的理想社会制度。中国共产党之所以叫作"共产党"，就是因为从诞生之日起，中国共产党就把共产主义确定为自己的远大理想，把建立共产主义社会作为自己的目标追求。相较而言，"中国特色社会主义"这一说法诞生较晚，经历了80年代"有中国特色的社会主义"，90年代"有中国特色社会主义"，直到21世纪，才正式采用"中国特色社会主义"的表达。不过，归根结底，中国特色社会主义共同理想是一个全体中国人民共同认可和追求的阶段性理想。而阶段性理想，在不同时期有不同表现。在革命时期，中共二大时，已经表现为无产阶级革命纲领，也即最高纲领，和反帝国主义反封建军阀的民主革命纲领，也即共同纲领，这可以视为中国共产党历史上提出最高理想与共同理想的萌芽。新中国成立之后，中国共产党也始终一方面怀着为实现共产主义而奋斗的长远理想，一方面不断制定近景目标，制定短期发展目标和发展规划，效仿苏联实行五年计划，这本质上也是坚定远大理想、实现共同理想的表现。至21世纪，

---

① 《习近平谈治国理政》第2卷，外文出版社2017年版，第66页。

② 习近平：《决胜全面建成小康社会　夺取新时代中国特色社会主义伟大胜利——在中国共产党第十九次全国代表大会上的讲话》，人民出版社2017年版，第63页。

"中国特色社会主义"表述形成并固化之后，共产主义远大理想、中国特色社会主义共同理想并行，成为我们理想信念话语体系的基本格局。

坚定共产主义远大理想、中国特色社会主义共同理想，首先要了解二者之间的关系。共产主义远大理想、中国特色社会主义共同理想是理想与现实、未来与现在的统一。共产主义远大理想之所以被称为"远大"理想，就是因为共产主义的实现是一个长期的目标，而共产主义理想之所以区别于空想社会主义，就在于它的实现是一个现实的过程，是一个由不断实现共同理想而逐步靠近、最终达到的过程。可以说，中国特色社会主义共同理想是共产主义远大理想的基础和前提，共产主义远大理想是中国特色社会主义共同理想的目标和归宿。忽视中国特色社会主义共同理想，只顾未来目标不看当前实际，就容易犯不切实际的"左"的错误，忽视共产主义远大理想，只顾现在发展不顾未来目标，则容易犯改旗易帜的右的毛病。也正因此，习近平指出，要把"践行中国特色社会主义共同理想和坚定共产主义远大理想统一起来"，才能"坚决抵制抛弃社会主义的各种错误主张，自觉纠正超越阶段的错误观念和政策措施"。

（三）要坚定新时代党和国家理想信念新话语的方向引领

坚定理想信念对于培养廉洁自律道德操守之所以重要，是因为理想信念是中国共产党和中国共产党人战胜艰难险阻，不断带领人民群众发展前进的根本。习近平在庆祝中国共产党成立 95 周年大会上的讲话中指出："理想信念动摇是最危险的动摇，理想信念滑坡是最危险的滑坡。一个政党的衰落，往往从理想信念的丧失或缺失开始。"①

---

① 习近平：《在庆祝中国共产党成立 95 周年大会上的讲话》，人民出版社 2016 年版，第 10 页。

理想信念动摇性质恶劣。理想信念动摇是根本性的、全方位的动摇，是根本性的、全方位的衰落，性质极为恶劣，情况极其严重。理想信念是共产党人的"政治灵魂""精神之钙""总开关""压舱石"及"初心"所在和"免疫力"的源泉，是正确对待权力、对待人民的前提，也是增强对腐败免疫能力的根本。理想信念一旦动摇，就会丧失政治立场，就会将个人利益凌驾于国家、民族、人民利益之上，从而因小失大；就会得"软骨病"，经受不起"糖衣炮弹"的袭击和侵蚀，进而出现各种违法乱纪行为；就会失去政治忠诚品性，丧失廉洁自律能力，进而因私废公，最终走入腐败堕落的陷阱。

理想信念动摇危害巨大、影响深远。对个人而言，理想信念发生动摇，就意味着原则、立场、党性、宗旨发生了动摇，是心理防线、道德防线、党性防线崩塌的开始。习近平指出："对共产党人来讲，动摇了信仰，背离了党性，丢掉了宗旨，就可能在'围猎'中被人捕获。"① 党员干部丢失了理想信念，就会政治上变质、经济上贪婪、生活上腐化、道德上堕落，就会在权力、金钱、美色面前溃不成军，就会将个人私欲凌驾于集体利益、国家利益之上，走向党和人民的对立面。对政党而言，党员干部理想信念动摇，是政党衰落乃至崩溃的开始。党员是政党肌体的细胞，理想信念是政党的灵魂，理想信念是政党凝聚力的来源。"千里之堤，溃于蚁穴。"一方面，个别党员干部理想信念动摇，会造成政党理想信念豁口，进而影响、腐蚀更多党员干部，并严重影响政党作风、政党形象。另一方面，丧失理想信念的党员干部存在于党内，对党而言是一种巨大的隐患和潜在的威胁，不仅容易导致党背离人民群众，还可能发展成为分裂党组织、摧毁党组织、

---

① 习近平：《在第十八届中央纪律检查委员会第六次全体会议上的讲话》，人民出版社 2016 年版，第 21 页。

葬送党组织的马前卒。苏联解体虽然原因众多，但党员干部的思想分化和信仰动摇是主要的。

理想信念不是虚无的目标，也不是空洞的口号，而是理论性与实践性、规律性与时代性、未来性与现实性、客观性与能动性的统一。党的十八大以来，中国特色社会主义进入了新时代，中国社会基本国情和主要矛盾发生了一些新变化。为了在新时代实现更好的发展，更好地发挥理想信念的感化、感召、激励、指引作用，在马克思主义信仰、共产主义远大理想、中国特色社会主义共同理想之下，党和国家形成、发展、建构了时代化、具体化、现实化的理想信念新话语，将马克思主义、共产主义、社会主义理想信念的话语体系建设推向了一个新的高度。这些理想信念新话语，是当前实现共同理想的核心要点，是实现远大理想的重要内容，也是践行马克思主义信仰的具体方略，主要体现为中国梦话语、初心使命话语、中国式现代化话语、政治忠诚话语、自信话语等。

中国梦话语是指围绕中国梦而形成的一整套话语体系和政策架构。中国梦以国家富强、民族复兴、人民幸福为核心要义和本质内涵，属于共产主义、社会主义理想信念的重要组成部分，是共产主义理想的重要阶段性目标和社会主义共同理想在现阶段的重要组成部分。实现中国梦是近代以来中华儿女夙兴夜寐的追求，也是党和人民的历史使命。需要以中国精神凝聚中国力量，走中国道路，也即以理想信念凝聚全体中华儿女的力量，走中国特色社会主义道路。中国梦是中国共产党立足时情时势，结合方向、道路、目标提出来的，是中国共产党理想信念的具体化，是理想信念的现实要求。

初心使命话语是指党的十八大以来，以习近平同志为核心的党中央围绕中国共产党的初心、使命而形成的一整套话语体系和政策架构。习近平在党的十九大报告中开篇即指出："中国共产党人的初心和使命，就是为中国人民谋幸福，为中华民族谋复兴。"① 初心使命与中国梦一体两面，中国梦是对目标、方向的梦想，初心使命是实现目标、方向的决定，二者本质上都是共产主义、社会主义理想信念的延伸。习近平曾强调，坚持不忘初心、继续前进，就要牢记我们党从成立时起，就把为共产主义、社会主义奋斗确定为自己的纲领，坚定共产主义远大理想和中国特色社会主义共同理想，不断把为崇高理想奋斗的伟大实践推向前进。随着"不忘初心、牢记使命"主题教育在全党展开，初心使命已成为中国共产党理想信念话语的重要组成，并发挥着越来越大的重要作用。

中国式现代化话语体系是党围绕建设社会主义现代化强国目标而形成、发展、完善的话语体系，是围绕中国式现代化的实现而形成的一整套话语体系和政策架构。习近平在党的二十大报告中对中国式现代化的内涵进行了剖析，即中国式现代化是人口规模巨大的现代化、全体人民共同富裕的现代化、物质文明和精神文明相协调的现代化、人与自然和谐共生的现代化、走和平发展道路的现代化。随后，党、政、学、媒等各界对中国式现代化不断深化研究，围绕中国式现代化的领导力量、核心主题、发展道路、根本价值、总体目标、基本特征、战略步骤、基本路线、总体任务、战略布局、根本动力、对外关系、战略保障、思想方法等各方面，形成了系统的理论体系。中国式现代化是马克思主义指导下的现代化，是党和国家努力的方向、奋斗的目标，是共产主义远大理想和中国特色社会主义共同理想的重要内容。

---

① 习近平：《决胜全面建成小康社会　夺取新时代中国特色社会主义伟大胜利——在中国共产党第十九次全国代表大会上的讲话》，人民出版社 2017 年版，第1 页。

　　自信话语是以"四个自信"为核心的一系列关于中国特色社会主义各方面自信的话语体系和理论架构。无论是信仰、理想还是信念，归根结底立足于人们内心的确信。党的十八大以来，习近平在道路自信、理论自信、制度自信的基础上又增加了"文化自信"，形成了"四个自信"的理论话语，成为中国特色社会主义区别于他国的重要显著特点，也成为党和国家政治建设的重要内容。"四个自信"凸显了在马克思主义指导下，党和人民对于中国特色社会主义发展道路、前途命运的自信，对于马克思主义和中国特色社会主义理论体系的自信，对于中国特色社会主义制度优势的自信，对于中国特色社会主义文化先进性的自信。"四个自信"根本上是中国特色社会主义区别于其他国家的四大优势，是马克思主义和中国特色社会主义的优越性所在，也是我们坚定马克思主义信仰、坚定理想信念的原因和表现。可以说，自信话语丰富了党员干部理想信念话语体系，是党员理想信念建设的重要内容。

　　政治忠诚话语是以政治忠诚为核心的话语体系和政策表达。"天下至德，莫大于忠。"理想信念意味着确信与忠诚，内含着对忠诚的政治品格要求。2016年1月，习近平在中共中央政治局会议上提出了"四个意识"，即政治意识、大局意识、核心意识、看齐意识，要求党员干部切实做到对党忠诚、为党分忧、为党担责、为党尽责。党的十八大以来，我们又总结了"两个维护"的话语，即坚决维护习近平总书记党中央的核心、全党的核心地位，坚决维护党中央权威和集中统一领导，其本质仍然强调的是忠诚。作为以马克思主义为信仰，以共产主义、中国特色社会主义为理想的政党，对党中央的忠诚就是对党的忠诚，对党的忠诚也就是对理想信念的忠诚。中共党员对党的忠诚应当是"绝对"的，也就是"唯一的、彻底的、无条件的、不掺任何杂质的、没有任何水分的忠诚。"① 党的十八大以来，忠诚话语成为党性修养和全面从严治党的重要内容，也成为理想信念话语的重要组成部分。

二、发展廉洁文化

所谓廉洁文化，是指社会成员在一定现实环境下，在一定生产方式、生产关系基础上，所形成的关于廉洁方面的思想理念、道德素养、精神品位、生活观念、价值取向、行为规范的总和。作为一种自我的道德修养，廉洁自律是特定社会政治、经济、文化、生活环境的产物，是特定文化内化之后产生的自我责任感、道德感、约束感。廉洁文化作为由廉洁行为、廉洁理论构成的系统文化，为廉洁自律提供价值理念、行为准则、文化资源，是培养廉洁自律道德操守的文化土壤，也是培养廉洁自律道德操守必不可少的思想根基。

（一）要深刻认识廉洁文化的重要功能

发展廉洁文化对培养廉洁自律道德操守的重要性，首先体现在廉洁文化所具有的重要功能上。廉洁文化作为中华优秀传统文化、革命文化、社会主义先进文化的重要组成部分，是面向未来的、民族的、科学的、大众的文化，是随着时代发展、社会进步而重要性愈加凸显的文化，对于个人、家庭、社会、国家、民族的发展具有多方面的功能和价值。

廉洁文化具有教育引导功能。廉洁文化作为一种道德风尚和行为

---

① 习近平：《论坚持党对一切工作的领导》，中央文献出版社 2019 年版，第82页。

规范，对于个人的行为、思想、价值观等具有多方面的重要影响，对整个社会有重要的教育引导功能。廉洁文化可以影响公民的思想、情感、内心世界，发挥潜移默化的教育作用，引导公民自觉与腐败及不良风气作斗争，增强公民的自我约束力、社会责任感和荣誉感。廉洁文化还可以对政府进行引领，提高政府的公信力，推动社会发展。

廉洁文化的教育引导功能体现在能够引导人们形成健康的价值观。价值观是人们对于生产、生活行为的基本信仰和准则，是人们判断事物对错、好坏的基础，也是人们思想、言语、行为的指导原则。价值观受文化、教育、家庭、性格、宗教等多方面因素影响。廉洁文化以清廉、正直、公正、诚实等为核心价值和基本内涵，能够帮助个人更好地了解和认识清廉、公正等的行为标准、理论来源、历史传统、现实表现。廉洁文化对正向价值、廉洁行为的提倡和弘扬，构成社会文化环境的基本氛围和土壤，能够潜移默化引领社会风气，强化人们的大局意识、责任意识、法律意识，规范人们的道德观念、价值观念、行为习惯、生活态度。

廉洁文化的教育引导功能体现在能够帮助人们形成正确的权力观。权力观是人们对于权力的态度和看法，包括对权力的定义、来源、性质、行使及其限制等诸多方面的态度和看法。正确的权力观可以帮助社会建立公正、透明、可持续的政治、经济和社会制度，从而促进社会的全面发展和进步。当今社会，越来越多的人意识到权力的重要性和对社会的重大影响。一般认为，权力应该是公正、透明、负责任和基于法律的，这种观念促使人们建立更加民主和透明的政治制度，实现实质性的权力监督和制约。廉洁文化以正确认识权力、行使权力为基本内容和取向，倡导公平、公正、公开等正面导向，抵制贪污、腐败、堕落等负面行为。既能帮助人民群众有效制约、监督权力的滥用，也能警醒公职人员谨言慎行、廉洁公正，有助于社会形成正确、健康的权力观。

廉洁文化具有行为规范功能。廉洁文化是以廉洁为核心的一种符号文化，是规范公民行为、推动社会进步的理念和途径。它反映了社会道德应有的基本要求，代表了文明、健康、进步的价值观念和情感态度。廉洁文化的行为规范功能，根本上取决于廉洁文化在道德层面和法律层面的约束力。道德作为社会行为的重要指引，能够通过规范人的心理行为进而规范人的实践行为。廉洁文化所弘扬的理念、传递的价值、倡导的行为，具有相应的道德影响力和制约力，能够促使个体和组织规范、反思、调整其行为。法律作为一种规范社会行为的方式，能够制约个人、组织的行为，法律是最低的道德。廉洁文化在法律层面的约束力，主要表现在法律法规和规章制度等制度机制规范了相应的行为框架、明确了相应的行为边界。不仅廉洁文化所倡导的行为符合法律法规的规定，而且不廉洁的行为往往为法律法规所禁止，法律法规从制度规范上确定了廉洁文化的约束力。

廉洁文化的行为规范功能的具体发挥，表现在个人、组织、社会等各层面。对于个人而言，廉洁文化作为道德信仰和社会规范的一个重要方面，能够推动个人形成遵循纪律、守法廉洁、公正诚信的心理觉悟和行为习惯，为人们提供必要的自我身份认同和价值理性，进而让人们明白良好的行为道德操守是推动个体和社会进步的重要力量，并形成一种广泛认可的行为模式，在此基础上进行自我纠正、自我规范。对于组织而言，廉洁文化能够通过制度化建设，规范组织运作和廉洁从业，严厉打击组织内部以及机构对外的违规行为，增强组织廉洁自律意识与规范，确保组织运作的专业化和合规化，增强组织的公信力和竞争力。对于社会而言，廉洁文化作为一种带有规范性的社会化道德力量，能够促使社会形成一些共有的行为准则和规则，形成正向的社会风尚、社会取向、社会价值观，增强社会向心力、凝聚力、约束力，进而对社会文明建设、和谐社会建设产生重要影响。

廉政文化具有凝聚民心功能。廉洁文化是建立在国家法制和民主制度基础上的一种社会道德文化，是现代文明发展的必然趋势。在新时代的中国，廉洁文化已经成为现代社会治理体系的重要组成部分。廉洁文化能够提升政治的透明度和清廉度，减少腐败现象发生，增强政府的公信力，促进政治、经济、文化、社会等各方面的发展与稳定，进而提高民众的生活质量、生活水平，保障民众权益，增强民众获得感、幸福感、安全感，让人民感觉到公正、公平。人民对政府、社会、日常生活等各方面满意度高，民心自然凝聚，民力自然汇集。

从政府和社会公共机构角度而言，廉洁文化强调政府和公共机构遵守规章制度、严守法纪，倡导以廉洁的理念构建公平、开放、透明的社会治理体系，要求政府和社会公共机构规范执政、规范用权，切实以人民利益为立足点，以民众诉求为出发点，想民之所想、急民之所急、办民之所需、干民之所盼。这样的政府和社会公共机构才能够产生向心力，得到民众的认可和拥护。从政治部门工作人员的角度而言，廉洁文化要求政府工作人员严格执行廉洁的道德标准和实践要求，并在权力运用、信息管理等方面依法行事，实现社会资源和社会财富的合理分配、使用。在合法、合规、合理的前提下，民众不满情绪自然消弭，社会分裂现象自然丧失产生的现实基础。因此，民众的社会认同感会增加，对政府的认同度也会提高。从政府与民众的关系角度而言，廉洁文化强调政府与公众之间应该保持良好的互动互补关系。廉洁文化作为一种涉及社会运行方方面面的导向型、价值型文化，既要求政府和政府工作人员践行廉洁准则，秉公执法、廉洁用权，构建完善的社会信用体系和公共治理系统；又要求民众提升公民道德素养和文明程度，增强社会责任感、使命感和担当意识，提高参与意识和参与能力。廉洁文化对于政府和政府工作人员、民众的不同要求，构建了双方之间良性互动和彼此互补的关系，有利于二者的和谐和社会合力的形成。总之，廉洁文化是促进社会和谐、增强社会凝聚力的一种重要手段，凝聚民心是廉洁文化的重要功能。

廉洁文化具有净化环境功能。良好的社会环境是指社会中的人们遵守公共道德、法律法规，关注和维护公共利益，建立起互相尊重、信任和合作的社会关系。良好的社会环境不仅能够促进社会的繁荣发展，也能够提高人民生活水平，促进个人的全面发展。随着全球化进程的加速和社会变革的加剧，人们对于良好社会环境的渴求越来越强烈。廉洁文化作为一种具有净化社会环境的文化理念，越来越受到社会各界的关注和重视。廉洁文化对于净化社会环境、构建和谐社会具有多方面的价值和意义，包括有助于防止社会腐败、有助于促进公平竞争、有助于加强社会监督、有助于增强社会信任度、有助于提升政府形象。

廉洁文化有助于防止社会腐败。腐败是社会环境的毒瘤，严重破坏公正、公平、透明、廉洁的社会环境。廉洁文化的核心价值观以反对、避免、预防腐败为原则，能够降低腐败发生的可能性，并通过制度建设内外夹击，形成有效的监督机制，进一步遏制腐败现象的发生。廉洁文化有助于促进公平竞争。在一个缺乏廉洁文化的社会环境中，黑暗的利益交换是非常普遍的。人脉关系和个人意志往往可以左右社会公共权力的运行和社会资源的分配。廉洁文化能够提升公共资源分配的透明度，在经济、社会等各个领域建立起公平竞争的基础，激发社会的创造力和创新能力。廉洁文化有助于加强社会监督。廉洁文化倡导风清气正的良好社会生态和社会风尚，内蕴着鼓励公众参与监督，自发揭露不法行为，为社会治理作出贡献的价值导向。廉洁文化有助于增强社会信任度。社会的信任度是衡量社会健康状况的一个重要指标。在缺乏廉洁文化的社会环境中，政府工作人员对权力、资源的自由支配和个人优先的思维模式，会诞生各种各样侵害、滥用公共资源的行为，对社会信任度的破坏极为巨大。廉洁文化的推广可以提高政府工作人员的道德水平，保障公共权力的正确运行，有利于提高社会信任度。廉洁文化有助于提升政府形象。政府的形象和行为对社会的发展和稳定有着重要的积极或消极作用。当政府缺乏诚信、缺少透明度，工作失去公信力时，人民对政府的信任和支持也会逐步削弱。廉洁文化的宣传和推广可以倡导公共服务和政务工作的透明、公正和高效，是提升政府形象和公信力的重要途径。

（二）要准确把握廉洁文化的基本特征

廉洁文化作为思想、道德、精神、观念、价值、行为规范等的总和，是一个具有多方面内容和内涵的有机统一体，具有多种重要的特征。发展廉洁文化，首先要准确把握廉洁文化的基本特征。

群众性是廉洁文化的根本特点。显而易见，从涵义上来讲，文化往往具有超越国家、民族界限的特点，泛指人类在生产生活等社会实践中创造的物质、精神财富的总和。不过，在现实世界中，国家、民族作为现代社会的基本单位和基本主体，往往同时也构成不同精神、文化、意识形态的界限。我国作为人民民主专政的国家，人民性或者说群众性，是党和国家的鲜明特点。廉洁文化作为一种价值导向性、行为规范性文化，是社会的共同价值追求和行为准则，具有与生俱来的社会属性和人民属性。与廉政文化重点关注党员干部、公职人员、权力机关不同，我们所倡导的廉洁文化，重点当然指向党政机关和领导干部，也即掌握社会公共权力的组织和个人，但却并不局限于此。毕竟廉洁具有多重涵义，囊括个人、家庭、社会等各个领域，不仅包括公权力的使用，也包括自身的品性涵养、家庭的道德教养、社会的文化修养，所以廉洁文化的主体面向全党全社会，是社会公众精神世界的重要组成部分，具有广泛的群众性。廉洁文化诞生于中华民族五千多年文明中对廉洁人物的颂扬，对廉洁行为的推崇，对廉洁德行的讴歌，对廉洁内涵的发展，对廉洁思想的总结，对廉洁话语的建构，是中华民族全体儿女的智慧结晶和价值凝练。在不同历史时期，廉洁文化的要求大同小异，根本上是要将廉洁理念渗透到所有人民、所有群众、所有团体的心灵，使之成为社会的主流思想观念和价值导向，深化为社会风气、社会习俗，从而发挥其教育引导、行为规范、宣传示范、社会监督功能，推动整个社会践行廉洁品行、形成廉洁氛围、弘扬廉洁价值、传播廉洁文化。所以，群众性，或者说广泛性、人民性、社会性，是廉洁文化的基本特性，也是发展廉洁文化之所以重要的说明和注解。

实践性是廉洁文化的鲜明特点。文化作为一种特定的社会现象，是社会实践的产物，既诞生于实践，最终又必然应用于指导实践。相较于其他各种类型、各种层次的文化而言，廉洁文化作为一种以道德约束和行为规范为核心和主题的文化，其实践性更为显著。从一开始，廉洁文化便并非立足于主观的冥思、自我的反思、个人的逞臆，而是生活的提炼、行为的倡扬、实践的总结。廉洁文化形成于人们日常生活中对不妄取、不多拿、不贪污行为的赞誉和颂扬，根本目的和最终归宿是作为一种思想觉悟、道德要求、行为准则，指导人们的生产生活实践。前已述及，廉由堂屋侧边之义逐渐演化引申出平直、方正、少拿、少取之意，由指向客观事物至指向主观心态和行为，意味着先有相关行为、实践、品性，而后用已有语言加以描绘，实质上体现了人类由认识客观世界到逐渐认识主观世界的发展演进。事实上，廉洁文化不仅产生于实践，而且也必然要回归实践才能真正体现其意义和价值。廉洁文化虽以文化为基本形态和载体，但却必须通过言行举止来体现。在中华传统文化中，廉洁文化便在修身、齐家、治国、平天下等各方面具有不可替代的作用。廉洁文化不仅是个人提升修养、完善德行的遵循，也是良好家风、家教、家训的重要内容，还是国家稳定、社会和乐的基础，更是天下归心、四海一家的前提。在中国特色社会主义进入新时代的今天，廉洁文化的实践性体现得格外明显。一方面，世界面临百年未有之大变局，中国特色社会主义面临着严峻的外部形势，国外反华势力虎视眈眈，急于抓住一切可以利用的机会，抹黑中国共产党的形象和中国的国家形象。另一方面，中国特色社会主义进入实现中国式现代化，夺取第二个百年奋斗目标胜利的新发展阶段，人民对于党和政府的要求不断提高，对于党和政府的监督力度不断提升，宣传倡导已经不能满足人民群众对党和政府的心理预期，切实践行才是人民群众的实际要求和共同心理导向。总之，实践性或者说实效性，是廉洁文化的产生渊源，也是其最终归宿，更是新时代廉洁文化的突出特点。

道德性是廉洁文化的本质特点。廉洁本质上是一种道德，道德是廉洁文化的重要基础和核心要素，这就决定着廉洁文化的核心是道德观念和行为准则。廉洁文化是以公平公正、清廉正直为核心价值观的文化形态，是对社会秩序和个体行为准则的道德规范，体现了人类应有的道德观念和价值取向，具有鲜明的道德性。首先，廉洁文化推崇高尚的道德品质，具体包括清廉、诚信、正直、公平、公正、谦逊等。这些道德品质不仅是廉洁文化的重要内容，也是个人在处理人与人、人与社会关系之时应遵行的普遍准则，代表了人类社会最基本的伦理和价值观，充分体现了人类道德意识的高度。廉洁文化将这些品质、德行提升为社会主流的文化内涵、文化价值、文化导向，进而影响、塑造、规范人们的行为举止、思想言论、自我要求。其次，廉洁文化强调尊重法律法规的约束。"道德是最高限度的法律，法律是最低限度的道德。"廉洁文化除了本身就是一种高尚的道德，在日常生活中，还内在地要求必须遵守法律法规的规定和管理。也即要求个人在为人处世各方面，将法律法规作为不能突破的基本底线和基本准则，是对最低限度的道德的维护。再次，廉洁文化的最大特点是强调自觉，要求自我约束、自我管理。廉洁文化通过对道德品性的褒扬，使之内化为个人的价值取向、行为准则，进而培养人们高度的责任心和自律意识，形成长期、稳定的内驱力，从而实现个人与社会的和谐统一、共同发展。

整体性是廉洁文化的重要特点。廉洁文化的目标是让社会大众坚守高尚道德品行和自律规范，克服腐败，追求公正、廉洁、诚信。廉洁文化包括了道德层面和日常生活中的自我约束，是一个综合性的概念，是一种全面性、系统化的思想和行动模式，涵盖道德审美、制度规范、实践行为，旨在推动社会各个方面的良性发展。廉洁文化不仅仅是要净化政治环境，还涉及经济、文化、法律、社会等多个方面、多个领域，充斥于人们日常生产生活的全过程、各方面。在政治领域中，廉洁文化要求公职人员、政府机构遵守法律法规，践行廉洁操守，维护公众利益、公共利益、集体利益、国家利益，构建"不敢腐、不能腐、不想腐"的有效机制，实现全面从严治党、依法治国。在经济领域中，廉洁文化要求企业家和经济组织践行廉洁操守，履行社会责任，遵循市场竞争和诚实守信原则，采用合法合规的经营方式，避免利欲熏心和贪污腐败，保证社会主义市场经济的健康、有序发展。在文化领域中，廉洁文化要求广大文艺工作者、媒体从业者、网民、大众坚持正确的价值观，践行廉洁操守，确保文艺行业的良好风气，确保文艺作品的正确导向，确保文艺产业的健康发展。在法律领域中，廉洁文化要求法官、检察官、律师等法律职业从业者践行廉洁操守，坚守法律底线，保证公正，为社会发展把好关、站好岗，确保社会管理体系的良性运转，确保社会稳定和发展。除此之外，廉洁文化的整体性还表现在廉洁文化涉及多方面主体，需要政府机构、企业、公民、社会组织等各方的共同努力，是由机关、社区、学校、企业、农村、家庭等各方面廉洁文化组成的有机整体，是精神信念、行为准则、社会制度、价值导向的统一，也是社会公平、公正、有序的根本性保障。

政治性是廉洁文化的突出特点。政治性是廉洁文化建设的方向和灵魂。毛泽东在《新民主主义的文化》一文中指出："一定的文化是一定社会的政治和经济在观念形态上的反映。"① 廉洁文化虽然涉及各行各业各领域，具有整体性，但新时代对廉洁文化的倡导，归根结底服务于中国式现代化的建设，服务于新的百年奋斗目标的历史征程，因而必然具有鲜明的政治性。其一，廉洁文化对政治的稳定和发展有重要意义。廉洁文化是政治生态系统的重要组成部分，是促进政治稳定发展的内在保障。政治稳定发展需要公正、透明、廉洁的政治氛围和政治环境，需要能够保证人民的政治利益和政治权利，实现权为民所用、情为民所系、利为民所谋，这就需要形成廉洁的政治文化氛围，消除腐败，确保公平公正，推进政治制度的完善和发展。其二，廉洁文化对政治价值的塑造起到积极作用，是政治价值观的重要组成部分。政治价值观是关于政治的道德观念、信仰和理念，是人们对于政治现象、政治行为和政治规矩的理性认识的总结和反映。政治价值观不仅直接影响政治制度、政治体制和政治氛围的形成和发展，也影响着人们对政治的信任度和参与度。廉洁文化强调清廉、正直、公正、自律等价值理念，通过这些价值理念，既能够促成良好政治的形成，又能增强人们对政治价值的认同和信仰，是从政治文化层面对政治价值的塑造和维护。其三，廉洁文化能够促进政治治理体系和治理能力的现代化。廉洁不仅依赖于个人的自我约束和市场的自律规范，更依赖于

---

① 《毛泽东选集》第 2 卷，人民出版社 1991 年版，第 694 页。

政治治理体系和治理能力的建设来推进。廉洁文化是政治治理体系和治理能力建设的基础，有利于政治制度、政治行为、政治机构的规范化，是推进政治治理体系和治理能力现代化的文化支撑。廉洁文化的价值取向和理念需要贯穿整个社会和政治生态系统，才能在政治层面实现其价值。

（三）要积极践行廉洁文化的基本要求

作为一种具有鲜明实践性的文化，廉洁文化的发展，不能停留于理论上的思辨、口号上的呼喊、条幅上的宣传，而应落到实处，积极实践。积极践行廉洁文化的基本要求是社会每个人的责任，也是社会文明、进步、稳定、发展、和谐的关键。

践行廉洁文化的基本要求，要严格执行新形势下党内政治生活的准则。党内政治生活的准则，是推动全党建设高素质专业化干部队伍、强化党内政治生活、提升党组织活力和切实落实全面从严治党的具体举措。早在1980年，党的十一届五中全会便深刻总结了党的历史发展的经验教训，制定了《关于党内政治生活的若干准则》，为拨乱反正，恢复、健全党内政治生活，推进党的建设、保证党的战斗力和凝聚力发挥了重要作用。随着时代的发展和社会的进步，国际国内形势发生了深刻变化，党员干部队伍也出现了很多新问题、新情况。一些党员、干部甚至是高级干部中，出现了理想信念不坚定、对党不忠诚、脱离群众、弄虚作假、个人主义、自由主义、宗派主义、拜金主义、形式主义、官僚主义、享乐主义、贪污腐化、滥用权力、违法乱纪等问题和现象，严重损害党的公信力、损害党的形象、损害党内政治生态、损害党与人民群众的血肉联系、损害中国特色社会主义现代化建设事业的快速发展。在此背景下，党中央对于党内政治生活给予了高度关注和重视。2016年10月，中国共产党第十八届中央委员会第六次全体会议专门通过了《关于新形势下党内政治生活的若干准则》，对党员干部应该遵守的党内政治生活的基本准则作出了具体规定，要求广大党员干部坚定理想信念、坚持党的基本路线、坚决维护党中央权威、严明党的政治纪律、保持党同人民群众的血肉联系、坚持民主集中制原则、发扬党内民主和保障党员权利、坚持正确选人用人导向、严格党的组织生活制度、开展批评和自我批评、加强对权力运行的制约和监督、保证清正廉洁的政治本色。不难看出，保证清正廉洁的政治本色是新形势下党内政治生活的基本准则之一。实际上，《中国共产党章程》作为党内政治生活的根本法规，作为党的各级组织和全体党员都必须遵守的基本准则，作为党的根本大法，也明确将"清正廉洁""信念坚定""为民服务""勤政务实""敢于担当"规定为党的各级领导干部的基本素质。《中国共产党廉洁自律准则》《关于加强新时代廉洁文化建设的意见》更是一目了然地点明了文件的主旨和核心。也正因如此，践行廉洁文化的基本要求，就是要教育引导广大党员严格遵守党章、党纪、党规，严格执行新形势下党内政治生活的若干准则。要坚持严以修身、严以用权、严以律己，恪守党员干部的为官之道。要践行谋事要实、创业要实、做人要实，遵守党员干部的行为准则。要讲修养、讲道德、讲廉耻，秉持党员干部的高风亮节。

践行廉洁文化的基本要求，要严守政治纪律和政治规矩。践行廉洁文化是新时代全面从严治党的重要内容，严守政治纪律和政治规矩是新时代全面从严治党的基本要求，也是践行廉洁文化基本要求的重要举措。政治纪律和政治规矩是对各级党组织和党员的政治活动和政治行为的基本要求和约束，是各级党组织和党员在政治生活中必须遵守的行为规则。只有在这些约束、要求、纪律、规则、规矩的指导下，党员干部才能够在工作、生活各方面保持正确的态度和行为，保证党内政治生态健康、清明，进而为党和国家的改革发展大业提供有力的政治保证。严守党的政治纪律和政治规矩，要求党员干部遵守党的路线、方针、政策、宗旨，意味着服从党的领导，听从党的指挥，贯彻执行党的意志，保证党的决策权，保证党的各项政策的执行有力，保证党员干部正确的政治方向。在实际工作中要将国家利益、集体利益置于个人利益之上，为祖国和人民而努力，为社会主义现代化建设事业而奋斗。做到公私分明，先公后私，不因私废公、假公济私、损公肥私、监守自盗。这是廉洁文化基本要求中处理好公与私的关系的重要基础。严守党的政治纪律和政治规矩，要求党员干部严格遵守党的组织纪律、工作纪律、群众纪律、廉洁纪律、生活纪律等，在工作上做到公平正直、遵纪守法、刚正不阿、清正廉洁。对于党和国家安排的工作和任务，党员干部要一丝不苟、按质按量完成，抵制形式主义、官僚主义。在日常生活中，党员干部要站稳立场和脚跟，避免贪赃枉法、营私舞弊。在工作、生活等各方面营造和保持清清爽爽的同志关系、规规矩矩的上下级关系、干干净净的政商关系。这是廉洁文化基本要求中处理好廉与腐的关系的重要内容。严守党的政治纪律和政治规矩，要求党员干部强化自我约束和自我监督，主动接受严格的群众监督和组织监督，自觉抵制市场经济浪潮的冲击和糖衣炮弹的袭击，自觉与纸醉金迷、灯红酒绿的行为和风气保持距离，以俭为荣、安贫乐道，避免享乐主义、奢靡攀比。这是廉洁文化基本要求中处理好奢与俭的关系的重要内容。严守党的政治纪律和政治规矩，要求党员干部强化党员意识，从中国共产党的初心和使命中正确认识党员身份与生俱来的责任感、使命感，从党领导人民进行革命、建设、改革的历程中体会党员身份的荣誉感、崇敬感，进而从思想上、道德上认识到党员干部的责任和义务，真正体会中国共产党为人民服务的宗旨，体会个人苦与家国乐、现在苦与将来乐之间的辩证关系，体会"先天下之忧而忧，后天下之乐而乐"的真义。这是廉洁文化基本要求中处理好苦与乐的关系的重要内容。

践行廉洁文化的基本要求，要坚定文化自信。文化自信是一个民族、一个国家、一个政党对自身文化价值的充分肯定和积极践行，并对其文化的生命力持有的坚定信心。我们所倡导的廉洁文化，是中国特色社会主义先进文化的重要组成部分，是对中华优秀传统文化、革命文化中的廉洁思想融合、发展、升华的成果。坚定文化自信，内蕴着抵制庸俗、腐朽、落后文化，学习、传承、发展优秀文化的应有之义，构成践行廉洁文化的基本要求。坚定文化自信，要积极提高自己的文化素养，形成正确的文化认知。通过汲取优秀传统文化、革命文化、社会主义先进文化、国外文化中的优良因素，树立积极、向上、健康、正确的人生观、价值观、文化观，形成对美与丑、善与恶、好与坏的正确认识，形成对廉洁文化内涵、廉洁文化所倡导的价值导向的正确认识。通过道德内化和文化感召，让人们自觉遵行公私分明、崇廉拒腐、尚俭戒奢、甘于奉献的廉洁文化基本要求。坚定文化自信，要抵制庸俗、腐朽、落后文化，抵制商品交换原则对党内生活的侵蚀，明辨并抵制低俗、暴力的思想和文化倾向，反对拜金主义、享乐主义、唯利是图、损公肥私，以谋求特权和私利为耻，以践行廉洁和公正为荣，不断消除腐败滋生的土壤，推动营造风清气正的良好政治生态。坚定文化自信，要学习、传承、发展优秀文化，要全面深入学习本土文化，既形成对中华传统廉洁文化的民族自豪感，展现中国特色和中国风采，又积极与其他国家和民族的廉洁文化、廉洁制度、廉洁实践进行交流互鉴，取长补短、融合创新。既充分挖掘传统廉洁文化的合理因素，并加以推广、宣传，使之光彩依旧，又关注时代主题，把握时代脉搏，在新时代中国式现代化的实践中推动廉洁文化创造性转化、创新性发展，助其焕发新生。

三、强化理论武装

理论是实践的前提。无论是坚定理想信念，还是发展廉洁文化，都是一个长期性的系统工程，要保证其长效性、有效性，避免不知不觉的懈怠放松和流于形式，就必须坚持不断强化理论武装。经常性的理论学习教育，能够增强社会主义核心价值观意识、提高自我认知和批判意识，促进实践创新和社会进步，是提高人们素质和社会文明程度的保障。在新时代背景下，在夯实培养廉洁自律道德操守思想根基的前提下，强化理论武装更是保证理想信念的支撑作用决不动摇，保证廉洁文化的思想氛围永不消退，保证廉洁自律的舆论导向始终存在的重要前提。

（一）强化理论武装是党百年奋斗的重要经验

革命导师列宁曾指出："没有革命的理论，就不会有革命的运动。"[①] 在革命、建设、改革的奋斗历程中，重视理论指引，坚持学习教育，是党一以贯之的重要原则。党的奋斗史，就是一部思想建党、理论强党的历史。中国共产党之所以能够在不同的历史时期，始终战胜党内党外各种各样的困难，并取得各项成功，理论学习功不可没，中国化的马克思主义的指引厥功至伟。可以毫不夸张地说，中国共产党的历史，就是一部依靠理论学习走向成功、走向胜利的历史。也正因如此，习近平强调："中国共产党历来重视学习、善于学习，党领

---

① 《列宁选集》第 1 卷，人民出版社 2012 年版，第 331 页。

导中国革命、建设和改革的历史就是一部创造性学习的历史。"①

在毛泽东领导地位确立之前，中国共产党就特别重视理论学习、理论教育、理论宣传的问题。中共正式成立前后，创办了一系列的报纸、杂志，翻译、出版、印行了一系列小册子，目的就是强化党内理论武装，同时扩大党的影响。前者如上海发起组创办的《共产党》《新青年》，广州共产主义小组创办的《广州群报》，北京共产主义小组创办的《劳动音》，中国社会主义青年团创办的《先驱》，中共中央创办的《向导》《前锋》等，后者包括《共产党宣言》《共产党纲领》《资本论》《一个士兵的故事》《工人的对话》《共产党人是什么样的人》《工会》等。1921 年 11 月，中共中央制定了出版"关于纯粹的共产主义者"的书籍的计划，决定在 1922 年 7 月前出版"二十种以上"。在此基础上，早期的中共还创办了马克思主义研究会、机械工人协会、宣传员养成所、工会学校、工人夜校、劳动学校、工人俱乐部等，积极宣传马克思主义，以"共产主义精神"教育工人。国共第一次合作后，面临日新月异的革命形势，党内理论武装问题重要性更加凸显。1924 年 5 月，中共中央执行委员会扩大会议制定了《党内组织及宣传教育问题议决案》，强调"党内教育的问题非常重要"，并提出了"急于设立党校养成指导人才""在党报上加重党内教育的工作"等具体措施。② 1925 年 10 月，中共中央扩大执委会通过《宣传问题决议案》，明确规定了开办党校的问题，要求区委之下的高级党校要

---

① 中共中央文献研究室编：《十七大以来重要文献选编》（中），中央文献出版社 2011 年版，第 254 页。

② 中共中央文献研究室、中央档案馆编：《建党以来重要文献选编（一九二一——一九四九）》第 2 册，中央文献出版社 2011 年版，第 72-74 页。

"造成能够办党的、能够做成负责任的工作的人才"①。大革命失败后，面临国民党反动派造成的白色恐怖氛围和共产国际"布尔什维克化"的要求，中国共产党对党内理论学习教育问题更为重视。1928 年 7 月，中共六大制定了党的宣传工作的任务目标，明确提出了"实施大规模的党员政治训育"的任务。10 月，中共中央又对宣传工作做出具体指示，建立并强健各级党部的宣传机关、发展关于政策和理论的讨论、建立党的理论中心、编辑出版马克思列宁主义重要著作和小册子、必要时开办中下级干部的小规模党校或短期训练班、使支部成为宣传鼓动工作的基础等工作方针和工作任务。

如果说此前的理论武装更强调对马克思列宁主义、共产国际政策等进行笼统的理论教育学习，那么随着毛泽东在党内领导地位的逐渐确立，党强调的理论武装便进入了一个新阶段—— 一个强调理论与实际、与工作相结合，理论武装的内容、方法、目的更加明确的阶段。毛泽东历来重视党的理论武装问题。1940 年 6 月，延安新哲学学会第一届年会召开，毛泽东在会上讲话时便特别指出，理论非常重要，"中国革命有了许多年，但理论活动仍很落后，这是大缺憾"，在此基础上强调，"要知道革命如不提高革命理论，革命胜利是不可能的。过去我们注意得太不够，今后应加紧理论研究"。② 在 1936 年所著的《中国革命战争的战略问题》一书中，毛泽东更拓展了学习的范围和领域，认为"读书是学习，使用也是学习，而且是更重要的学习"③。

---

① 中共中央文献研究室、中央档案馆编：《建党以来重要文献选编（一九二一——一九四九）》第 2 册，中央文献出版社 2011 年版，第 529 页。

② 中共中央文献研究室编：《毛泽东思想年编：1921~1975》，中央文献出版社 2011 年版，第 265 页。

③ 中共中央文献研究室编：《毛泽东思想年编：1921~1975》，中央文献出版社 2011 年版，第 126 页。

将读书与使用并列为学习的组成部分，意味着毛泽东倡导的学习、倡导的理论，并不仅仅是理论和知识本身，而是学以致用的整个环节。

在具体主张方面，1937 年 5 月，毛泽东在中国共产党苏区党代表会议上指出，伟大的革命要有伟大的党，要有许多最好的干部，党要"向全国发展"，就要自觉地造就无数懂得马克思列宁主义，有政治远见、工作能力、牺牲精神，能够"为民族、为阶级、为党"而工作的干部。1941 年 5 月，毛泽东在延安干部会上作报告时，特别批评了不注重研究现状、不注重研究历史、不注重马克思列宁主义的应用的三种情形，提出了反对党内的主观主义、宗派主义和党八股的时代任务，呼吁依据马克思列宁主义的理论和方法，"系统地周密地研究周围环境的任务"，研究近百年中国史的任务。在学习理论问题上，提出了"系统地而不是零碎地、实际地而不是空洞地"的学习马克思主义理论的方针①，在党内教育问题上，要求在职干部和干部学校应确立"以研究中国革命实际问题为中心，以马克思列宁主义基本原则为指导的方针"②。1945 年 4 月，毛泽东在中共七大上作口头政治报告时，更具体列出了提高马克思主义理论水平、坚定正确政治方向应重点阅读的五本马列著作，具体为《共产党宣言》（马恩合著）、《社会主义从空想到科学的发展》（恩格斯）、《在民主革命中社会民主党的两个策略》（列宁）、《共产主义运动中的"左派"幼稚病》（列宁）、《联共（布）简明党史教程》（斯大林）。这些著作，既包括科学的理论性论著，也包括在实际斗争过程中的经验总结。

不难看出，毛泽东特别注重党内理论教育的实际效用问题，将对马克思列宁主义的理论学习与日常工作、现实环境、革命实际紧密联

---

① 《毛泽东选集》第 2 卷，人民出版社 1991 年版，第 533 页。

② 《毛泽东选集》第 3 卷，人民出版社 1991 年版，第 802 页。

系，体现了坚持解放思想、实事求是、与时俱进，走马克思主义中国化道路的基本原则。

邓小平同样对强化理论武装，加强学习教育问题特别重视。1950年9月，邓小平就指出，要把整理和发展党组织的问题"建立在教育基础上"，具体要通过教育"加强无产阶级和共产主义的思想"。1951年6月，邓小平在总结中国共产党的历史经验的基础上指出，中国共产党30年的历史证明，"假若没有先进理论武装起来的中国共产党，就不可能使中国人民团结起来走向胜利。党是名副其实的接受先进理论指导的，所以才能起着先进战士的作用"[1]。将先进理论武装作为中国共产党成为先进战士和领导全国人民走向胜利的必要条件，证明了强化理论武装对中国共产党的极端重要性。1951年7月，邓小平又从党的历史传统中总结出："加强马列主义、毛泽东思想的理论学习，提高党员的水平，纯净党的组织，这是我党中央一贯的指示。"[2] 1954年12月，邓小平在全国农村基层组织工作会议上强调了此前已提出的党员标准的"八项条件"，其中包括"必须努力地学习，使自己懂得更多的马克思列宁主义、毛泽东思想，使自己觉悟更加提高"[3]，并要求共产党员以"八项条件"作为努力的方向，服从党和人民的利益。加强理论学习是党中央的一贯指示、是中共党员的基本标准之一，体现了党中央对于加强理论学习的高度重视，也反映出强化理论武装是中国共产党员的内在要求、基本素养。不仅如此，邓小平还多次切实

---

[1] 《邓小平文集（一九四九～一九七四年）》上卷，人民出版社 2014 年版，第 252 页。

[2] 《邓小平文集（一九四九～一九七四年）》上卷，人民出版社 2014 年版，第 276 页。

[3] 《邓小平文集（一九四九～一九七四年）》中卷，人民出版社 2014 年版，第 205 页。

呼吁学习，提倡掌握理论。1955 年 3 月，邓小平就提出，"党的高级干部提高理论水平尤其具有特别重要的意义"，并具体要求"每一个高级干部经常地认真学习"，"实行按期分批把党的各级干部调到党校学习的制度"。① 1961 年底，邓小平又强调要严格党的教育，具体包括"马列主义、毛泽东思想的教育，党规、党法、党性的教育"②。1977年 12 月，邓小平谈到选拔领导班子的标准时，更将"要选那些认真学习马列主义、毛泽东思想，在斗争中经得起考验的人"③ 置于首要地位。在学习马列主义思想理论中，邓小平也强调理论与实际的结合，强调要针对实际。1985 年 9 月，邓小平在中国共产党全国代表会议上的讲话中指出："我们现在要建设有中国特色的社会主义，时代和任务不同了，要学习的新知识确实很多，这就要求我们努力针对新的实际，掌握马克思主义基本理论。"④ 针对新的实际掌握马克思主义基本理论之说，一方面体现了掌握理论的重要性，另一方面也凸显了联系实际的重要性。在 1992 年的南方谈话中，邓小平更言简意赅地指出："学马列要精，要管用的。"⑤

江泽民、胡锦涛也结合不同的时代特征，对加强党的理论武装表示了高度重视。1989 年 9 月，江泽民在庆祝中华人民共和国成立四十周年大会上发表了《提高全党同志的理论水平和政治敏锐性》的讲

---

① 《邓小平文集（一九四九~一九七四年）》中卷，人民出版社 2014 年版，第 215 页。

② 《邓小平文集（一九四九~一九七四年）》下卷，人民出版社 2014 年版，第 134 页。

③ 中共中央文献研究室编：《邓小平年谱（1975—1997）》上卷，中央文献出版社 2004 年版，第 251 页。

④ 中共中央文献研究室编：《邓小平思想年谱（1975—1997）》，中央文献出版社 1998 年版，第 338 页。

⑤ 《邓小平文选》第 3 卷，人民出版社 1993 年版，第 382 页。

话，讲话强调："有必要把学习和研究马克思主义基本理论，在马克思主义指导下研究和探讨当代重大的政治、经济、社会理论问题，作为一项紧迫任务，提到全党面前。"讲话提出，要在党内尤其是党的高级干部中，"提倡认真学习和研究马克思列宁主义、毛泽东思想基本理论"，讲话要求纠正领导干部放松理论学习的状况，"切切实实地提高全党同志的理论水平和政治敏锐性"。[①] 讲话的题目和内容充分反映了江泽民对强化党内理论武装的清醒认知和高度重视。面对改革开放的大好局势，1996 年 1 月，江泽民在全国宣传部长会议上讲话时，提出了"以科学的理论武装人、以正确的舆论引导人、以高尚的精神塑造人、以优秀的作品鼓舞人"[②] 的方针，并强调，以科学的理论武装人，就要坚持不懈地学习马克思列宁主义、毛泽东思想特别是邓小平建设有中国特色社会主义理论。2011 年 12 月，江泽民在省部级主要领导干部金融研究班结业式上重点强调了理论的重要性和理论学习的问题。他强调了"学习、学习、再学习，实践、实践、再实践"的原则，并指出，"思想理论素质"是"领导素质的灵魂"，全党政治思想的统一、政治信念的坚定，"只能建立在全党同志自觉用马克思主义理论武装思想的基础之上"，进而呼吁全党将"认真、刻苦、全面地学习马克思列宁主义、毛泽东思想特别是邓小平理论"摆在学习的首位。随后，他具体阐释了学习的原则和要求，认为学习理论的关键是"学会运用马克思主义的立场、观点、方法来观察和解决问题，提高辩证思维的能力，防止形而上学和片面性"，具体要求是"必须重

---

① 江泽民：《在庆祝中华人民共和国成立四十周年大会上的讲话》，人民出版社 1989 年版，第 25 页。

② 中共中央文献研究室编：《中共十三届四中全会以来大事记》，中央文献出版社 2002 年版，第 11 页。

视马克思主义的学习，真正学会运用辩证唯物主义和历史唯物主义的观点，学会去粗取精、去伪存真，由此及彼、由表及里的本领"，进而增强原则性、系统性、预见性和创造性，减少盲目性、片面性、表面性和机械性。①

1997 年 12 月，胡锦涛在全国组织工作会议上作报告，要求各级党委和有关部门按照十五大的要求，以领导干部为重点，推动全党形成学习马克思列宁主义、毛泽东思想特别是邓小平理论的新高潮。胡锦涛不仅特别强调理论学习问题，还特别注重理论与实际相结合，在实践中运用理论、发展理论、丰富理论的问题。2003 年 7 月，胡锦涛在主持中央政治局第六次集体学习时，特别强调了加强理论学习的问题。胡锦涛指出，"实践需要科学理论的指导。没有科学理论的指导，实践难以取得成功"，进而要求"紧密结合兴起学习贯彻'三个代表'重要思想新高潮，认真了解党的思想理论与时俱进的历史进程，进一步增强坚持用马克思主义认识和改造世界的自觉性和坚定性，进一步增强坚持把马克思主义基本原理同中国具体实际和时代特征相结合的自觉性和坚定性，进一步增强坚持用马克思主义的最新理论成果指导实践的自觉性和坚定性"，并呼吁领导干部自觉学、带头学、认真学、刻苦学，用坚持不懈、锲而不舍的努力，"不断提高党的思想理论建设的水平"。② 2004 年 6 月，胡锦涛在主持中央政治局集体学习时，一方面强调要充分运用、不断发展我们党在治国理政中积累的丰富经验，特别是加强执政能力建设的经验，加强党的执政理论建设，不断完善我们党的执政理论体系，为党的执政能力建设提供强有力的理论指导。

---

① 《江泽民文选》第 2 卷，人民出版社 2006 年版，第 285-287 页。

② 胡锦涛：《在中共中央政治局第六次集体学习时的讲话》，《人民日报》2003 年 7 月 23 日。

另一方面也提到，加强党的执政能力建设的过程，既是不断提高党的执政能力的实践过程，也是不断把实践经验上升为理论、深入把握执政规律的过程。在2008年中共中央政治局第八次集体学习中，胡锦涛充分肯定了深入学习中国特色社会主义理论体系的重要意义，总结了把握中国特色社会主义理论的基本原则，提出了学习中国特色社会主义理论体系的基本目标，并指出，"理论的活力植根于实践，学习的目的全在于运用"，要求各级党委"把用中国特色社会主义理论体系武装全党、教育人民作为一项长期任务和经常性工作，有计划有步骤地抓好落实"。①

党的十八大以来，以习近平同志为主要代表的中国共产党人进一步丰富、发展、创新党的理论，并多次在全社会掀起学习理论的热潮，形成了强化理论学习的党内氛围和社会氛围。在对理论的高度重视方面，2012年11月，习近平在党的十八届一中全会上的讲话中指出："在前进道路上，我们一定要加强全党的理论武装，按照建设马克思主义学习型政党的要求，深入学习和掌握马克思列宁主义、毛泽东思想，深入学习和掌握中国特色社会主义理论体系，牢固树立辩证唯物主义和历史唯物主义世界观和方法论。"② 2013年8月，习近平在全国宣传思想工作会议上又强调，"用科学理论武装头脑，不断培植我们的精神家园"是"炼就'金刚不坏之身'"的必要条件，指示各级领导干部"把系统掌握马克思主义基本理论作为看家本领"。③ 2015年

① 《认真学习贯彻中国特色社会主义理论体系　高举中国特色社会主义伟大旗帜不动摇》，《人民日报》2008年9月30日。

② 中共中央党史和文献研究院编：《习近平关于"不忘初心、牢记使命"论述摘编》，党建读物出版社、中央文献出版社2019年版，第45页。

③ 中共中央文献研究室编：《习近平关于社会主义文化建设论述摘编》，中央文献出版社2017年版，第61页。

12 月，习近平又在讲话中明确将"理论修养"作为干部综合素质的"核心"，提出了"理论上的成熟是政治上成熟的基础，政治上的坚定源于理论上的清醒"①的论断。在 2018 年纪念马克思诞辰 200 周年大会上的讲话中，习近平从党的奋斗历程出发，将"始终重视思想建党、理论强党，使全党始终保持统一的思想、坚定的意志、协调的行动、强大的战斗力"②总结为党能够不断战胜困难发展壮大并造就辉煌的一条重要经验。2023 年 5 月，习近平主持二十届中央政治局第四次集体学习并发表重要讲话，讲话深刻论述了当前理论武装面临的形势和任务，认为尽管新时代中国特色社会主义思想发展了十年、学习了十年，成效显著，但"理论武装的任务仍然艰巨"，要求"把党的创新理论运用到贯彻落实党的二十大提出的重大战略部署中去"。③

党的十八大以来，习近平从多角度、多层次、多方面论述了加强理论武装的时代背景、重要意义、具体方法、基本经验、主要任务，并进行了相应的部署和规划，举行了多次的主题教育实践活动。2013年 5 月，中共中央印发《关于在全党深入开展党的群众路线教育实践活动的意见》，在全党掀起了以为民务实清廉为主要内容的党的群众路线教育实践活动。2014 年 3 月，习近平在第十二届全国人民代表大会第二次会议安徽代表团参加审议时，发表了"三严三实"讲话，要求"既严以修身、严以用权、严以律己；又谋事要实、创业要实、做人要实"。2015 年，在党中央的指示、安排下，在县处级以上领导干

---

① 中共中央文献研究室编：《习近平关于全面从严治党论述摘编》，中央文献出版社 2016 年版，第 67 页。

② 习近平：《在纪念马克思诞辰 200 周年大会上的讲话》，人民出版社 2018 年版，第 24 页。

③ 习近平：《在二十届中央政治局第四次集体学习时的讲话》，《求是》2023 年第 10 期，第 6 页。

部中开展了"三严三实"专题教育。2016 年开展了以"学党章党规、学系列讲话，做合格党员"为核心的"两学一做"学习教育，突出强调了党的思想建设。2019 年开展了"不忘初心、牢记使命"主题教育强化理论学习，推动习近平新时代中国特色社会主义思想深入人心。2021 年开展了以"学党史、悟思想、办实事、开新局"为要求的党史学习教育。这些着眼于理论武装的党内教育活动，既显示了以习近平同志为核心的党中央对加强理论武装的高度重视，也接续推进了党的理论武装的深入发展。

可以说，加强理论武装，是中国共产党的基本历史经验，也是中共领导人一以贯之的基本立场和基本传统。也正是依靠对马克思列宁主义、毛泽东思想、中国特色社会主义理论体系的不断学习、不断创新、不断发展、不断实践，党领导下的革命、建设、改革事业才不断取得成功，不断走向胜利。伟大事业的发展没有止境，对于马克思主义理论的学习也没有止境。

（二）强化理论武装要坚持习近平新时代中国特色社会主义思想

习近平新时代中国特色社会主义思想是马克思主义中国化、时代化的最新成果，是中华文化和中国精神的时代精华，是当代中国马克思主义、二十一世纪马克思主义，是全党全国人民为实现中华民族伟大复兴而奋斗的行动指南，更是新时代党和国家各项事业发展的根本指导思想。强化理论武装，必须首先坚持习近平新时代中国特色社会主义思想。

进入新时代，党和国家面临着极为复杂的国际国内形势。在国际上，世界正经历百年未有之大变局，世界之变、时代之变、历史之变以前所未有的速度、方式蔓延开来，全球化、市场化、多元化、工业化、信息化等趋势日益明显。一方面，和平与发展这一时代主题依然未曾改变，合作、共赢的历史潮流愈加汹涌澎湃，区域合作、全球合作、跨国合作等日益增多且不可阻挡，政治、经济、文化、生态等各方面的深层次、多领域合作不断发展。另一方面，世界发展不平衡问题愈发严重，逆全球化思潮明显抬头。全球气候问题、污染问题、生物多样性锐减问题、人口老龄化问题、资源问题、金融危机问题、恐怖主义问题等传统问题更加严重，俄乌战争、新冠肺炎疫情、福岛核污染等新问题影响深远。美国更是坚持以意识形态划线，在涉港、涉台、涉疆、涉藏、涉海、涉人权等方面不断为我国的发展制造障碍。

在国内方面，随着改革开放和中国特色社会主义建设事业的不断发展，新时代的中国在各方面都取得了长足的进步，站在了更高的历史起点。物质基础更加坚实，即便在新冠肺炎疫情影响下，2022年我国的国内生产总值依然超过了121万亿元，建成了世界规模最大的教育体系、社会保障体系、医疗卫生体系、综合交通体系，一些关键核心技术实现突破，战略性新兴产业发展壮大，载人航天、探月探火、深海深地探测、超级计算机、卫星导航、量子信息、核电技术、新能源技术、大飞机制造、生物医药等取得重大成果。制度保障更加完善，中国特色社会主义经济、文化、外交、生态保护等各方面制度全面发展，政治制度化、规范化、程序化、法制化稳步推进，党内各方面制度更加合理、更加规范、更加科学，中国特色社会主义制度更加成熟、更加稳定、更加完善。国际地位和国际影响力显著提升，经济总量占世界总量的比重超过18%，稳居世界第二，多年来对世界经济增长贡献率年均达到约30%。"一带一路"倡议成为深受欢迎的国际公共产品和国际合作平台，我国成为140多个国家和地区的主要贸易伙伴，货物贸易总额居世界第一。推动构建人类命运共同体，坚定维护国际公平正义，倡导践行真正的多边主义，建设了覆盖全球的伙伴关系网络，推动了新型国际关系的建构。全面开展抗击新冠肺炎疫情国际合作，赢得广泛国际赞誉，中国的国际影响力、感召力、塑造力显著提升。十八大以来取得的这些成就，为推动高质量发展、全面建设社会主义现代化国家打下了坚实的物质基础。

与此同时，国内也存在着一些长期积累的矛盾、新出现的问题等亟待解决。党内存在不少对坚持党的领导认识模糊、行动乏力问题，存在不少落实党的领导弱化、虚化、淡化问题，有些党员、干部政治信仰发生动摇，一些地方和部门形式主义、官僚主义、享乐主义和奢靡之风屡禁不止，特权思想和特权现象较为严重，一些贪腐问题触目惊心；经济结构性体制性矛盾突出，发展不平衡、不协调、不可持续，传统发展模式难以为继，一些深层次体制机制问题和利益固化藩篱日益显现；一些人对中国特色社会主义政治制度自信不足，有法不依、执法不严等问题严重存在；拜金主义、享乐主义、极端个人主义和历史虚无主义等错误思潮不时出现，网络舆论乱象丛生，严重影响人们思想和社会舆论环境；民生保障存在不少薄弱环节；资源环境约束趋紧、环境污染等问题突出；维护国家安全制度不完善、应对各种重大风险能力不强，国防和军队现代化存在不少短板弱项；香港、澳门落实"一国两制"的体制机制不健全；国家安全受到严峻挑战；等等。

习近平新时代中国特色社会主义思想正产生于这样的复杂形势之中，是以习近平同志为主要代表的中国共产党人，坚持把马克思主义基本原理同中国具体实际相结合、同中华优秀传统文化相结合，坚持毛泽东思想、邓小平理论、"三个代表"重要思想、科学发展观，深刻总结并充分运用党成立以来的历史经验，从新的实际出发，所创造的新的理论。

习近平新时代中国特色社会主义思想主要内容包括"十个明确"，即明确中国特色社会主义最本质的特征是中国共产党领导，中国特色社会主义制度的最大优势是中国共产党领导，中国共产党是最高政治领导力量，全党必须增强"四个意识"、坚定"四个自信"、做到"两个维护"；明确坚持和发展中国特色社会主义，总任务是实现社会主义现代化和中华民族伟大复兴，在全面建成小康社会的基础上，分两步走在本世纪中叶建成富强民主文明和谐美丽的社会主义现代化强国，以中国式现代化推进中华民族伟大复兴；明确新时代我国社会主要矛盾是人民日益增长的美好生活需要和不平衡不充分的发展之间的矛盾，必须坚持以人民为中心的发展思想，发展全过程人民民主，推动人的全面发展、全体人民共同富裕取得更为明显的实质性进展；明确中国特色社会主义事业总体布局是经济建设、政治建设、文化建设、社会建设、生态文明建设五位一体，战略布局是全面建设社会主义现代化国家、全面深化改革、全面依法治国、全面从严治党"四个全面"；明确全面深化改革总目标是完善和发展中国特色社会主义制度、推进国家治理体系和治理能力现代化；明确全面推进依法治国总目标是建设中国特色社会主义法治体系、建设社会主义法治国家；明确必须坚持和完善社会主义基本经济制度，使市场在资源配置中起决定性作用，更好发挥政府作用，把握新发展阶段，贯彻创新、协调、绿色、开放、共享的新发展理念，加快构建以国内大循环为主体、国内国际双循环相互促进的新发展格局，推动高质量发展，统筹发展和安全；明确党在新时代的强军目标是建设一支听党指挥、能打胜仗、作风优良的人民军队，把人民军队建设成为世界一流军队；明确中国特色大国外交要服务民族复兴、促进人类进步，推动建设新型国际关系，推动构建人类命运共同体；明确全面从严治党的战略方针，提出新时代党的建设总要求，全面推进党的政治建设、思想建设、组织建设、作风建设、纪律建设，把制度建设贯穿其中，深入推进反腐败斗争，落实管党治党政治责任，以伟大自我革命引领伟大社会革命。这些战略思想和创新理念，是党对中国特色社会主义建设规律认识深化和理论创新的重大成果。

习近平新时代中国特色社会主义思想是新时代党领导人民应对国际国内形势，解决各种问题，战胜各种困难，破除各种阻碍，进一步推动中国特色社会主义事业不断发展、不断前进、不断胜利的根本理论指引，也是党的各项工作的根本遵循。强化理论武装作为党的思想建设的根本任务，也要确保正确的政治立场和政治方向，要从根本上坚持习近平新时代中国特色社会主义思想的领导地位。坚持用习近平新时代中国特色社会主义思想统一思想、统一意志、统一行动，组织实施党的创新理论学习教育计划。

（三）强化理论武装要做到学用相长

宋代理学家朱熹曾言，"为学之实，固在践履。苟徒知而不行，诚与不学无异"，意思是学习的目的在于实践，如果只是明白道理而不去做，那么学与不学就没有什么区别了。强化理论武装只是手段，解决实际问题才是根本。习近平强调："要把研究和解决重大现实问题作为学习的根本出发点，使认认真真学习成为理论联系实际、学以致用，不断提高工作原则性、系统性、预见性和创造性的过程。"[1] 学以致用、用以促学、学用相长是强化理论武装的基本学习观，也是重要方法论。

强化理论武装要内容明确。强化理论武装不是盲目地学习，而是有理论性、系统性、目的性的学习。学习效果的好坏，最终理论的水平高低、适用程度，很大程度上取决于学习的内容正确与否，所以强

---

① 《领导干部要认认真真学习　老老实实做人　干干净净干事》，《光明日报》2008 年 5 月 14 日。

化理论武装首先要明确理论学习的主要内容。

强化理论武装首先要学习马克思列宁主义、毛泽东思想、中国特色社会主义理论，尤其是习近平新时代中国特色社会主义思想。2018年4月，习近平在十九届中央政治局第五次集体学习时的讲话中指出："学习马克思主义基本理论是共产党人的必修课。"① 马克思主义基本理论、马克思主义中国化的理论成果，是凝聚全党和全国各族人民的强大精神支柱，是指引党领导人民取得胜利并不断开拓进取的根本，是中国特色社会主义道路永不变色、永不褪色的根本。正如习近平所言，只有学习马克思主义基本理论和马克思主义中国化的理论成果，特别是领会了贯穿其中的马克思主义立场、观点、方法，才能"深刻认识和准确把握共产党执政规律、社会主义建设规律、人类社会发展规律，才能始终坚定理想信念，才能在纷繁复杂的形势下坚持科学指导思想和正确前进方向，才能带领人民走对路，才能把中国特色社会主义不断推向前进"②。

强化理论武装其次要学习党史、新中国史、改革开放史、社会主义发展史、民族复兴史。"历史是最好的教科书"，历史的启迪和教训是人类的共同精神财富。中国共产党的历史是100多年来中国共产党人领导中国人民进行革命、建设、改革的历史；是中国共产党带领中国人民推翻帝国主义、封建主义、官僚资本主义三座大山的历史；是不断推动马克思主义中国化，创造了毛泽东思想和中国特色社会主义理论体系的历史；是锻造、形成了中国共产党人伟大精神谱系的历史。新中国史是70多年来党领导人民战胜政治、经济、军事等各方面严峻挑战，实现祖国大陆完全统一的历史；是进行社会各方面改革，荡涤

---

① 习近平：《论党的宣传思想工作》，中央文献出版社2020年版，第305页。

② 《习近平谈治国理政》第1卷，外文出版社2018年版，第405页。

旧社会留下的污泥浊水，社会面貌焕然一新的历史；是取得抗美援朝战争胜利，在错综复杂的国际国内环境中站稳脚跟，捍卫新中国安全，彰显新中国大国地位的历史；是由一穷二白、满目疮痍到建立完整的国家工业体系和国民经济体系，科教文卫等各方面事业不断发展进步的历史；是不断探索、深化社会主义建设规律，坚持走中国特色社会主义道路的历史；是中华儿女由站起来、富起来到强起来的历史。改革开放史是40多年来中华人民共和国由坚持"两个凡是"到将实践作为检验真理的唯一标准的历史，由高度集中的计划经济体制到建立充满活力的社会主义市场经济体制的历史，由封闭半封闭到不断形成更大范围、更宽领域、更深层次的对外开放新格局的历史，由生存型社会向发展型社会转变的历史。社会主义发展史是由空想社会主义发展到科学社会主义的历史，是由社会主义思想、理论发展到社会主义革命、运动、实践、建设的历史，是从第一国际发展到第三国际随后进入各国独立自主探索社会主义道路的历史，是社会主义从一国到多国乃至成立社会主义阵营，到东欧剧变、苏联解体的历史。民族复兴史是近代中国由逐渐沦为半殖民地半封建社会到实现民族独立、人民解放，并朝着中华民族伟大复兴宏伟目标不断前进的历史；是帝国主义、封建主义压迫下先进的中国人不断探索、不断奋斗、不断反抗的历史；是中国人民受尽苦难，发愤图强，最终找到马克思主义，走出中国特色社会主义道路的历史；是由政治、经济、文化等各方面社会制度全面腐朽落后，到确立中国特色社会主义制度，并充分发挥、证明其优越性的历史。

强化理论武装再次要全面、深入、系统学习经济、政治、法律、文化、社会、管理、生态、国际等各方面基础性知识，学习同做好本职工作相关的新知识新技能，不断完善履职尽责必备的知识体系。中国共产党是中国特色社会主义建设事业的领导力量，作为一个人口众多、疆域辽阔、地形复杂、发展迅速且不平衡的大国，中国共产党在领导国家各项事业的过程中，涉及经济、政治、法治、科技、文化、教育、民生、民族、宗教、社会、生态文明、国家安全、国防和军队、"一国两制"和祖国统一、统一战线、外交、党的建设等各方面，农、工、商等各行各业，领域众多，事务繁杂，彼此之间又有交叉融合，这种复杂的情况对党员干部的素质提出了全面性的高要求。在此基础上，各方面知识的学习是应对复杂形势的关键。政治知识学习能提高政治站位，增强"四个意识"；历史知识学习能提高思维境界，增强忧患意识；法律知识学习能提高逻辑思维能力，增强法治意识；文化知识学习能提高人文素养，增强道德意识；专业知识学习能提高业务水平，增强业务能力……习近平在党的十九大报告中便呼吁党员干部"增强政治领导本领，坚持战略思维、创新思维、辩证思维、法治思维、底线思维"①，在十三届全国人大一次会议时更要求，"我们的党政领导干部都应该成为复合型干部，不管在什么岗位工作都要具备基本的知识体系，法律就是其中基本组成部分，对各方面基础性知识，大家都得掌握、不可偏废，在此基础上做到术业有专攻"②。习近平的指示，既是为领导干部全方面地学习作出的具体指示，也是对领导干部学习提出的综合要求。

（四）强化理论武装要确保方法适当

在强化理论武装的问题上，除了要明确学习的内容、主次、范围，

---

①　习近平：《决胜全面建成小康社会　夺取新时代中国特色社会主义伟大胜利——在中国共产党第十九次全国代表大会上的报告》，人民出版社 2017 年版，第 68 页。

②　《习近平李克强栗战书赵乐际分别参加全国人大会议一些代表团审议》，《人民日报》2018 年 3 月 11 日。

努力学习马克思列宁主义、毛泽东思想、中国特色社会主义理论，学习党史、新中国史、改革开放史、社会主义发展史、民族复兴史，学习经济、政治、法律、文化、社会、管理、生态、国际等各方面基础性知识，还要注重学习方法，确保学有所得、学有所成，乃至学习效率事半功倍。

强化理论武装要自觉主动学。理论学习首先需要有学习的态度、学习的想法、学习的主动性，要自觉主动学。学习是一个耗时费力的长期过程，领导干部责任重大、事务繁多，党员群众面临着生活、家庭、工作等各方面压力，各有各的不易之处和难念之"经"。在繁重的日常生活压力下要坚持学习，保持对学习的热情和自觉至关重要。冰冻三尺，非一日之寒，滴水穿石，非一日之功。党员干部不仅要按照规定参加各种专题学习、专门学习、继续教育，更要强化学习自觉，增强学习内生动力，利用一切可以利用的空余时间、业余时间主动学习、刻苦学习，铢积寸累，日就月将，才能水到渠成、融会贯通。

强化理论武装要及时跟进学。国际国内形势发展日新月异，党和国家的发展一日千里，形势的多变决定了理论要求和政策的多变。强化理论武装需要紧跟时代步伐，紧握时代脉搏，顺应时代潮流。不断更新自我的知识体系，刷新自我的理论储备。既根据时代特征、发展阶段、现实需求不断学习新知识，又及时跟进，努力学习党中央形成的最新理论成果、作出的最新决策部署、出台的最新政策文件。养成线上线下同步学习的习惯，既通过线上新闻联播、学习强国、数据库等途径和渠道及时了解最新资讯，又读《人民日报》《光明日报》和《求是》杂志等了解最新政策和理论动态。通过及时更新、及时跟进，持续用力，久久为功，达到理论创新每前进一步，理论武装就跟进一步。

强化理论武装要联系实际学。"理论联系实际"是中国共产党的三大优良作风之一，是马克思主义"活的灵魂"，是中国共产党从斗争中创造新局面的思想路线，也是马克思主义学风的基本要求。马克思主义既不是终极的真理，也不是僵死的教条，而是行动的指南，必须联系实际，随着时间、实践的发展而发展。强化理论武装以强化马克思主义基本理论为基础，以解决实际问题为目标。在学习理论的过程中，必须紧密联系工作和思想的实际，以解决实际问题为出发点和归宿点进行学习，坚持问题导向，有针对性地重点学习，多思多想、学深悟透，知其然又知其所以然，反对主观主义、教条主义、形式主义，反对脱离实际、凌空蹈虚，反对和防止空对空、两张皮。

强化理论武装要笃信笃行学。强化理论武装不能是临时起意，也不能是随性而行随意而为，强化理论武装源于对马克思主义和对中国特色社会主义理论体系，对中国特色社会主义道路、理论、制度、文化的笃信，落实于对实现中华民族伟大复兴大业、实现中国式现代化的笃行。信为学之本，在强化理论武装的过程中，要学而信。即在努力学习掌握马克思主义基本立场、观点、方法，掌握中国实际的基础上，学出坚定信仰、学出使命担当，牢固树立正确的世界观、人生观、价值观、权力观、政绩观、事业观。在强化理论武装的过程中，还要学而行，要身体力行践行所学，运用党的科学理论优化思想方法，将学习成果应用于中国特色社会主义建设，应用于解决中国实际问题，应用于干好本职工作，应用于推动社会发展进步之中。做马克思主义的坚定信仰者和忠实实践者，做到学、思、用贯通，知、信、行统一。

（五）强化理论武装要实现学以致用

学以致用是指为了实际应用而学习，体现了学和用之间相辅相成、相互促进的关系。可以说，学是用的基础，用是学的目的，加强理论武装本质上是为了中国特色社会主义建设的实践。

实践性是马克思主义的显著特征，也是其最根本的原则之一。马克思主义认为，实践是人类认识世界的基础，人类对外部世界的认识，是通过实践不断积累和发展的，人类认识水平的提高，也是通过在实践中探索规律、发现规律来实现的。实践是检验真理的唯一标准，理论只有通过实践才能检验和发展，只有在实践中不断摸索和总结，才能发现理论的缺陷和不足，并进行修正和完善。实践也是马克思主义最终目的的基础，马克思主义的最终目的是建立一个每个人自由而全面发展的共产主义社会，为人类谋幸福，而实践是实现这一目的的基础和手段。作为以马克思主义为指导和旗帜的政党，中国共产党的理论学习，也要以实践为依归，以学以致用为根本。

学是用的基础。毛泽东曾经提出："如果我们党有一百个至二百个系统地而不是零碎地、实际地而不是空洞地学会了马克思列宁主义的同志，就会大大地提高我们党的战斗力量"①。毛泽东的这一席话，是从提高党的战斗力的实际进行的假设，反映了学习马克思列宁主义这一党的最基本最重要的理论在实际、实践层面所具有的重要意义，也体现了党倡导加强理论武装的出发点和落脚点都在于实际。巧妇难为无米之炊，缺乏相关的理论学习和理论知识，面对实际问题难免手足无措，无计可施。手中有粮心中不慌，掌握了实用的理论，具备了相应的思维模式和认知系统，掌握了基本知识和方法，建构了适用的理论框架，对于解决、应对实际问题，自然胸有成竹，手到擒来。

用是学的目的。习近平对加强理论武装的重视，根本上立足于对中国现实问题的解决。进入新时代，随着我国发展起来后国际国内的新情况、新问题不断出现，党、国家、人民也面临着新的挑战和新的任务。要认清这些新情况、新问题，战胜新挑战、完成新任务，最重

---

① 《毛泽东选集》第2卷，人民出版社1991年版，第533页。

要的途径就是增强我们自己的本领，提高自身认识问题、解决问题的能力。而增强本领、提高能力，最重要的就是不断学习，加强理论武装，既把学到的知识运用于实践，运用于改革和发展，又在实践中，在党和国家的改革发展事业中增长解决问题的新本领，发展、完善解决问题的新理论。通过勤勤恳恳地学习，兢兢业业地工作，踏踏实实地解决问题，不断提高工作水平、工作能力、工作质量，实现学以致用。

理论不能是不系之舟，不能悬空而立，而必须诞生于实际，应用于实际。理论在一个国家实现的程度取决于理论满足现实需要的程度，理论作用发挥的效度取决于理论见诸实践的深度。学以致用既是理论满足现实的前提，也是理论作用发挥效度的基础。进入新时代，习近平多次指出，党员干部加强理论学习，厚实理论功底，关键在于自觉用新时代党的创新理论观察新形势、研究新情况、解决新问题，使各项工作朝着正确方向、按照客观规律推进。2023 年 3 月，习近平在二十届中央政治局第四次集体学习时的讲话中指出："学习新时代中国特色社会主义思想的目的全在于运用，在于把这一思想变成改造主观世界和客观世界的强大思想武器。只有把自己的思想摆进去、把工作摆进去、把职责摆进去，才能真切感悟到科学理论的真理力量和实践伟力。"[1] 可以说，加强理论武装，根本目的正在于提高实践能力和实践水平，提高战胜前进道路上各种各样拦路虎、绊脚石、拖油瓶的能力，提高赢得优势、赢得主动、赢得未来的能力，提高运用马克思主义、毛泽东思想、中国特色社会主义理论体系分析和解决问题的能力，提高应对重大挑战、抵御重大风险、克服重大阻力、解决重大矛盾的能力。

---

[1]　习近平：《在二十届中央政治局第四次集体学习时的讲话》，《求是》2023 年第 10 期。

（六）强化理论武装要推进理论创新

毋庸置疑，马克思主义具有无与伦比的科学性、真理性、革命性，为人们提供了辩证唯物主义和历史唯物主义的正确世界观和方法论，提供了认识世界、改造世界的强大思想武器，为世界社会主义运动指明了前进方向。同时也毋庸讳言，由于中西悬隔，马克思在分析人类世界发展规律时，无论思想资源还是现实基础均来自西欧，在考察东方社会时，所使用的材料甚至是可信度不高的游记、笔记。恩格斯曾深刻指出："马克思的整个世界观不是教义，而是方法。它提供的不是现成的教条，而是进一步研究的出发点和供这种研究使用的方法。"① 诚如所言，马克思指明了人类社会的发展规律和发展方向，但并没有对各个国家各项事业作出具体指示，对于远在东方的中国而言更是如此。也正因如此，在探索中国特色社会主义道路、制度的过程中，我们需要不断推进理论创新，确保理论与时俱进，能够切实解决中国发展过程中的各种问题。

理论创新需要以马克思主义为基础。近代中国内忧外患，西方各种思潮纷纷涌入，先进的中国人在大浪淘沙的艰苦探索中，最终选择了马克思主义。马克思主义是历史和人民选择的救国理论，是我们的根本指导思想。中国共产党领导人民进行革命、建设和改革的历史，证明了当前和今后我们进行理论创新必须以马克思主义为基础。在中国共产党的历史发展过程中，照搬照抄苏联经验，教条式地运用马克思列宁主义指导中国革命曾给中国革命事业带来了极大的损失。也正是在这样的背景下，以毛泽东同志为首的中国共产党人吸取教训，坚持实事求是，坚持理论创新，将马克思主义基本原理与中国革命具体

---

① 《马克思恩格斯选集》第4卷，人民出版社2012年版，第664页。

实际相结合，走出了一条中国革命新道路，实现了马克思主义的中国化，创立了毛泽东思想。新中国成立后，毛泽东又提出把马克思列宁主义基本原理同中国具体实际进行"第二次结合"，提出了关于社会主义建设的一系列重要思想。党的十一届三中全会后，以邓小平同志为主要代表的中国共产党人深刻总结了新中国成立后正反两方面的经验，围绕什么是社会主义、怎样建设社会主义这一根本问题，创立了邓小平理论。党的十三届四中全会后，以江泽民同志为主要代表的中国共产党人，深化了对什么是社会主义、怎样建设社会主义和建设什么样的党、怎样建设党的认识，形成了"三个代表"重要思想。党的十六大以后，以胡锦涛同志为主要代表的中国共产党人深刻认识和回答了新形势下实现什么样的发展、怎样发展等重大问题，形成了科学发展观。党的十八大以来，以习近平同志为主要代表的中国共产党人围绕新时代坚持和发展什么样的中国特色社会主义、怎样坚持和发展中国特色社会主义，建设什么样的社会主义现代化强国、怎样建设社会主义现代化强国，建设什么样的长期执政的马克思主义政党、怎样建设长期执政的马克思主义政党等重大时代课题，创立了习近平新时代中国特色社会主义思想。马克思主义中国化的道路和马克思主义中国化形成的理论成果是对马克思主义的理论创新，也是中国革命、建设、改革不断取得胜利的根本原因和根本保障，更是确保我们国家高举中国特色社会主义伟大旗帜，不变色、不褪色的根本和保障。

理论创新需要结合实践。"生活之树常青。一种理论的产生，源泉只能是丰富生动的现实生活，动力只能是解决社会矛盾和问题的现实要求。"① 毛泽东思想、中国特色社会主义理论体系的形成，归根结底源于马克思主义基本原理与现实生活、现实要求的结合。可以说，

---

① 《习近平谈治国理政》第 3 卷，外文出版社 2020 年版，第 63 页。

中国特色社会主义事业蒸蒸日上，依靠的便是不断的理论创新。理论要保持其实用性，就必然需要与不断变动、与时俱进的实际相结合，用鲜活丰富的当代中国实践来推动其不断发展。理论要保持其科学性，就必然需要守正创新，能够不断解决发展中遇到的各式各样的新问题、新挑战。中国特色社会主义道路不是简单延续我国历史文化的母版，也不是简单套用马克思主义经典作家设想的模板，不是其他国家社会主义实践的再版，也不是国外现代化发展的翻版。而是结合本国不同发展阶段的特定历史方位，结合本国具体实际、历史文化传统、时代要求，结合中国式现代化建设的现实需要，在实践中不断探索的道路。中国特色社会主义理论也不是一成不变、墨守成规的万能理论，而是始终根据坚持和发展中国特色社会主义的总目标、总任务、总体布局、战略布局、发展方向、发展方式、发展动力、战略步骤、外部条件、政治保证等基本问题，根据实践对经济、政治、法治、科技、文化、教育、民生、民族、宗教、社会、生态文明、国家安全、国防和军队、"一国两制"和祖国统一、统一战线、外交、党的建设等各方面作出科学理论分析和政策指导，不断充实、不断完善、不断创新、不断发展的理论。习近平新时代中国特色社会主义思想便是党领导全国各族人民在推进理论创新、实践创新基础上，与时俱进、艰辛探索的成果，是全党全国各族人民创新创造的智慧结晶，是二十一世纪的马克思主义，是马克思主义中国化时代化的重要飞跃。可以说，实践是马克思主义的显著特征，也是理论创新的重要基础。

理论创新需要博采众长。人类发展的历史源远流长，人类创造的文明灿烂辉煌。文明具有多样性的客观特征，当今世界有 80 多亿人口、200 多个国家和地区、2000 多个民族、5600 多种不同的语言。由于自然环境、历史发展、生活习惯、社会条件各不相同，在生产生活实践中，世界各国的人们创造了各具特色、异彩纷呈的文明和文化。

随着全球化进程不断加快，各种文明交流、融合、创新、发展的趋势日益明显，世界各国政治、经济、文化等方面的联系日益密切，世界各国、各地区、各民族的发展已经不再是孤立的历史事件，而是带有全球化、开放性的紧密联系的整体。作为一个具有重要国际影响的大国，中国特色社会主义的发展，也必然与其他文明、其他国家发生密切联系，也必然面临跨国性、国际性的各种难题。吸收其他国家的优秀文明成果，成为推动中国化马克思主义理论创新发展的必然要求。实际上，选择马克思主义，本身便源自中国知识分子对人类优秀文明成果的吸收和利用。正如习近平所言："时代是思想之母，实践是理论之源。实践发展永无止境，我们认识真理、进行理论创新就永无止境。今天，时代变化和我国发展的广度和深度远远超出了马克思主义经典作家当时的想象。同时，我国社会主义只有几十年实践、还处在初级阶段，事业越发展新情况新问题就越多，也就越需要我们在实践上大胆探索、在理论上不断突破。"① 面对不可逆转的全球化、一体化浪潮，理论创新不能畛域自囿、闭门造车，而是需要用宽广视野吸收人类创造的一切优秀文明成果，坚持在开放中博采众长，不断回答时代、回答世界、回答实践给我们提出的新的重大课题，推动马克思主义不断创新、突破，不断中国化、时代化，进而让当代中国马克思主义放射出更加灿烂的真理光芒。

---

① 习近平：《在庆祝中国共产党成立95周年大会上的讲话》，人民出版社2016年版，第9页。

第六章

塑造新时代培养廉洁自律道德操守的良好氛围

　　人与社会环境是一种相互影响和相互塑造的关系。人是社会的一部分，同时也是社会环境的参与者和塑造者。人与社会环境会相互塑造和适应，社会环境的变化和发展可以影响个体的认知、态度和行为方式，而个体的行为和选择也会对社会环境产生反馈和调整。事实证明，在党风廉政建设中，社会文化和社会心理会悄无声息和潜移默化地浸入到党员和群众的思想意识中，左右其对腐败的认识和对待腐败的态度，从而也影响反腐的成效。因此，涵养廉洁自律道德操守，既是党员、干部的事，也是人民群众的事，需要全党全社会共同重视、同向发力、持之以恒地反对腐败、崇尚清廉，构建廉洁中国。

一、构筑廉洁自律的家庭氛围

中国人重家庭、重人情。在差序格局的中国生活世界中，原初价值就是以己为中心、以家庭为根本、以伦理关系为基础来评价是非善恶与确定行动目标。这一方面增强了家庭、家族的抗风险能力，一定程度上构成了社会稳定的积极因素；另一方面，因以"己"为核心的"家人圈""朋友圈"遵循的是需求法则，一旦"己"拥有权力也即资源分配权时，就会有意或无意给自己、家人、熟人以更多的关照和机会，也即容易导致公权私化，为权力寻租和腐败滋生提供空间与土壤。

领导干部的腐败腐化，家风败坏往往是重要原因。《中国纪检监察报》指出："历数近年来的落马官员，其腐败行为多与家教不严、家风不正有关。"① 根据中央纪委、国家监委网站发布的数据来看，自2015 年 2 月 13 日到 12 月 31 日，该网站发布的 34 份部级及以上领导干部纪律处分通报中，有 21 人违纪涉及亲属、家属，比例高达 62%。半数以上属于利用职务上的便利为亲属经营活动谋取利益。《检察日报》也曾刊文指出："八成官员腐败案与家人密切相关，多有不良家风。"② 习近平高度重视家风建设与反腐败斗争之间的关系，指出要注重家庭、注重家教、注重家风，"认真研究家庭领域出现的新情况新

---

① 《家风败坏，祸起萧墙》，《中国纪检监察报》2016 年 3 月 30 日。
② 《贪官带坏家风也害了家人》，《检察日报》2015 年 6 月 9 日。

问题，把推进家庭工作作为一项长期任务抓实抓好"①，强调"每一位领导干部都要把家风建设摆在重要位置，廉洁修身、廉洁齐家"②。

（一）要求党员干部充分认识家风建设的重要性

在几千年的历史发展长河中，中华民族形成了强调"修身齐家"方可"治国平天下"的文化传统，并不断被中国共产党赋予时代意涵和实践指向。党的十八大以来，党中央推进全面从严治党，习近平就党员干部家风建设作出重要论述，阐明了家风建设的重大意义。

首先，家庭文明具有不可替代的社会功能。家庭是社会的细胞，是涵养品德的基本场域。家庭是人生的第一课堂，一个人的成长与发展，离不开家风家教的熏陶。孩子们从什么样的家风中长大，就会成为一个什么样的人。习近平指出："无论时代如何变化，无论经济社会如何发展，对一个社会来说，家庭的生活依托都不可替代，家庭的社会功能都不可替代，家庭的文明作用都不可替代"③，"不论时代发生多大变化，不论生活格局发生多大变化，我们都要重视家庭建设，注重家庭、注重家教、注重家风"④，"家风好，就能家道兴盛、和顺美满；家风差，难免殃及子孙、贻害社会，正所谓'积善之家，必有

---

① 中共中央党史和文献研究院编：《习近平关于注重家庭家教家风建设论述摘编》，中央文献出版社2021年版，第6页。

② 《习近平谈治国理政》第2卷，外文出版社2017年版，第165页。

③ 《习近平：在会见第一届全国文明家庭代表时的讲话》，新华社2016年12月15日。

④ 中共中央党史和文献研究院编：《习近平关于注重家庭家教家风建设论述摘编》，中央文献出版社2021年版，第3页。

余庆；积不善之家，必有余殃'"①。家庭文明是社会文明的基石，家风建设是党风廉政建设和社会道德建设的重要内容。

其次，党员干部的家风影响党风、政风和民风。"家是最小国，国是千万家。"中国自古以来就有家国同构的传统，正所谓"天下之本在家"。家风是社会道德的基础部分，不仅关乎家庭和谐，更关乎社会秩序的稳定。尤其是党员干部的家风，往往是党风政风的延续与反映，关乎党的形象，受到群众的高度关注，具有重要示范作用。习近平指出，"领导干部的家风，不是个人小事、家庭私事，而是领导干部作风的重要表现"②，"不仅关系自己的家庭，而且关系党风政风"③。他强调："我们着眼于以优良党风带动民风社风，发挥优秀党员、干部、道德模范的作用，把家风建设作为领导干部作风建设重要内容，弘扬真善美、抑制假恶丑，营造崇德向善、见贤思齐的社会氛围，推动社会风气明显好转。"④ 把小家管好，既是对家庭、对自己负责，又是对党和国家负责。领导干部的家风折射作风，不是个人小事、家庭私事，而是关系遏制深层贪腐动机、筑牢腐败"零容忍"防线的重大问题。

再次，加强党员干部家风建设是全面从严治党的必然要求。党的十八大以来，党中央推进全面从严治党，并将加强党员干部家风建设

---

① 中共中央党史和文献研究院编：《习近平关于注重家庭家教家风建设论述摘编》，中央文献出版社 2021 年版，第 24 页。

② 《科学统筹突出重点对准焦距　让人民对改革有更多获得感》，《人民日报》2015 年 2 月 28 日。

③ 习近平：《在会见第一届全国文明家庭代表时的讲话》，人民出版社 2016 年版，第 6 页。

④ 中共中央党史和文献研究院编：《习近平关于注重家庭家教家风建设论述摘编》，中央文献出版社 2021 年版，第 34 页。

作为重要内容和环节。许多领导干部因家风败坏、对家人管束不严而纷纷落马，受到党纪国法的严厉惩治。在众多场合，习近平反复强调："我们的领导干部不仅要自身过得硬，还要管好家属和身边工作人员，履行好自己负责领域的党风廉政建设责任，坚决同各种不正之风和腐败现象作斗争。"① "每一位领导干部要把家风建设摆在重要位置，廉洁修身，廉洁齐家，在管好自己的同时，严格要求配偶、子女和身边工作人员。"② 此外，党的十八大以来，党员干部家风建设被纳入全面从严治党的制度格局中，有了党规党纪的刚性约束。《关于新形势下党内政治生活的若干准则》《中国共产党廉洁自律准则》《党政领导干部选拔任用工作条例》《中国共产党纪律处分条例》《中国共产党党内监督条例》等一系列党内法规中，对党员干部的家风建设有着明确的要求与规范。比如，2018 年修订的《中国共产党纪律处分条例》便新增一条："党员领导干部不重视家风建设，对配偶、子女及其配偶失管失教，造成不良影响或者严重后果的，给予警告或者严重警告处分；情节严重的，给予撤销党内职务处分。"③

（二）要求党员干部严以修身、以身作则

党的十八大以来，习近平一再强调："将教天下，必定其家，必正其身。""莫用三爷，废职亡家。""心术不可得罪于天地，言行要留

---

① 中共中央党史和文献研究院、中央"不忘初心·牢记使命"主题教育领导小组办公室编：《习近平关于"不忘初心、牢记使命"论述摘编》，党建读物出版社、中央文献出版社 2019 年版，第 193 页。

② 中共中央党史和文献研究院编：《习近平关于注重家庭家教家风建设论述摘编》，中央文献出版社 2021 年版，第 34 页。

③ 中共中央党史和文献研究院等编：《十九大以来重要文献选编》（上），中央文献出版社 2019 年版，第 619 页。

好样与儿孙。"他强调指出，同党风建设一样，家风建设也要紧紧抓住"关键少数"，党员干部不仅要做到廉洁从政、廉洁用权，也要"廉洁齐家，自觉带头树立良好的家风"。

正人先正己。党员干部廉洁齐家，首先要管好自己。一是要严把思想关，这是根本。列宁曾经说过："政治上有教养的人是不会贪污受贿的。"① 很多党员干部走上违纪违法道路，都是从思想蜕化变质开始的。理想信念坚定是好干部的首要标准，也是干部能否清廉的首要关口。中国共产党是使命型政党，有着崇高的理想追求，为中国人民谋幸福、为中华民族谋复兴是中国共产党的初心使命。党员干部必须永葆共产党人的本色，坚守初心、践行使命，全心全意为人民服务。如此，方能严以修身，磨炼自己、提高自己，正确用权、谨慎用权、干净用权，"像珍惜生命一样珍惜名节和操守"②，做到位高不擅权、权重不谋私，干干净净做事、坦坦荡荡为官。二是要严修德行操守，这是重点。良好的德行是立身立业的保障。德之不存，行必难远。党员干部必须将"保持高尚道德情操和健康生活情趣"作为修身的必修课，自觉维护社会公德、职业道德、家庭美德、个人品德，以健康向上的精神状态和生活方式消除"被围猎"的空间，造就抵御不良风气的"金钟罩"，使自己成为一个脱离了低级趣味、高尚、纯粹和有益于人民的人。三是要守住底线、防微杜渐，这是着力点。"千里之堤，溃于蚁穴。"俗话讲，针尖大的窟窿能漏过斗大的风。小洞不补，大洞吃苦。习近平多次强调，党风廉政建设"最重要的就是要防微杜

---

① 《列宁全集》第4卷，人民出版社2012年版，第588页。

② 中共中央文献研究室编：《习近平关于全面从严治党论述摘编》，中央文献出版社2016年版，第34页。

渐，不要温水煮青蛙"①。事物的变化都是从小到大，从少到多，从量变到质变，日积月累，逐渐形成的。有人认为，干部生活问题只是小节，大节不亏，小节不必过于较真。但这却往往是肇祸的开始。我国自古就有"良医治未病"的说法。"祸患常积于忽微，智勇多困于所溺。"从事实来看，许多腐败分子之所以在违纪违法的道路上越走越远，有一个共同特点，就是从一些小毛病开始，接受小礼品，占点小便宜，继而胆子越来越大，贪欲越来越强。因此，党员干部必须严守廉洁底线、防杜腐败于微渐，做到小事不小视、小节不失节。守住了底线，也就能守住清白，为家庭成员作出榜样，奠定廉洁齐家的坚实基础。

（三）要求党员干部构建以廉洁精神为导向的家庭内部运行机制

党员干部管好自己，坚持言传身教的同时，还当摆正党性与亲情的关系，处理好公与私的关系，管好亲属及身边的工作人员，严防"灯下黑"，引导家庭成员作出正确的价值选择和价值判断。

首先，要将从严治家作为培养廉洁家风的起点。在党的历史上，老一辈无产阶级革命家、共和国的开国元勋为新时期党员干部从严治家立了标杆、树了榜样。毛泽东在家风上坚持三条原则：恋亲不为亲徇私，念旧不为旧谋利，济亲不为亲撑腰。坚决不允许自己的子女搞特殊化。周恩来亲自制定了不许请客送礼、不许动用公家的车子、不要别人代劳、生活要艰苦朴素、不要炫耀自己、不谋私利不搞特殊化等"十条家规"。在解放战争时期，时任东北局重要领导职务的陈云

---

① 中共中央文献研究室编：《习近平关于全面从严治党论述摘编》，中央文献出版社 2016 年版，第 147 页。

即同子女"约法三章"：不准随便进出他的办公室；不准翻看、接触只供他阅读的文件、材料；不准搭乘他使用的小汽车。正如陈云的妻子于若木所说，我们家的家风又有一个明显的特点，就是不能搞特殊化。榜样的力量是无穷的。今天的党员干部应当见贤思齐，以老一辈无产阶级革命家为榜样，严厉管束自己的家庭成员，处理好与身边亲友的关系。同时，党员干部要将底线思维贯穿于家风建设中，要牢记不存在游离于纪法之外的家风，遵纪守法是家风建设的底线，必须以党纪国法教育引导家庭成员，使其心存敬畏和戒惧，洁身自好，扼杀被"围猎"的可能性。

其次，应将勤俭节约作为培养廉洁家风的行为准则。古人云："欲为清白吏，必自节用始。""欲求廉介，必先崇俭朴。"自古以来，"俭以廉为本，奢为贪之源"就是中华传统廉政文化的重要思想，崇俭尚朴一直被中华清廉之士奉为养廉之道。勤俭节约是中华民族的传统美德，也是家风的内涵要义，是持家之道。中国共产党在推进党风廉政建设的过程中，一贯倡导艰苦奋斗的优良作风，弘扬以俭养廉的优良传统。不过，必须承认的是，在当今社会物质财富不断丰富，消费主义扩展蔓延，享乐主义此起彼伏的环境下，有不少领导干部丢掉了以俭养廉的传统，认为勤俭节约已经过时，最终导致家庭成员养成贪图享乐、奢侈浪费的不良习惯，成为自身贪腐的肇因。要"廉"，必"俭"。对于党员干部而言，勤俭节约绝不仅仅是个人私德，也是一种社会公德，更是一种应该长期保持的政治本色。作为一家之长，党员干部要将厉行勤俭贯穿于家风建设中，从日常生活的细微处着手，使家庭成员明白"一粥一饭当思来之不易，半丝半缕恒念物力维艰"的道理，将勤俭节约作为行为准则，远离奢侈欲，切实守护好家庭这一"廉洁港湾"。

再次，应将实干兴家作为培养廉洁家风的目标。"空谈误国，实干兴邦。"这是人们从历史经验教训中总结出来的治国理政的一个重要结论。对一个家庭而言，幸福美好的生活同样要靠"实干"创造。只有实干，才能创造更多更好的物质财富和精神财富，不断丰富幸福的内涵、提升幸福的层次；只有实干，才能不断增强成就感、尊严感、自豪感，在创造美好生活的过程中感受幸福。党员干部要教育引导家庭成员将实干、苦干作为兴家的根本方式。比如使家庭成员树立勤劳努力和奋发向上的精神，具备良好的工作态度，勤奋工作，创造物质财富的同时，提升精神生活品质；注重实际效果，不追求虚华，遵循规律和原则，通过稳定的努力和行动实现家庭的发展和幸福；勇于创新进取，不断寻求新的机遇和挑战，勇于创新和变革，提高自身能力和家庭的竞争力。总之，党员干部尤其是领导干部一定要教育配偶、子女、亲朋好友以及身边的工作人员摒弃特权思想与不劳而获的思想，坚决做到"不贪""不拿""不要"，脚踏实地，苦干实干，做新时代的奋斗者，在辛勤劳动、务实苦干中不断提升自身素质，不断增强创造和享受幸福的能力。

二、营造廉洁自律的社会环境

人能改造环境，但环境更能影响人。良好社会风尚彰显着一个社会的文明程度，影响着一个社会的精神塑造，蕴含着一个社会向前发展的力量。党的十九大报告指出，要通过不懈努力换来海晏河清、朗朗乾坤。《关于加强新时代廉洁文化建设的意见》强调，要在全党全社会营造和弘扬崇尚廉洁、抵拒腐败的良好风尚。打造廉洁自律的社会环境，是培养党员干部廉洁自律道德操守的题中之义，更是发展中国特色廉洁文化，构建廉洁中国的必然要求。

（一）要高度重视构建廉洁社会环境的意义

防范遏制腐败，必须构建廉洁的社会环境。纵观古今中外的历史，可以发现，在不同地区和国家，腐败的产生与表现形式往往存在较大差异。其中社会文化和社会风尚是很重要的影响因素。可以说，腐败的滋生和蔓延既是一种政治现象，也是一种文化现象，社会文化心理会对政治生态产生重大影响。事实证明，在党风廉政建设中，社会文化和社会心理会悄无声息和潜移默化地浸入到党员和群众的思想意识中，形成心理调控机制，从而左右人们对腐败的认识和对待腐败的态度。改革开放四十多年来，我国经历激烈的社会转型，传统的思想道德体系受到剧烈冲击，而与市场经济发展相适应的道德规范体系尚未完全成熟。在此情况下，各种羡腐、纵腐等消极心态出现，甚至有人笑"贫"不笑"腐"，认为腐败且能掩盖腐败是"本事"。而在行动上，习惯通过关系、人情来巴结、拉拢握有权力的人，为自己"走后门""开绿灯""行方便"，似乎也是一种社会潜规则。毫无疑问，一旦这些心理与行为构成一种"文化"氛围，就会产生"劣币驱逐良币"的情况，必然腐蚀社会道德和主流意识形态，导致人们对腐败的高容忍度，腐败会被淡化，甚至被认同、被怂恿、被放纵，从而助长腐败的社会增强效应，使廉洁失去社会道德风尚的支撑。因此，必须努力建构崇尚廉洁、贬斥贪腐的社会道德价值取向，营造"崇尚廉政、褒扬廉政""以廉为荣、以贪为耻"的崭新社会道德风尚，使腐败失去土壤与环境。

构建廉洁社会环境还具有诸多其他积极功效。比如增强社会信任和团结。廉洁社会文化氛围能够培养诚信和信任，促进人们之间的和谐关系和社会团结。当人们相互信任并遵守诚实守信的原则时，社会关系将更加稳定，合作和发展将更加顺利。又如推动经济繁荣和可持续发展。廉洁社会文化氛围为经济繁荣和可持续发展提供了良好的基础。在廉洁的文化环境下，公平竞争和诚信交易得以保障，企业和个人都能够依法经营，推动经济的健康发展。再如增强国家形象和国际竞争力。反对腐败、崇尚廉洁是全人类的共同价值追求。廉洁社会文化氛围不仅对国内社会有益，也对国家的形象和国际竞争力有着重要影响。建立廉洁社会文化氛围可以提升国家的声誉和信誉，增强国际社会对国家的信任和合作意愿，有利于拓展国际合作和提升国家的国际地位。

（二）要明确构建廉洁社会环境的目标

一是要在全社会树立清正廉洁的价值理念。习近平在浙江工作时指出："要积极推动廉政文化进机关、社区、学校、企业、农村和家庭，促进全社会形成以廉为荣、以贪为耻的良好风尚，努力形成党风政风与社会风气的良性互动局面。"[①] 要紧紧围绕"廉洁自律"这一主题，让社会公众普遍接受廉洁文化熏陶，充分发挥廉洁文化的公共价值导向作用，使社会公众普遍接受与廉洁相关的价值体系，拒绝行贿，形成"廉洁光荣、贪腐可耻"的社会风尚，逐步、稳步地构建廉洁社会。二是要培育公民廉荣贪耻的道德观念。道德观念必须经过主体意志自律才能真正成为主体的行为规则。因此，人只有进入自律阶段，也即能够自觉自愿地去从事道德活动并追求道德上的完善时，才能真正成为道德主体。个体的道德自律是公共道德形成的前提与基础，也意味着主体自律的养成，是确保廉洁道德观念培育取得实效的关键。要以开展社会主义核心价值体系教育为重点，深入贯彻落实《公民道

---

① 习近平：《干在实处　走在前列——推进浙江新发展的思考与实践》，中央党校出版社 2006 年版，第 450 页。

德建设实施纲要》，把培育廉洁价值理念与社会公德、职业道德、家庭美德、个人品德教育有机结合起来，普及道德知识和道德规范，引导人们加强道德修养，自觉遵守公民基本道德准则。深入开展社会主义荣辱观教育，提高公民道德素质，使廉洁、诚信、勤俭、守法等道德观念成为公众普遍接受的行为准则，推动形成知荣辱、讲正气的良好社会风气。总之，要将廉洁贯穿于社会治理的各个环节，在市民公约、乡规民约、行业规章、团体章程等社会规范中强调廉洁道德要求。三是要增强全社会大力支持、有序参与反腐倡廉的责任意识。腐败最终侵害的是人民群众的利益。人民群众有监督党员干部的权利。大量事实证明，没有人民群众参与，反腐败工作难以取得成功；许多违法违纪案件得以成功查处，人民群众积极参与是重要保证。从某种程度上而言，人民群众的参与程度，决定着反腐败的实际成效。因此，必须加强对群众的廉洁教育，深入宣传腐败对党和国家事业、人民利益的巨大危害，提高他们的主人翁意识与政治觉悟，唤起他们的责任感，做到愿意监督、敢于监督和善于监督，营造反腐倡廉的良好社会环境。

（三）要保证廉洁文化优质产品与服务的供给

营造廉洁自律的社会环境需要使廉洁文化在社会中得到充分彰显。习近平曾指出："如果先进的廉政文化不去占领文化阵地、营造社会氛围，腐败文化就会乘虚而入、污染社会、搞坏党风政风。"[①] 这就需要加大优质廉洁文化产品与服务的供给。习近平还强调，必须注意从中华优秀传统文化中汲取养分，这一说法为打造廉洁文化精品指出了方向。在五千多年的历史发展中，中华民族创造了悠久丰富的廉洁文

---

① 习近平：《干在实处 走在前列——推进浙江新发展的思考与实践》，中央党校出版社 2006 年版，第 450 页。

化。早在上古时代，我国的廉政思想即已萌芽。舜帝时代的重要谋臣皋陶即提出为官做人应遵循"九德"，其中之一为"简而廉"。及至春秋战国时期，廉政思想更是在诸子百家中形成共鸣，生成了诸多对后世中国廉洁文化建设影响深远的著名论断。孟子对"廉"的内涵进行了初步规范，提出了"可以取，可以无取，取伤廉"的观点。法家的管仲将"廉"提升到了关乎国家前途命运的高度，提出了"礼义廉耻，国之四维；四维不张，国乃灭亡"。杂家的晏子视"廉"为为政之根本，提出了"廉者，政之本也"的千古名言。此后，历朝历代的思想家和政治家围绕"廉"进行了诸多阐发，发展了我国的廉洁思想与文化。明代郭允礼对"廉"作了最为后人所称道的阐释，提出了"吏不畏吾严而畏吾廉，民不服吾能而服吾公。公则民不敢慢，廉则吏不敢欺。公生明，廉生威"①。清代王永吉则从为官者廉洁自律与社会风清气正之间的关系出发，提出了"大臣不廉无以率下，则小臣必污；小臣不廉无以治民，则风俗必坏"。这些都是打造廉洁自律文化产品的思想资源与历史文化资源。此外，中国古代也不乏清官廉吏，如春秋战国时期"以不贪为宝"的宋国的司城子罕、"拒礼为开廉洁风"的北宋名臣包拯、"要留清白在人间"的明朝名臣于谦。这些清官廉吏的廉洁事迹与廉洁精神，具有典型示范效应，同样是构建廉洁中国的重要资源。应当加大对中华优秀传统文化中的廉洁文化资源的挖掘，加强廉洁文化相关历史文献、文物古迹的保护和利用，在实现对中华优秀传统文化创造性转化、创新性发展的过程中打造廉洁文化精品。

在一百多年的光辉历程中，一代代中国共产党人涵养廉洁自律道

---

① 人民日报海外版"学习小组"编：《平天下：中国古典治理智慧》，人民出版社 2015 年版，第 187 页。

德操守，在不同历史阶段、广袤的中国大地上创造了与中华优秀传统文化一脉相承的红色廉洁文化。早在红军时期，毛泽东就为红军制定了"三大纪律，八项注意"，并编成了能将其融入日常的"革命军人个个要牢记，三大纪律，八项注意"的歌。1929年召开的古田会议指出，要对党员进行无产阶级的思想政治教育，克服非无产阶级的思想，从而为消除党内军内的腐败思想奠定了基础。延安时期，党的廉洁文化发展成熟。1937年8月，党中央在陕北召开洛川会议，通过了《抗日救亡十大纲领》，明确将"铲除贪官污吏，建立廉洁政府"作为重要目标。为此，各抗日根据地都出台了相关制度。比如，1938年，陕甘宁边区颁布《陕甘宁边区政府惩治贪污暂行条例》；1940年8月，新四军江北指挥部发出《关于开展反贪污腐化反投降主义的倾向的训令》；等等。此外，通过整风运动，加强党的自身建设，对党员和领导干部廉洁从政提出要求，党内廉政思想文化得到极大发展。新民主主义革命胜利前夕，毛泽东在党的七届二中全会上又向全党提出了"两个务必"。新中国成立后，为保持党的艰苦朴素、廉洁自律等优良作风，以及保持党的先进性和纯洁性，党中央多次在全党展开整风运动，如1950年开展的全党全军整风运动、1952年至1953年开展的"三反"运动、1957年开展的开门整风运动等。这些举措使广大党员干部逐渐树立了以腐化堕落为耻、廉洁从政为荣的价值观。改革开放以后，面对腐败现象滋生蔓延的严峻形势，党加强法制建设、制度建设，出台了《中国共产党纪律检查机关控告申诉工作条例》《中国共产党党员领导干部廉洁从政若干准则（试行）》等党内法规，严惩了一批腐败分子，极大地遏制了腐败现象，党风廉政建设取得显著成效，党内廉洁文化得到进一步发展。党的十八大以来，以习近平同志为核心的党中央以巨大的政治勇气、强烈的历史担当、深沉的使命忧患感、顽强的意志品质全方位、全覆盖、全过程加大反腐败斗争力度，出台了大量党内法规，为党风廉政建设开创了新格局和新境界。同时，习近平提出一系列新思想、新观点、新论断、新要求，极大地发展了马克思主义执政党廉政文化建设思想与理论。党的二十大报告指出："坚持不敢腐、不能腐、不想腐一体推进，同时发力、同向发力、综合发力。"① 可以说，自党的十八大以来，党中央开创了反腐从思想理论层面、制度层面、实践层面全面进行的模式，红色廉洁文化发展到新的历史阶段和高度。此外，百年来，中国共产党在长期的革命、建设和改革中更是涌现出了诸如毛泽民、方志敏、孔繁森、焦裕禄、谷文昌、张富清等无数先进人物的廉洁事迹，形成了克己奉公、勤俭节约、甘于奉献等精神品格，涵养出形式多样、内容丰富的红色廉洁文化资源。打造廉洁文化精品，必须深挖红色廉洁文化资源，在传承弘扬中使其实现时代发展，丰富廉洁文化优质产品和服务供给。

（四）要创新廉洁文化传播的方式

廉洁文化只有实现有效传播，才能形塑大众的思想观念空间，规范大众行为，创建廉洁社会。因此，必须创新创造廉洁文化的传播方式，增强廉洁文化的吸引力和感染力。一是应将廉洁教育融入国民教育。教育承担着文化传播的重任，也是涵养国民廉洁自律道德操守的重要抓手。学校在弘扬廉洁文化、树立社会正气中承担着重要职责。应当将加强新时代学校廉洁文化建设作为构建廉洁社会的重要方式。可通过深入开展廉洁自律系列教育活动，使广大党员干部、师生员工树立崇尚廉洁、反对腐败的世界观、人生观、价值观。也应注重把校

① 习近平：《高举中国特色社会主义伟大旗帜　为全面建设社会主义现代化国家而团结奋斗——在中国共产党第二十次全国代表大会上的报告》，人民出版社2022年版，第69页。

园自身元素和廉洁元素相融合，建设一批特色鲜明的高校廉洁文化品牌项目，诸如廉洁文化墙、清廉教育长廊等，发挥校园环境潜移默化的教化功能。要把廉洁教育融入思政课堂，向青年学生讲授廉洁廉政的相关理论，传承弘扬传统与红色廉洁文化，分析反腐败斗争的重大意义与主要任务，阐释党的反腐败举措和取得的成效等，引导广大学生树立廉洁自律意识。此外，还应该将廉洁教育与社会教化有机结合起来，充分发挥思想道德教育、职业道德教育、社会公德教育、家庭美德教育的整体效能。二是要加强廉洁文化平台建设。符号、空间具有重要教化功能，营造廉洁自律的社会文化氛围应当建设好、管理好、运用好廉洁文化平台。一方面，加强顶层设计，可以将廉洁文化阵地建设纳入基层公共文化服务整体规划，着力将分散的廉洁文化资源整合利用，让全党全社会在潜移默化中接受廉洁文化教育。另一方面，要因地制宜，可以结合乡镇（街道）纪检监察工作规范化建设、清廉村居建设，充分利用党员教育培训基地、爱国主义教育基地、历史文化名人纪念馆等文化场所，设立廉洁文化平台与阵地。比如，新时代以来，党和国家不断加强全国烈士纪念设施统筹建设和管理。2014年至2020年，国务院先后公布三批国家级抗战纪念设施、遗址名录，2016年公布第六批国家级烈士纪念设施名单。2018年，退役军人事务部成立后，不断指导各地加大英烈纪念设施建设管护力度，推动省级及以上英雄烈士纪念设施在地市级实现全覆盖。截至目前，国家建立了国家级、省级、设区的市级、县级四级烈士纪念设施保护管理体系，对4300多个烈士纪念保护单位进行分级管理；全国共有烈士墓98.9万座，烈士纪念堂馆、碑亭、塔祠等纪念设施3万余处。这些烈士纪念设施坐落在全国各地，反映了不同历史时期中党的优秀分子廉洁自律的事迹与精神。可依托这些烈士纪念设施将廉洁文化浸入人心、规范人行。三是要加强廉洁文化的数字化传播。当今社会已经进入全媒体传播时代，数字传播深刻影响人们的思维方式与行为方式，也为创新廉洁文化的传播方式提供了便利。要把握全媒体时代的特点，利用新媒体技术便捷、快速以及能集声、光、电、影实现可视化传播的优势，让中华传统廉政文化以及红色廉政文化由抽象的理论变得可触、可及、可观、可感，融入中国社会日常生活。要注重建设数字媒体矩阵，提升廉洁文化的传播覆盖面，增强廉洁文化的渗透性，以群众喜闻乐见的语言和清廉故事，让尚廉拒腐在社会中蔚然成风、深入人心。

（五）要强化廉洁文化建设的政治责任

党的十八大以来，深化了对共产党执政的规律性认识，找到了"自我革命"这一跳出治乱兴衰历史周期率的第二个答案，其中非常重要的一条即是牢牢把握政治主动，坚持党中央对反腐败工作的集中统一领导，明确全面从严治党主体责任和监督责任，成功走出一条中国特色反腐道路。不断开创新时代廉洁文化建设新局面，构建廉洁的社会风尚，必须加强组织保障，不断强化党的领导，抓好廉洁文化建设的政治责任。各地区各部门要勇于担负廉洁文化建设的责任，既要将廉洁文化纳入反腐败斗争和党风廉政建设的总体工作布局进行统筹谋划，也要建立起廉洁文化建设的协调机制，纪检监察机关组织推动，组织部门把廉洁从政教育作为干部教育培训重要内容，宣传文化部门加大宣传阐释力度，真正做到敢抓敢管，并将负责、守责、尽责的工作态度贯穿于推进新时代廉洁文化建设的各项部署上，通过抓具体、具体抓，让新时代廉洁文化建设深入开展、落地落实。

三、涵养廉洁自律的党内风气

党风是党的政治文化，对"外"具有塑造形象的功能，对"内"

具有增强党组织情感与价值的一致性，提高政党凝聚力和战斗力、提升组织效能和执行力等功效。党风问题关系执政党的生死存亡。廉洁自律是党风建设的核心要素之一，它是中国共产党在长期革命、建设和改革过程中形成的优良传统和独特政治文化。涵养廉洁自律的党风是保持党的先进性和纯洁性的重要保证，也是推进全面从严治党的基本路径和内在要求，需要党中央的统筹领导，需要全体党员自律自觉。

（一）坚持用马克思主义中国化最新理论成果武装全党

注重思想建党、理论强党，不断推进马克思主义基本原理同中国具体实际相结合、同时代发展任务相结合，以中国化的马克思主义来武装全党，是中国共产党在百年奋斗中创造伟大成就的重要经验，也是党锻造出清正廉洁干部队伍的重要原因。最为有力的证明莫过于延安整风，它不仅提高了全党的马克思主义理论水平，同时也提高了全党的廉洁自律道德操守，锻造了廉洁勤政，为民用权的党员、干部队伍。中国共产党作为长期执政的马克思主义政党，不断推进马克思主义的中国化时代化，以最新的理论成果来武装全党，使全党保持清正廉洁的政治本色是其内在要求。习近平新时代中国特色社会主义思想是当代中国的马克思主义、二十一世纪的马克思主义，是中华文化和中国精神的时代精华，是党和国家必须长期坚持的指导思想。涵养廉洁自律的党内风气，铸牢全党清正廉洁的思想根基，最根本的就是加强用习近平新时代中国特色社会主义思想对广大党员干部进行思想武装，使他们牢固树立正确的权力观、政绩观、事业观，正心修身，强化宗旨意识，以理论上的坚定保证行动上的坚定，以思想上的清醒守住为政之本，始终坚守共产党人的高尚品格和廉洁操守。

（二）坚持反腐败的高压态势，坚持一体推进"三不腐"

党的十八大以来，以习近平同志为核心的党中央将反腐败斗争提高到史无前例的新高度，坚持思想建党、制度治党，推进全面从严治党，坚持"老虎""苍蝇"一起打，严惩了一大批贪腐分子，构建了日趋完善的管党治党党内法规，开创了不敢腐、不能腐、不想腐的反腐败斗争新格局。经过新时代全面从严治党革命性锻造，反腐败斗争取得压倒性胜利并全面巩固，不敢腐的震慑充分彰显，不能腐的笼子越扎越紧，不想腐的自觉显著增强，廉洁自律的党风得到良好涵养，得到人民群众充分肯定。但越是取得成绩，越要保持冷静清醒。2021年，全国纪检监察机关共接收信访举报 386.2 万件次，处置问题线索 182.6 万件，谈话函询 34.4 万件次，立案 63.1 万件，处分 62.7 万人，其中党纪处分 52.4 万人。① 2022 年 1 月至 9 月，全国纪检监察机关共接收信访举报 264.7 万件次，处置问题线索 109.5 万件，谈话函询 22.8 万件次，立案 45.4 万件，处分 40.7 万人（其中党纪处分 33.8 万人）。② 2023 年上半年，全国纪检监察机关共接收信访举报 168.6 万件次，其中检举控告类信访举报 52.7 万件次，处置问题线索 82.8 万件，立案 31.6 万件。③ 这充分说明腐败和反腐败较量还在激烈进行，并呈现出一些新的阶段性特征，防范形形色色的利益集团成伙作势、"围猎"腐蚀还任重道远，有效应对腐败手段隐形变异、翻新升级还任重道远，彻底铲除腐败滋生土壤、实现海晏河清还任重道远，清理系统

---

① 《持续深化不敢腐不能腐不想腐一体推进》，《中国纪检监察》2022 年第 3 期。

② 《2022 年前三季度——全国纪检监察机关处分 40.7 万人》，《人民日报》2022 年 10 月 31 日。

③ 《今年上半年全国纪检监察机关立案 31.6 万件》，《人民日报》2023 年 7 月 23 日。

性腐败、化解风险隐患还任重道远。只要存在腐败问题产生的土壤和条件，腐败现象就不会根除，反腐败斗争也就不可能停歇。面对依然严峻复杂的反腐败斗争形势，必须保持清醒头脑，保持正风肃纪、反腐惩恶的战略定力，持续深化"三不腐"一体推进，将反腐败斗争推向纵深。正因如此，习近平在党的二十大报告中指出，"只要存在腐败问题产生的土壤和条件，反腐败斗争就一刻不能停，必须永远吹冲锋号"①，告诫"全党必须牢记，全面从严治党永远在路上，党的自我革命永远在路上，决不能有松劲歇脚、疲劳厌战的情绪，必须持之以恒推进全面从严治党"②。同时，也庄重重申了"三不腐"的反腐败行动方略，指出必须"坚持不敢腐、不能腐、不想腐一体推进，同时发力、同向发力、综合发力"。

始终保持惩治腐败高压态势，是"三不腐"一体推进的坚固后盾。必须坚持无禁区、全覆盖、零容忍，坚持重遏制、强高压、长震慑，坚持受贿行贿一起查，把严的主基调长期坚持下去。要主动应对反腐败斗争新形势新挑战，保持高度政治敏锐性、辨别力，坚决防范和查处"七个有之"问题，对在党内搞政治团伙、小圈子、利益集团的人毫不手软；着力查处资本无序扩张、平台垄断等背后腐败行为，斩断权力与资本勾连纽带。要聚焦政策支持力度大、投资密集、资源集中的重点领域和关键环节，坚决查处基础设施建设、公共资源交易等方面腐败问题，持续推进金融领域腐败治理，深化

---

① 习近平：《高举中国特色社会主义伟大旗帜　为全面建设社会主义现代化国家而团结奋斗——在中国共产党第二十次全国代表大会上的报告》，人民出版社 2022 年版，第 69 页。

② 习近平：《高举中国特色社会主义伟大旗帜　为全面建设社会主义现代化国家而团结奋斗——在中国共产党第二十次全国代表大会上的报告》，人民出版社 2022 年版，第 64 页。

国企反腐败工作，深化粮食购销等领域腐败专项整治。对党的十八大后不收敛不收手，特别是党的十九大后仍不知止、胆大妄为的要从严从重查处。

（三）要求全党强化清廉自守的精神境界

廉洁自律重在自觉。一个人能否清正廉洁，从根本上来说要看能不能自觉自律。这就要求党员干部必须提升思想境界和党性修养，因觉悟而不想腐。其中，又以坚定理想信念最为关键。信念不牢，地动山摇。理想信念是立党兴党之基，也是党员干部安身立命之本。坚定理想信念，就能怀德自重，拧紧世界观、人生观和价值观的"总开关"，做到一心为公、一身正气、一尘不染。习近平指出："无论过去、现在还是将来，对马克思主义的信仰，对中国特色社会主义的信念，对实现中华民族伟大复兴中国梦的信心，都是指引和支撑中国人民站起来、富起来、强起来的强大精神力量。"① 坚定信仰信念信心，也就守住了中国共产党人的精神支柱和政治灵魂，党员干部也将因此能把为党和人民事业贡献力量作为自己的最高追求，涵养"功成不必在我"的精神境界，锤炼"功成必定有我"的历史担当，在不断提高自身精神境界的过程中，从内心深处抵挡住腐败的诱惑。事实上，党的十八大以来党在反腐败斗争中取得的显著成效，其中一个非常重要的经验就是："构筑拒腐防变的思想堤坝，用理想信念强基固本，用党的创新理论武装全党，用优秀传统文化正

---

① 习近平：《论中国共产党历史》，中央文献出版社 2021 年版，第 237 页。

心明德，补足精神之‘钙’，铸牢思想之‘魂’，筑牢思想道德防线。”①

坚持革命理想高于天，在斗争实践中常炼常修、终身信守。习近平指出：“形成坚定理想信念，既不是一蹴而就的，也不是一劳永逸的，也不是自己认为坚定就坚定的，而是要在斗争实践中不断砥砺、经受考验。”② 回顾历史，中国共产党之所以无坚不摧、不断从胜利走向胜利，就是因为有一大批在斗争实践中坚守理想、坚定信念的先辈。为了社会主义和共产主义的崇高理想，李大钊“威武不能挫其气，利禄不能动其心”，蔡和森“忠诚印寸心，浩然充两间”，江竹筠坚贞不屈而在“烈火中永生”。习近平指出：“革命战争年代，共产党人随时面临生死考验，支撑他们视死如归、革命到底的是坚定理想信念。”③ 新时代新征程，我们要夺取中国特色社会主义新胜利，必须做好“经受风高浪急甚至惊涛骇浪的重大考验”的准备，也必须葆有在斗争中坚定理想信念的觉悟。要紧密结合实际工作，加强理论学习，把学习成果转化为提升党性修养与思想境界的精神养分；要注重从党的历史中汲取坚定理想信念的动力和养料，深刻领悟党团结带领人民开辟的实现中华民族伟大复兴的正确道路、创建的实现中华民族伟大复兴的伟大成就、铸就的伟大精神和积累的宝贵经验，坚定信仰信念信心；要通过严格的党内政治生活坚定理想信念，积极参加党组织的活动，通过“三会一课”、民主评议等，检视自己的思想与行动，勿使思想蒙尘，勿使行动越线越轨，守住心中净土、守住党

① 《习近平在中共中央政治局第四十次集体学习时强调　提高一体推进“三不腐”能力和水平　全面打赢反腐败斗争攻坚战持久战》，《人民日报》2022年6月19日。
② 《习近平谈治国理政》第4卷，外文出版社2022年版，第523页。
③ 习近平：《论中国共产党历史》，中央文献出版社2021年版，第285页。

员的政治生命。

坚持对党忠诚，做到全心全意跟党走，虽九死犹不悔。习近平指出："理想信念坚定才能对党忠诚，对党忠诚是对理想信念坚定的最好诠释。"① 对党忠诚作为一种政治品格不是空洞的，而是有着明确的、具体的和实践的指向。对党忠诚，首先要维护党中央权威和集中统一领导。党员干部要在思想政治上以习近平新时代中国特色社会主义思想为指导，坚持正确的政治立场、政治方向、政治原则、政治道路，坚定"四个自信"；在行动实践上坚决维护习近平总书记党中央的核心、全党的核心地位，坚决维护党中央权威和集中统一领导，增强"四个意识"，坚定执行党的政治路线，严格遵守党的政治纪律和政治规矩。对党忠诚，要不折不扣贯彻落实党中央决策部署。党员干部要把坚决服从党中央集中统一领导落实在岗位上、落实在行动上，主动自觉、持之以恒地抓作风建设，抓铁有痕、踏石留印地抓工作落实。对党忠诚，要在关键时刻挺身而出。党员干部在关键时刻能否站得出来、危急关头能否豁得出去，是是否忠诚于党的检验标准。大事难事看担当，党员干部要始终坚持将党和人民利益置于第一位，关键时刻、危难时刻敢担当、能担当。

（四）要求全党久久为功、常抓不懈

廉洁自律，持之以恒地坚持下去最为可贵。全面从严治党和党风廉政建设是一场持久战，廉洁自律当然也不会自然"保鲜保质"。只有始终保持"赶考"的清醒与坚定，才能确保任何时候都严以律己、严以用权、守得住清白。参加过"平江起义"的李聚奎长期在军队和地方担任重要领导职务，从不居功自傲，坚持"违法的事情不能做"，

---

① 《习近平谈治国理政》第 4 卷，外文出版社 2022 年版，第 524 页。

清正廉洁数十年。在枪林弹雨中立下赫赫战功的张富清，深藏功名、选择艰苦、为民造福，数十年如一日严于律己，虽然家中曾遭遇困难，但始终甘于奉献、艰苦奋斗、朴素无求。党员干部的党性修养与道德水平并不会随同党龄的增长抑或是职务的升迁自然而然地提高，必须终身强化自我修炼、自我约束、自我改造。同时，必须清醒地认识到，党面临的考验与风险是长期的、复杂的、尖锐的、严峻的。党的二十大报告指出："经过十八大以来全面从严治党，我们解决了党内许多突出问题，但党面临的执政考验、改革开放考验、市场经济考验、外部环境考验将长期存在，精神懈怠危险、能力不足危险、脱离群众危险、消极腐败危险将长期存在。"① 功成名就时不骄不躁，保持忧患意识，做到居安思危、谦虚谨慎、艰苦奋斗十分不容易。党员干部保持廉洁自律不是一时之为，而是要久久为功。面对鲜花和鼓掌，喝彩与赞扬，一定不能迷失自我，丧失掉自我革命的精神和斗志，陷入不思进取、贪图享乐的状态中。毛泽东等老一辈革命家不仅在革命战争年代艰苦朴素、清廉自守，在革命胜利之后更是能保持艰苦奋斗、与百姓同甘共苦，为我们做了榜样。无论是一个政党，还是一个人，最难得的就是不论在何种境遇之下都能不改初心。重点是把党的光荣传统和优良作风传承好发扬好，始终清清白白做人、干干净净做事，永葆共产党人清正廉洁的政治本色。

（五）要求全党拔树搜根、彻底推进

廉洁自律难在彻底。廉洁只有是彻底的、纯粹的，才能是真实的、

---

① 习近平：《高举中国特色社会主义伟大旗帜　为全面建设社会主义现代化国家而团结奋斗——在中国共产党第二十次全国代表大会上的报告》，人民出版社 2022年版，第 63—64 页。

长期的。实现彻底廉洁，要常破心中之贼。"破山中贼易，破心中贼难。"私心杂念往往隐藏于内心深处，很难为自己所正视与检视，但又极具诱惑力。每个人都有心中之贼，倘若听之任之，眼睛就会被蒙蔽，就容易误入歧途。与心中之贼的较量，是自我革命的历练，要敢于自我剖析、勤于自我检视，关键在于"敢""常"二字。党员干部要以"君子检身，常若有过"的态度来检视发现自身不足，把心中杂念遏于初萌、止于未发，才能从根本上守住两袖清风，筑牢思想防线，也才能做到正视问题、改正问题，知耻而后勇，立行立改。同时要慎小慎微，"于细微处见精神，于细微处也见品德。小事小节是一面镜子，能够反映人品，反映作风"。小事小节中见党性、显原则，很多违纪违法往往是从日常小事小节违纪开始的。党员干部要克服"不拘小节"思想，从一顿饭、一杯酒、一张卡等小事小节彻底抓起、彻底严起，始终做到"心不动于微利之诱，目不眩于五色之惑"。实现彻底廉洁，还需要刚性约束和明确的目标，概言之，就是要以党章党规党纪和国法约束自己的一言一行，构建清清爽爽的同志关系、规规矩矩的上下级关系、亲清统一的新型政商关系。实现彻底廉洁，还需要以坦诚坦然的态度接受监督，要做到主动接受监督、乐于接受监督。正如习近平在二十届中央纪委二次全会上强调的："增强纪律意识、规矩意识，进一步养成在受监督和约束的环境中工作生活的习惯。"①

（六）要求抓住"关键少数"

唯物史观强调抓住主要矛盾和矛盾的主要方面。党员干部作为党和国家事业的主要组织者、推动者和落实者，是"关键少数"，其言

---

① 《一刻不停推进全面从严治党　保障党的二十大决策部署贯彻落实》，《人民日报》2023 年 1 月 10 日。

行举止和道德品质都会对身边人产生潜移默化的影响，从而关系党风的形成与发展。涵养廉洁自律的党风，必须抓住"关键少数"，充分发挥头雁效应。除了要严把选拔任用关口，使"关键少数"必须具备廉洁自律的品质和能力，明确权力的边界和行为准则，特别加强对"关键少数"的监督和约束，使他们持有高度的道德意识和纪律观念之外，更应该强调"关键少数"既要强化自我约束、自我锤炼，又要以上率下、以上示下。习近平强调指出，全面从严治党、推进反腐败斗争，必须从领导干部特别是高级干部严起。职位越高、权力越大，就越要有敬畏之心、越要严于律己。领导干部特别是高级干部要管好自身，还要管好家人亲戚、管好身边人身边事、管好主管分管领域风气，在营造风清气正的政治生态，形成清清爽爽的同志关系、规规矩矩的上下级关系，坚持亲清政商关系，营造向上向善的社会环境等方面带好头、尽好责。中央政治局的同志在严于律己上必须坚持最高标准，要求全党做到的要率先做到，要求全党不做的要坚决不做。要从严从实加强教育管理监督，引导年轻干部对党忠诚老实，正确对待权力，时刻自重自省，严守纪法规矩，扣好廉洁从政的"第一粒扣子"。这既是全面从严治党的要求，实际上也是涵养廉洁自律党风的要求。党员干部带头廉洁自律，时刻坚持自重自省自警自励，带头落实好管党治党的政治责任，当良好政治生态和社会风气的引领者、营造者、维护者，是涵养廉洁自律党风的必然之举。

第七章

完善新时代培养廉洁自律
道德操守的制度保障

　　廉洁自律是一种由内在思想觉悟和道德品质外化形成的自我约束，无规矩不成方圆，没有制度就没有约束。廉洁自律虽然从根本上而言是一种自我思想觉悟，但由于各方面复杂因素影响，所以不能放任自流，完全寄希望于个体自觉，而需要有相应的制度、规则加以制约。制度以其指导、约束、规范、激励等功能，在各方各面发挥着保障作用。要培养廉洁自律道德操守，需要从制度方面加以指导、形成鼓励、扎紧笼子。

一、完善培养廉洁自律道德操守的基本制度

培养廉洁自律道德操守是加强新时代廉政文化建设的重要内容，而加强新时代廉政文化建设则是深入贯彻落实党的十七大和十七届四中全会精神，扎实推进以完善惩治和预防腐败体系为重点的反腐倡廉建设的现实要求。换句话说，培养廉洁自律道德操守是新时代推进反腐倡廉建设的重要举措、重要内容、重要方式。就培养廉洁自律道德操守的制度保障而言，最基本的就是要不断完善反腐倡廉相关制度建设，实现培养廉洁自律道德操守与反腐倡廉建设的良性循环，相互促进。

（一）建立健全反腐倡廉法规制度体系

2013 年 11 月，中国共产党第十八届中央委员会第三次全体会议通过了《中共中央关于全面深化改革若干重大问题的决定》，明确提出了"健全反腐倡廉法规制度体系"的重要任务。这一任务既是推进国家法治建设、制度建设的重要内容，也是预防、惩治腐败的重要基础，更是推进反腐倡廉工作的基本前提。建立健全反腐倡廉法规制度体系，根本上就是用法治思维和法治方式反对腐败，目的是实现反腐倡廉制度的规范性、系统性、针对性、权威性。

建立健全反腐倡廉法规制度体系，要推进反腐败国家立法。党的二十大报告明确指出："腐败是危害党的生命力和战斗力的最大毒瘤，

反腐败是最彻底的自我革命。"① 反腐是一个长期的过程，也是一个不断发展的任务，是一场持久战、攻坚战。政治、经济、文化、科技等各方面的发展带来了人民生活水平的不断提高和社会发展的日新月异，与之相应，腐败问题也呈现出新的严峻态势，腐败的手段更加新颖，腐败的方式更加隐蔽，腐败的内容更加多样。面对复杂多变的反腐形势、反腐任务、反腐要求，必须不断完善惩治和预防腐败的法规制度。

一方面，要尽快形成较为完整的反腐倡廉法规制度体系。对于经过实践检验，适合新时代发展需要的党纪、政纪、行政规章等，适合上升为法律法规的上升为法律法规。对于已有的反腐倡廉法规制度，已经完全落后于时代，脱离当前实际，与新时代的发展形势格格不入的，要及时废止。对于不完善、部分内容不适合当前情况的，要通过发布解释细则、制定配套制度法规等方式及时修改、补充、完善。另一方面，要不断完善惩治和预防腐败的各项专门法律法规。健全的反腐倡廉法规制度体系是一个整体系统，由反腐败的基本法和配套法规、制度组成。在十八届中央纪委二次全会上，习近平就提出，要"善于运用法治思维和法治方式反对腐败"，加强反腐败国家立法，加强反腐倡廉党内法规制度建设，让法律制度刚性运行。② 在具体执行上，要抓紧做好《反腐败法》的酝酿、讨论和制定工作，也要不断完善惩治各种贪污贿赂和渎职侵权犯罪的单行法律法规制度，要从信访举报、证人证据保护、立案查处等全过程制定相应配套法规制度，打造全方位、系统化、全覆盖的反腐倡廉法规体系。要进一步完善惩治贪污贿

---

① 习近平：《高举中国特色社会主义伟大旗帜　为全面建设社会主义现代化国家而团结奋斗——在中国共产党第二十次全国代表大会上的报告》，人民出版社 2022 年版，第 69 页。

② 《科学有效防治腐败　坚定不移把反腐倡廉建设引向深入》，《人民日报》2013 年 1 月 23 日。

赂和渎职侵权犯罪法律法规，强化不敢腐的震慑，扎牢不能腐的笼子，增强不想腐的自觉，让腐败行为无所遁形、无由滋生。

建立健全反腐倡廉法规制度体系，要健全防止利益冲突的制度规定。所谓利益冲突，一般指公职人员代表的公共利益与其自身具有的私人利益之间的冲突，也即"公"与"私"之间的冲突。对于公职人员而言，在公、私利益发生冲突时的取舍，决定了廉与腐的基本价值取向。防止利益冲突，也就成为众多国家预防腐败的重要策略。在我国，各个领域无孔不入的利益冲突问题，构成了在反腐败斗争取得压倒性胜利的前提下党风廉政建设和反腐败斗争依然面临不少顽固性、多发性问题的根源。

当前，我国公职人员的利益冲突大致包括交易型利益冲突、影响型利益冲突、"旋转"型利益冲突等三种类型。交易型利益冲突即公职人员直接利用职务职权从利益相关者手中获取私人利益；影响型利益冲突指公职人员利用公权力，直接或间接地实现自己、亲属或利益相关者的私人利益；"旋转"型利益冲突主要是具有公私双重角色的公职人员，在履行公共事务的过程中，利用公权力为自己、亲属或利益相关者谋取私人利益。2016年1月1日起实行的《中国共产党党员领导干部廉洁从政若干准则》便从多方面对这些利益冲突作出了禁止性规定。在防止交易型利益冲突方面，规定了不准索取、接受或者以借为名占用管理和服务对象以及其他与行使职权有关系的单位或者个人的财物；不准接受可能影响公正执行公务的礼品、宴请以及旅游、健身、娱乐等活动安排；不准在公务活动中接受礼金和各种有价证券、支付凭证等。在防止影响型利益冲突方面，规定了不准采取不正当手段为本人或者他人谋取职位；不准不按照规定程序推荐、考察、酝酿、讨论决定任免干部；不准要求或者指使提拔配偶、子女及其配偶、其他亲属以及身边工作人员。在防止"旋转"型利益冲突方面，规定了不准用个人或者借他人名义经商、办企业；不准违反规定在经济实体、社会团体等单位中兼职或者兼职取酬，以及从事有偿中介活动等。除《中国共产党党员领导干部廉洁从政若干准则》外，《中国共产党党内监督条例》《关于进一步规范党政领导机关在企业兼职（任职）问题的意见》《领导干部干预司法活动、插手具体案件处理的记录、通报和责任追究规定》等文件都在建立健全防止利益冲突机制方面做出了很好的尝试和努力。不过，从新时代国家治理现代化角度而言，这还远远不够。要健全防止利益冲突制度，还要进一步完善市场机制，解决好公共资源配置、公共资产交易、公共产品生产等领域中可能存在的利益冲突问题，切实践行公务回避、任职回避、地域回避等利益冲突回避制度，严格执行禁止领导干部亲属、代理人经商、担任公职的相关制度规定，尽可能多地将利益冲突扼杀在萌芽状态。

建立健全反腐倡廉法规制度体系，要健全和改进作风常态化制度。作风建设是反腐败的治本之策，改进作风不仅是一次思想的熏陶洗礼，也是一次制度机制变革。在作风建设方面，教育起着基础性作用。作为个人在思想、工作、生活等各方面表现出来的比较稳定的态度和行为风格，作风本质上是主观见之于客观的活动。对于公职人员而言，通过教育树立正确的世界观、人生观、价值观、权力观、政绩观、廉洁观是保证优良作风的前提。需要指出的是，教育毕竟是柔性约束，通过自我道德内化起作用，相较而言，制度作为刚性约束，在作风建设中同样不可或缺，是巩固教育成果，防止不良作风反弹的根本，也是改进作风建设的保障。

长期以来，尽管作风建设得到了党和国家的高度重视，但作风问题依然严峻，作风建设依然任重道远。作风问题尤其是干部作风问题在新时代表现为多种典型样态，"比画型"干部、"说唱型"干部、"太极型"干部、"木偶型"干部、"打盹型"干部、"走秀型"干部、

"梗阻型"干部、"两面型"干部、"三拍型"干部、"佛系型"干部等千奇百怪，多种多样。党的十八届三中全会明确提出了"围绕反对形式主义、官僚主义、享乐主义和奢靡之风，加快体制机制改革和建设"的任务，彰显了党坚持改进作风问题，推动改进作风工作制度化、常态化、长效化的态度和决心。要健全和改进作风常态化制度，就要严格落实有关作风问题的规定。如要严格落实《十八届中央政治局关于改进工作作风、密切联系群众的八项规定》《违规发放津贴补贴行为处分规定》《党政机关厉行节约反对浪费条例》《党政机关国内公务接待管理规定》《中央和国家机关差旅管理办法》《党政机关办公用房管理办法》《党政机关公务用车管理办法》等，在规范和严格执行领导干部生活保障各方面制度的同时，切实查处、纠正、解决违规、超标享受待遇等问题。健全和改进作风常态化制度，要完善领导干部报告个人有关事项的规定，试点推行领导干部有关事项公开制度，建立健全对国家工作人员配偶子女移居国（境）外的管理制度，制定配偶移居国（境）外的国家工作人员任职岗位管理办法。要落实领导干部每年报告相关情况的规定，具体包括本人婚姻变化、因私出国（境），配偶和子女移居国（境）外、从业、被司法机关追究刑事责任等情况；本人收入、投资，本人、配偶、共同生活的子女房产、投资、持有有价证券及其他金融产品，配偶、共同生活的子女投资非上市公司、企业，注册个体工商户、个人独资企业或合伙企业的情况等。在条件成熟的情况下可对部分事项试点公开，并逐步建立公开公示制度，以确保作风建设常态化、长效化。

（二）推进从源头上防治腐败的制度改革和创新

从源头上防治腐败，是逐步减少和消除腐败现象产生的土壤、条件、空间，有效惩治腐败、遏制腐败的重要手段。而深化改革、创新体制，则是从源头上预防和治理腐败的根本手段，也是被实践证明的重要反腐败成功经验。

推进从源头上防治腐败的制度改革和创新，要深化干部人事制度改革。防治腐败根本在人，重点在干部，保证干部廉洁清正，是从源头上防治腐败的重要举措。深化干部人事制度改革，是从源头上防治腐败的重要环节。深化干部人事制度改革要建立科学、公正、透明的选拔任用机制。制定并落实干部选拔任用的规范程序和标准，扩大党员和群众对干部选拔任用的知情权、参与权、选择权和监督权，推行和完善民主推荐、民主测评、差额考察、任前公示等制度，确保选拔任用工作公开、公平、透明。引入岗位竞争和绩效考核机制，注重选拔人才、人岗匹配，并加强干部培养和成长规划，提升干部专业素质和管理能力。深化干部人事制度改革要推行多元化的选拔渠道和方式。拓宽干部选拔的来源渠道，引入开放、竞争和多元的选拔方式，包括内部晋升、公开选拔、社会招聘、人才引进等，实行竞争上岗、任职试用期等制度，注重发现和提拔优秀的年轻干部，激发干部队伍的活力和创新能力。深化干部人事制度改革要加强干部管理和监督机制。健全干部管理体制，强化对干部的考核评价和监督机制，制定体现科学发展观和正确政绩观要求的干部实绩考核评价标准。及时发现和纠正干部的工作失误、不正之风和腐败问题。加强干部培训和教育，提高干部廉洁自律和道德修养，加强党内监督和群众监督。深化干部人事制度改革要注重干部流动和任期管理。打破条块分割的人事管理模式，加强跨部门、跨地区的干部交流和流动，促进干部经验和能力的互补和跨界融合。适度延长干部任期，避免频繁更替对工作稳定性和连续性造成影响，同时加强对干部任期履职情况的评估和管理。深化干部人事制度改革要强化干部队伍建设和人才培养。注重培养选拔一支高素质、专业化、能力过硬、忠诚干净的干部队伍。加大对干部的培训投入，为干部提供广阔的学习和发展机会，激励他们不断提高、不断创新，适应组织和社会变革的需要。

推进从源头上防治腐败的制度改革和创新，要深化行政审批制度改革。深化行政审批制度改革旨在减少政府对市场和社会活动的干预程度，简化和优化行政审批程序，提升行政效能和市场活力，减少腐败环节和腐败行为。深化行政审批制度改革要精简审批事项。通过审批事项清理和优化，将不必要的行政审批事项进行清退，减少政府对市场主体的干预。只保留必要的审批事项，并采取承诺制、备案制等方式替代审批。推进行政审批事项清单制度，明确划定事项的审批权限和程序。深化行政审批制度改革要优化审批流程。通过简化审批流程，减少环节和时间成本，提高审批效率。采用网上办理、一站式窗口、并联审批等方式，实现审批环节的整合和信息共享，减少重复材料的提交和审查，提高行政审批效能。深化行政审批制度改革要强化监督和问责机制。建立健全行政审批监督和评估机制，加强对行政审批工作的监督和管理，确保行政审批程序的透明、公正和规范。对不合规行为和违法违规行为进行严肃处理，加强问责制度的约束和实施。深化行政审批制度改革要推行"证照分离"改革。将企业所需的经营许可和资质证书等与企业营业执照分开，实现审批事项的减少和简化。加快推广电子证照，实现证照信息的全面电子化和互联互通，提高审批效率和便利程度。深化行政审批制度改革要加强信息共享和协同。加强政务信息化建设，实现政府各部门和各层级之间的信息共享和协同办理。推进电子政务平台的建设，提供便利的在线申报、办理和查询服务，降低行政审批的复杂性和不确定性。

推进从源头上防治腐败的制度改革和创新，要深化财政、金融和投资体制改革。在深化财政体制改革方面，首先要进一步深入推进财政收入改革。通过优化税收制度、加强税收征管，加大直接税比重，扩大税收抵扣，降低企业和个人税负，提高税收的公平性和效益。其次要推进预算管理改革。推行绩效管理和结果导向的预算制度，强化预算决策的科学性和透明度，加强对财政资金使用的监督和评估，提高财政资源的配置效率和绩效管理水平。再次要推进财政支出改革。加强财政支出的规范管理，优化财政支出结构，提高财政资金使用的效益和精确度。通过深化公共财政体制改革，提高公共服务和民生支出的质量和效益。加快建立财政资金绩效评价体系，形成财政资金规范、安全、有效运行的机制。

在深化金融体制改革方面，首先要推进金融监管改革。加强金融监管的协调性和整体性，构建风险防控的体系和机制，提高金融机构的风险识别、评估和处置能力，加强对金融市场的监管，建立健全现代金融企业制度、金融监管制度、金融账户实名制、现金交易限制及反洗钱制度、征信管理制度等，建立健全对大额资金外流有效监控的预警机制和金融信息共享制度，确保资金运营安全。其次要鼓励金融创新和支持实体经济。鼓励金融创新，要加强金融科技的应用，推动金融业与实体经济的深度融合，提供多样化的金融产品和服务，支持创新型企业和中小微企业的发展。再次要推进利率市场化改革。建立符合市场供求的利率形成机制，提高利率的定价能力，促进金融资源的有效配置和利率市场的竞争性。

在投资体制改革方面，第一要促进投资便利化。简化投资审批程序，优化投资环境，加强投资者保护，降低市场准入门槛，鼓励和引导民间投资，提高投资活力和效率。第二要加强国有企业改革。通过混合所有制改革、上市公司改革等方式，提高国有企业的市场竞争力和效益，促进国有资本市场化、专业化和现代化。第三要完善投融资机制。建立健全多层次资本市场体系，拓宽企业融资渠道，加大直接融资比重，丰富金融产品和服务，提高资本市场的运行效率和规范化水平。第四要加强投资领域法规制度建设，建立和完善投资监管体系，改进并加强对政府投资的管理。

推进从源头上防治腐败的制度改革和创新，要深化司法体制改革。推进司法体制改革是建设公正高效的司法体系，保障公民合法权益，增强法治国家建设和社会稳定的重要手段。推进司法体制改革要确保司法独立和公正。要加强司法独立，建立健全司法体制和审判模式，确保司法权威和公正。优化司法人员选拔、培养和考核机制，提高法官和检察官的专业素质和业务水平，减少干预和操控。推进司法体制改革要推进诉讼制度改革。要完善诉讼程序，完善人民陪审员制度，严格执行审判公开制度，保障公民、法人和其他组织的合法权益。完善民事、行政和刑事诉讼制度，加强程序正义，提高诉讼效率和便民化水平。推行诉讼服务中心、电子诉讼和在线争议解决等措施，提高诉讼服务质量和效率。推进司法体制改革要确保司法公开和透明。加强司法公开和信息公开，增加庭审公开的频率和范围，提高判决文书的公开率，让司法全过程可以接受公众监督。加强司法统计和信息化建设，提高司法数据的透明度和可用性。推进司法体制改革要实现司法体制优化。要优化司法资源配置，增加法院和检察院的设立和改革，加强司法设施建设，提高案件审理能力和效率。推动司法改革与行政、财政、人力资源等体制改革的协同发展，提高司法工作的整体效能。推进司法体制改革要加强司法监督和纪律建设。加强对司法人员的监督和问责，建立健全司法人员纪律监察机制，严厉打击司法腐败和不当行为。加强司法信用体系建设，提高司法机关的廉洁自律水平，健全司法工作规范和违反司法行为责任追究制度。

推进从源头上防治腐败的制度改革和创新，要规范和完善工程建设招标投标、土地使用权出让、产权交易、政府采购等制度。在工程建设招标投标制度方面，要修订城市规划法、建筑法、环境保护法等配套法律法规，建立公开透明、竞争有序的招标投标机制。加强招标人员的专业素质培养和监管，确保招标评审过程的公正性和合法性。加强对投标文件的审核，规范评标方法和标段划分，提高中标合同的合法性和履约监督。在土地使用权出让制度方面，建立健全土地市场化运作机制，加强土地出让的监管和公开透明。严禁干预土地市场，防止非法操纵和内幕交易。修订土地管理的相关法律法规，加强土地出让制度建设，完善土地使用权出让的程序规定和标准，确保土地资源的合理配置和社会公正。在产权交易制度方面，建立健全产权交易市场，完善产权交易市场各项监管制度，充分发挥其功能作用，积极建设产权交易信息监测体系，提高交易的透明度和安全性。加强产权登记和确权体系建设，完善产权交易的法律法规和规范标准。加强产权评估机构的监管和规范，确保评估结果的准确性和公正性。在政府采购制度方面，要建立公平竞争、诚信守法的政府采购制度，严格执行政府采购管理体制，加强采购活动的监督和风险防控，规范采购程序和合同管理。加强对供应商的资质审核和信用评价，确保采购资金的有效使用和公共资源的合理分配。

（三）提高制度建设的质量和水平，严格贯彻执行反腐倡廉各项制度

反腐倡廉法规制度是反腐倡廉建设的根本遵循和根本依据，反腐倡廉法规制度具有鲜明的实践性，需要在实践中检验其成效，也要在实践中不断发展完善。要真正切实完善培养廉洁自律道德操守的基本制度，还需要严格执行反腐倡廉的各项法规制度体系。严格贯彻执行反腐倡廉各项制度，要加强党对反腐倡廉法制建设的领导。党的领导是反腐倡廉工作不断取得成效的保障和根本，各级党委要坚持党的领导核心地位，牢固树立"两个维护"，加强组织领导，确保党的路线

方针政策在反腐倡廉法制建设中得到贯彻执行。同时积极改革创新党对于反腐倡廉的领导机制和制度法规，使法律法规的规定与党的政治纪律相衔接，善于使党的主张通过法定程序成为国家意志，从法律制度层面保证反腐败政策、措施、方针的贯彻执行。

严格贯彻执行反腐倡廉各项制度，要完善立法程序和制度设计。要加强立法工作，明确腐败行为的界定和惩罚力度，加强反腐倡廉制度的权威性和可操作性。要完善制度设计，确保制度的科学性、合理性和可操作性。在制定和修订制度时，应广泛征求各方面的意见和建议，充分考虑社会现实和发展需求，确保制度的有效性和适应性。在反腐倡廉过程中，更要根据经济社会的发展情况、发展形势，结合反腐败工作的实际需要，从党和国家层面制定反腐倡廉法规制度的总体规划、中长期计划、年度实施纲要和办法等。做到制度建设与反腐倡廉决策相统一，制度建设进程与反腐倡廉进程相适应，制度建设与从政道德建设相结合，党内制度建设与国家法制建设相协调。

严格贯彻执行反腐倡廉各项制度，要建立绩效评估机制。制度的贯彻执行需要有效的绩效评估机制。只有建立科学的评估指标体系，定期对制度执行情况进行评估，及时发现问题并采取纠正措施，才能确保制度的有效运行和效果。建立绩效评估机制要根据反腐倡廉工作的目标、要求，相关部门的性质、职能、资源情况，设定相应的指标，包括但不限于腐败行为的减少、追究责任的效果、公共资源使用的透明度等。在此基础上收集和分析相关数据，包括案件调查和起诉数量、处理结果、投诉举报情况、财务审计结果等，并建立相应的评估和检测机制。定期对关键指标、核心数据进行检测、比较，及时提出改进、调整的意见和建议，并采取相应措施。为保证评估的客观公正，增加评估的公信力和权威性，可引入专业机构、学术界、专门组织等第三方独立机构承担评估职能。在客观、公正评估的基础上，要建立问责机制，对绩效评估结果进行跟踪反馈，并依据结果采取措施，推动制度不断改进、创新、完善。

严格贯彻执行反腐倡廉各项制度，要强化监督与执法力度。反腐倡廉制度的执行需要建立健全的监督机制，要理顺监督机构之间的关系和职能，保证监察机构、审计机关、司法机关等各司其职，互相配合，能够对各级政府机关、工作人员进行合法有效的监督。在执法方面，要加强执法力量和执法能力建设，一方面，要通过提供专业培训、考核等方式，提高执法人员的专业技能和职业素养，确保执法人员具备应对、处理复杂腐败案件的能力。另一方面，要加强对于执法部门的配套设施建设和技术支持，利用新技术、新设备、新手段，提高执法效率和执法准确性。同时，要加大打击和惩治腐败的力度，发现腐败行为要严格依法追究责任，严惩不贷。无论职位高低要一视同仁，追查到底，决不姑息迁就。随着全球化的发展，跨国腐败越来越成为一个全球化的普遍性问题。在反腐执法方面不仅要加强国内的反腐败斗争，更要强化国际的反腐败合作。加强与其他国家和国际组织的联系、交流、互助合作，共同制定和实施反腐倡廉政策，加大对涉及国际腐败的追逃追赃力度，阻止腐败分子的跨国逃避和资产转移。

二、完善培养廉洁自律道德操守的教育制度

党内教育制度是党的思想建设、组织建设的重要组成部分，是确保党的路线、方针、政策，端正党的作风，提高党员干部队伍素质的重要手段。毛泽东在党的七大上作《论联合政府》的政治报告时便指出："掌握思想教育，是团结全党进行伟大政治斗争的中心环节。如

果这个任务不解决，党的一切政治任务是不能完成的。"① 习近平指出："加强思想教育和理论武装，是党内政治生活的首要任务，是保证全党步调一致的前提。"② 可以说，思想教育是培养廉洁自律道德操守最基本、最常用、最重要的方法。只有健全各项教育制度，狠抓落实思想教育，实行教育常态化、规范化，才能推动培养廉洁自律道德操守的任务不断发展前进。

（一）建立健全党内法规教育制度

《中国共产党党内法规制定条例》对"党内法规"做出了明确规定，即"党内法规是党的中央组织，中央纪律检查委员会以及党中央工作机关和省、自治区、直辖市党委制定的体现党的统一意志、规范党的领导和党的建设活动、依靠党的纪律保证实施的专门规章制度"③。"党内法规"这一概念成为固定说法和官方用词，有其具体发展过程。1938 年，毛泽东在党的六届六中全会上作了《论新阶段》的政治报告，强调重申了"个人服从组织""少数服从多数""下级服从上级""全党服从中央"四项党的基本纪律，并提出了要制定"较为详细的党内法规"的任务。1980 年 2 月，党的十一届五中全会将"党规党法"这一概念写入中央文件，并将"维护党规党法，切实搞好党风"提升到关系四个现代化建设成败、关系党和国家前途命运的重要高度。1981 年 6 月召开的十一届六中全会则明确将"党内法规"写入中央文件。1990 年 7 月，中共中央印发《中国共产党党内法规制定程

---

① 《毛泽东选集》第 3 卷，人民出版社 1991 年版，第 1094 页。

② 中共中央文献研究室编：《习近平关于全面从严治党论述摘编》，中央文献出版社 2016 年版，第 73 页。

③ 武汉大学党内法规研究中心编：《中国共产党党内法规制度建设年度报告 (2019)》，武汉大学出版社 2021 年版，第 281 页。

序暂行条例》，意味着"党内法规"成为党的一种专门的规范性的用语。1992年，党的十四大修订的《中国共产党章程》则将"维护党的章程和其他党内法规"规定为党的各级纪委的主要任务之一，党内法规在党章的高度上得到了充分的肯定。从制定主体而言，党内法规包括中央、部委、地方的党内法规。从功能来看，党内法规包括党的组织法规、领导法规、自身建设法规、监督保障法规等。从名称来看，党内法规包括党章、准则、条例、规定、办法、规则、细则等。

中国共产党历来重视廉洁自律党内法规的制定。例如，1933年12月，颁布了第一个反腐败的法令——《关于惩处贪污浪费行为的第26号训令》。1938年，陕甘宁边区政府公布了《陕甘宁边区政府惩治贪污暂行条例》。新中国成立之后，党和国家先后发布了一系列有关廉洁的法律、法规、纪律。如1952年4月，中央人民政府公布了《中华人民共和国惩治贪污条例》，对于肃清党内的贪污起到了重要作用，也为后来的党内廉洁建设提供了法律依据和重要启示。1958年3月，中央颁布了《中共中央关于开展反浪费反保守运动的指示》；1960年11月，中央发出《关于不准请客送礼和停止新建招待所的通知》；等等。改革开放以后，党制定并发布一系列规范，为廉洁建设提供了指引。许多规范至今仍然还在适用，成为党廉洁自律法规的重要组成部分。例如，1979年11月，中共中央、国务院制定颁布《关于高级干部生活待遇的若干规定》；1980年3月，党的十一届五中全会审议通过中央纪委拟定的《关于党内政治生活的若干准则》；1998年11月，发布了《关于实行党风廉政建设责任制的规定》；2003年12月，颁布了《中国共产党党内监督条例（试行）》《中国共产党纪律处分条例》；2010年，发布了《中国共产党党员领导干部廉洁从政若干准则》；等等。

党的十八大以来，以习近平同志为核心的党中央高度重视党内法规制定工作，不断完善党内法规制度体系，党内法规密集出台，如《关于改进工作作风、密切联系群众的八项规定》《关于进一步做好领导干部报告个人有关事项工作的通知》《建立健全惩治和预防腐败体系 2013—2017 年工作规划》《中国共产党纪律处分条例（修订）》《中国共产党廉洁自律准则》《关于新形势下党内政治生活的若干准则》《中国共产党问责条例（修订）》等等。

党内法规本质上是党的统一意志的制度化体现，承载着党的初心使命、理想信念、宗旨立场、传统作风等。从某种程度上而言，它是一种成文的道德。推动党内廉洁自律建设，离不开党员、干部对党内法规的不断学习。随着一大批党内法规的制定和修订，有一个突出问题摆在全党面前，那就是党内法规的学习教育也亟须跟进和全面展开。习近平即指出：“要引导各级干部自觉学习党章、遵守党章、贯彻党章、维护党章，真正使党章内化于心、外化于行。党规党纪是对党章的延伸和具体化，学好了党规党纪，就能弄清楚自己该做什么、不该做什么，能做什么、不能做什么。要引导学员认真学习党内政治生活的若干准则、中国共产党廉洁自律准则、中国共产党纪律处分条例等党内法规，强化学员党的意识、纪律意识、规矩意识，着力引导学员带头践行社会主义核心价值观，自觉用党章和党规党纪约束自己的言行。”① 2019 年，中央组织部、中央宣传部、司法部、全国普法办公室等四部门联合印发了《关于加强党内法规学习宣传的通知》，把党内法规学习宣传纳入各级党组织党建工作考核的重要内容。

健全党内法规教育制度，要求完善党内法规的公开机制。公开是学习的基础，是让广大党员知悉党内法规规范内容、切实遵守党内法规具体要求的基础步骤。中共中央在《关于加强党内法规制度建设的

---

① 习近平：《在全国党校工作会议上的讲话》，人民出版社 2016 年版，第 18 页。

实施意见》中明确要求"加大公开力度，建立健全党内法规制度统一发布平台"，并要"做好党内法规制度降密、解密和汇编出版工作"。①2017 年制定的《中国共产党党务公开条例（试行）》第七条指出，"除涉及党和国家秘密不得公开或者依照有关规定不宜公开的事项外，一般应当公开"②，为党务公开机制提供了制度遵循。随后，2019 年新修订的《党内法规制定条例》第二十九条明确规定："党内法规除涉及党和国家秘密不得公开或者按照有关规定不宜公开外，应当在党报党刊、重点新闻网站、门户网站等党的媒体上公开发布。"③ 这就明确了党内法规的公开范围和内容以及公开渠道和方式，为党内法规公开工作提供了明确的制度依据。不过，在具体操作中，也有需要进一步完善的地方。比如，明确公开的时间、频率，可以规定定期公开党内法规的时间节点，例如每季度或者每半年公开一次或在重要修订时公开，以保证党内法规学习及时有效。与此同时，还需要加大党内法规文本汇编的出版力度。目前，《中国共产党党内法规选编（2012—2017）》《中国共产党党内重要法规汇编》《中国共产党重要党内法规学习汇编》《十八大以来常用党内法规》等党内法规汇编读物纷纷出版，按照不同的分类标准对各部党内法规文本进行梳理后予以公开，有力推动了党内法规的公开工作。但地方性党内法规的编辑出版工作显然比较滞后，应当加大编辑出版力度。此外，也要完善编纂标准和规范，制定统一的编纂标准，明确文本的格式、结构和内容要求，确保不同版本的党内法规文本的一致性和规范性；政府部门可以制定出

---

① 中共中央党史和文献研究院编：《十八大以来重要文献选编》（下），中央文献出版社 2018 年版，第 513 页。

② 《中国共产党党务公开条例（试行）》，人民出版社 2017 年版，第 4 页。

③ 武汉大学党内法规研究中心编：《中国共产党党内法规制度建设年度报告（2019）》，武汉大学出版社 2021 年版，第 174 页。

台配套政策和措施，提供经费支持、奖励制度、税收优惠等，鼓励出版社和相关机构参与党内法规文本汇编的出版工作。

健全党内法规教育制度，要求加大党内法规宣传和解读力度。加大党内法规宣传教育力度，有助于进一步开展形式多样、务实有效的党内法规宣传教育，推动党组织和党员遵规学规守规用规。加大党内法规宣传力度是党和国家的明确要求。2016年出台的《中央宣传部、司法部关于在公民中开展法治宣传教育的第七个五年规划（2016—2020年）》明确指出，要"深入学习宣传党内法规"。2019年新制定的《执行责任制规定》也提出了"谁牵头执规，谁负责宣传法规"的原则，要求牵头执行部门将党内法规宣传教育作为履行执规责任的重要方面，加大党内法规宣传教育力度。为此，各级党组织应当制定出台与贯彻落实相应的实施意见或实施办法，加大党内法规宣传力度。要制定党内法规宣传计划，明确宣传的目标、内容、要求，根据党内法规的重点和难点，合理安排宣传时间和频次。方式关系成效，采用适宜的方式能起到事半功倍的效果。应当采用多样化的形式宣传党内法规，兼顾传统媒体和新媒体，可以分别利用报纸、期刊、广播、电视等传统媒体和网站、微信、微博等新媒体，以及开设专题、专栏、专版等，扩展党内法规宣传的辐射范围和影响力。要推动党内法规专题教育的常态化和制度化，在重要党内法规颁布出台后，积极组织党内法规专题学习活动。此外，也应该注意以知识竞赛、参观红色教育基地和反腐教育基地等形式多样的活动，提高党内法规学习宣传实效，调动广大党员学习党内法规的积极性和主动性。

对新颁布出台的党内法规及时进行解读，是帮助广大党员干部学习党内法规并领会其精神内涵、推动党内法规贯彻执行的重要方式和步骤。中共中央《关于加强党内法规制度建设的意见》明确指出："加强学习教育。加大党内法规宣讲解读力度。将党内法规制度作为各级党委（党组）中心组学习重要内容，纳入党校、行政学院、干部学院必修课程。"① 一般而言，党内法规的主要制定机关负责人要以回答记者提问的方式，就该党内法规的出台背景和重大意义、制定或者修订工作遵循的基本原则、主要内容、贯彻落实情况等作出详细说明，形成对该党内法规的权威解读，并作为日后党员干部进行学习时的重要参考。同时，各大权威媒体也应当通过发表系列评论文章、组织开展访谈活动等等，对党内法规出台和修订的原因、提出的新要求等内容进行解读，形成学习讨论党内法规的热烈氛围。此外，各级党委（党组）应当成立理论学习中心组，将新颁布的党内法规作为集体学习的重要内容；各个地区也应该举办党内法规制度建设专题培训班，学习贯彻新颁布的党内法规；党校（行政学院）、干部学院等应该将学习新颁布的党内法规纳入党员教育培训的必修内容。

健全党内法规教育制度，要求构建党内法规教育的课程体系。党内法规是党治党治国的重要实践与理论成果，法规教育是党性教育的重要内容。近年来党内法规教育普遍开展，党内法规成为各级党委（党组）中心组学习上的重要内容，进入了党校（行政学院）、干部学院，成为必修课程。但党员学习党内法规制度存在来不及、没时间和不系统、欠深入的问题也是不争的事实。这与全面从严治党的要求和党内法规建设的形势不相适应。应把党内法规教育置于整个理论和党性教育中的突出位置，增加分量，安排足够时间，做出常态化制度性安排，形成既讲授马克思主义法治理论、习近平法治思想，又讲授党内法规知识、单行法规内容。同时，在主干法规教育中突出纪律处分条例等负面清单教育。领导干部犯错误栽跟头，一方面是因为对纪律

① 中共中央党史和文献研究院编：《十八大以来重要文献选编》（下），中央文献出版社 2018 年版，第 513 页。

缺乏敬畏之心、存在侥幸心理，对自身管束不严，另一方面也有对"犯规"情形判断不明，存在心中无数的情况。主干法规往往有规定具体细则的法规制度相配套，在教学中需要做到分条析理、由此及彼、旁征博引、举一反三。搞清楚了《中国共产党纪律处分条例》《中国共产党问责条例》等负面清单，学好了党规党纪，就能弄清楚自己该做什么、不该做什么，能做什么、不能做什么。

健全党内法规教育制度，要求加强人才队伍建设。人才培养是基础性工程，党治国理政，加强自身建设，管党治党，人才都至关重要。必须加强党内法规专门人才队伍建设尤其是党内法规教育人才队伍建设，这是提高党内法规学习教育质量的必然要求。高度重视党内法规学习教育问题，建设一支拥有相当数量和较高质量的党内法规教育专门人才队伍，是确保和提高党内法规教育质量与效果，全面发挥党内法规教育的思想政治教育、法治教育以及道德教育功能的基本前提。在我国的政治生活中，党内法规兼具政治属性、法律属性和道德属性，而且其法律属性与道德属性建立在政治属性的基础之上。这就对党内法规专门人才提出了高要求，其不仅要具备良好的法学素养，同时也应当具备相当高的政治素养、党性修养与道德涵养。这也意味着党内法规高素质人才的培养不仅仅要遵循法学人才的培养规律，还应当遵循政治学、党史党建学、纪检监察学乃至伦理学人才的培养规律。

要加强党内法规教育专门人才队伍建设，具体可从两方面着手。一是要加强"国家队"建设。可以成立全国党内法规教育宣讲团，召集全国党内法规领域高水平的专家学者，组建党内法规教育高质量宣讲团，负责统筹、指导与展开党内法规宣传教育工作。二是要进一步强化党内法规学科建设。目前，党内法规学科的发展附庸在法学、党史党建等其他学科之下，应当尽快使其从此种状态中跳脱出来，以一门独立学科成长发展。事实上，目前"党内法规学科确实已经初具规模，无论是内在的理论体系，还是外在的制度支撑，都已经较为全面和完善，具备独立学科的特征，符合现代学科范式下学科独立标准的各项要求，已经实现实质独立"①。基于这种情况，设置独立的党内法规学科并将其纳入教育部学科目录，对于培养党内法规人才、壮大党内法规教育人才队伍不仅必要、重要，而且具备基础，有了可行性。应该将党内法规学作为教育部正式认可的独立一级学科，以强化党内法规学科建设，顺应全面从严治党的要求，适应培养有数量、有质量的党内法规专门人才的需要，壮大党内法规教育专门人才队伍，满足加强党内法规学习教育的客观需要。

健全党内法规教育制度，要求创新运用网络信息平台资源。随着互联网时代的来临，推动党内法规的信息化平台建设，为党员干部学习党内法规构建更加便捷高效的网络学习阵地，发展完善远程教育、网络新媒体平台教育，对于新时代推动党内法规制度建设，不仅意义重大，而且也是势所必然。目前，由中央组织部主管、中组部党员教育中心主办、央视网承办的党员教育平台共产党员网，以及"学习强国"学习平台等党性教育基地网上平台已经非常成熟，要依托这些平台，多模块、多板块、多方式，打造党员干部党内法规学习教育矩阵，推动 PC 版和移动终端同时发展，实现"有组织、有管理、有指导、有服务"的学习教育模式，满足互联网条件下广大党员干部多样化、自主化、便捷化的学习需求。

健全党内法规教育制度，要求建立和完善考核激励机制。引入考核激励机制是强化新时代党内法规教育的有效手段，旨在进一步强化党员干部学习党内法规的积极性、自觉性，将被动受教育转化为主动

---

① 刘俊杰：《论党内法规学的学科独立》，《马克思主义理论学科研究》2022 年第 6 期。

去学习。要将党内法规教育纳入绩效考核体系，明确考核内容和指标。考核内容可以包括对党的法规的理解和掌握程度、法规遵守情况、党纪政纪意识等方面。考核方式要采取多种形式进行，包括书面测试、案例分析、模拟演练等，同时要根据具体情况灵活选择，以确保考核的客观性和全面性。在考核频度方面，要确保考核的及时性和连续性，可以是年度考核、季度考核或半年度考核。对考核成绩优秀的党员和干部给予激励和奖励。激励可以包括荣誉称号、奖金、晋升机会、学习进修机会等。对于考核成绩较差的党员和干部，提供额外的法规教育和辅导。可以通过开展补充培训、个别辅导、集体讨论等方式，帮助他们提高对党内法规的理解和遵守意识。考核制度要保证公开透明，向党员和干部宣传激励机制的重要性和目的。通过党刊、内部网站、会议通知等形式宣传考核政策，让党员和干部了解考核的标准、程序和结果。考核结果要切实作为干部选拔任用、晋升和奖惩的参考依据。将对党内法规教育的考核表现纳入干部个人档案和综合评价体系，作为干部职务晋升和发展的重要参照。

（二）建立健全警示教育制度

警示教育是思想政治工作的重要功能，也是一种常见的教育形式。所谓警示教育，通常是指教育者利用反面典型案例，分析其中的负面影响，并示之于人，使教育对象保持警惕和戒备，防止类似或者相同的问题再次发生。警示教育常常通过典型对比，使人们受到启示，吸取教训，进行预防。

警示教育是全面从严治党的一项基础性工作，也是涵养党员干部廉洁自律道德操守的重要一环。习近平高度重视警示教育。2014年，习近平在党的群众路线教育实践活动总结大会上讲话指出："要加强警示教育，让广大党员、干部受警醒、明底线、知敬畏，主动在思想上划出红线、在行为上明确界限，真正敬法畏纪、遵规守矩。"① 2016年，习近平又在全国党校工作会议上强调："要加强警示教育，把一些反面典型跌入违纪违法泥坑的教训给大家说说透，让大家引为镜鉴、自觉自律。"② 2020 年，在"不忘初心、牢记使命"主题教育总结大会上，习近平又指出："发挥先进典型示范激励作用，深入开展反面典型警示教育，以案示警、以案明纪，促进党员、干部知敬畏、守底线，纪律意识和规矩意识进一步提升，公正用权、依法用权、廉洁用权的自觉性明显增强，党群干群关系更加密切，党内政治生态持续好转。"③《关于加强新时代廉洁文化建设的意见》也要求"强化警示震慑，做到警钟长鸣"，要求健全警示教育制度。

党的十八大以来，在以习近平同志为核心的党中央的高度重视下，警示教育普遍展开。不过，一些地方和部门对警示教育的实施范围、职责分工、工作程序、方式方法等缺乏具体规定，存在警示教育制度虚化、警示教育内容泛化、警示教育重点分散、警示教育方式僵化等现象。解决这些问题必须健全警示教育制度，通过"抓党委、党委抓，抓领导、领导抓"夯实主体责任，适应受众需求，创新方式，通过编好活教材、制好警示片、办好教育展等，分级分类分层有针对性地开展警示教育，同时做深做实以案促改，强化警示震慑效果，增强教育实效性。

健全警示教育制度，要建立健全党委（党组）负责制。全面从严治党，坚定不移推进党风廉政建设和反腐败斗争，党委（党组）负主

---

① 中共中央文献研究室编：《十八大以来重要文献选编》（中），中央文献出版社 2016 年版，第 95 页。

② 习近平：《在全国党校工作会议上的讲话》，人民出版社 2016 年版，第 19 页。

③ 中共中央党史和文献研究院编：《十九大以来重要文献选编》（中），中央文献出版社 2021 年版，第 373 页。

体责任。廉洁教育警示制度的建构和完善亦应如此。各级党委（党组）要把警示教育作为党性教育重点内容，列入全面从严治党主体责任清单和年度任务安排，主要负责人和班子成员把自己摆进去，率先垂范，带头参加警示教育，并强化对党员、干部的日常教育、管理、监督。党委（党组）要加强警示教育的组织领导，制定相关的工作方案、计划和指导意见，并明确各级党组织的责任分工，确保警示教育全面覆盖、有序进行。同时也要为警示教育提供必要的人力、物力和财力等资源保障，确保教育活动的顺利进行，并积极争取上级部门和其他相关方的支持，为警示教育工作提供更多的资源支持。

健全警示教育制度，要坚持"三性三力"原则。第一，把握现实性，增强说服力。说服力是警示教育的关键。警示教育一般是采用已知和已有事实作为案例进行说服和教育。选用现实题材，使人身在其中，感同身受，就会使教育对象产生兴趣和信服。因此，警示教育需要反映现实，实事求是，直接指导现实。同时，警示教育还可以运用正反对比方法，以增强说服力。警示教育主要从反面选材，但也应当注重与之相对的正面选材，而且两者要求内容相近、性质相反、条件相似、形式相融。此外，警示教育选材要选择具有代表意义的事实，这些事实一般带有极为深刻的教训，而且在大的范围内有发生的可能，其结果往往和特定的人员相关，如果不吸取这些教训，则有可能陷入危机。第二，把握畏惧性，发挥威慑力。警示教育的威慑力，源自教育对象对反面教材中负面后果的畏惧。警示教育透出的教训是受教育者极力想避免的，因此使得人们常常感受到负面后果的威慑。开展警示教育，发挥教育的威慑力，就是要让教育对象不敢越过底线。第三，把握启示性，发挥指导力。警示教育就是通过对某些任务和事件的经验教训的总结，而使教育对象自警自律，这是教育的上上之策。凡成功的背后都有经验可取，凡失败的背后都有教训可鉴。任何经验教训都可以留下许许多多相应的启示。从教育者角度看，就是要通过警示教育正确引导教育对象挖掘这些事件背后的启示，使教育对象约束自我、提升自我。而从教育对象的角度看，要认识到警示教育的重要性，并从案例启发中认识自我，懂得该怎么说和怎么做。只有正确的启示才能达到指导的目的。警示教育不仅要告诉教育对象"是什么"和"为什么"，更要告诉他们"怎么做"。

健全警示教育制度，要构建深度挖掘和利用警示教育资源的机制。警示教育的震慑来自有腐必惩和有案必查的高压态势，警示教育的素材主要来于案，但并不止于案，必须树牢"富矿"理念，深度挖掘运用警示教育资源，做好典型案例剖析。把典型案例当作以案明纪、以案说法、以案促改的"活教材"，深刻剖析违纪违法干部"总开关"如何失灵，将其"第一次"如何破戒的过程讲深讲透，揭露其纪法底线失守的堕落轨迹，深度透视其"破心""破纪""破法"的心路历程，标注出党员干部蜕化变质的"征兆清单"，为接受警示教育的党员干部竖起正道直行的"交通警示牌"。要特别注重通过剖析本系统、本地区发生的重大典型案件，用身边人、身边事来开展教育，帮助大家引以为戒，警钟长鸣。也可以采用让服刑人员进行现身说法、召开警示教育大会、播放警示教育专题片、建立警示教育基地等各种形式进行警示教育，使党员干部从典型案件中吸取教训，清楚在什么情况下、在什么问题上、在哪些环节中容易犯错误、跌跟头，从而时刻保持清醒和警惕，增强拒腐防变的能力。要深化类案共性分析。要综合领域特征、职业特征、区域特征等，对同类问题开展综合分析，深挖共性教训，把脉政治生态，推动靶向治疗、精准施治。在具体操作中，可以全面深刻剖析"围猎"现象，详细解析"围猎"机理，释放受贿行贿一起查的强烈信号；也可以立体呈现不同领域违法违纪干部的"众生相"，深入剖析腐败产生的共性原因、巨大危害以及防腐惩腐，筑牢廉洁自律底线的赢取之道。要提炼系统治理工作指引。坚持系统观念，树立"大警示教育观"，把查办个案的过程与结果，放到全局治理中去审视和观照，厘清上下、打通前后、贯通左右，将分散的案件进行逻辑溯源、系统梳理、综合研究，既要弄清楚个案的深层症结所在、存在的共性问题，也要从宏观上把握政治生态的区域性、领域性、阶段性规律。

此外，纪检监察机关要结合自身的属性，协助党委（党组）落实警示教育的主体责任，做好查办案件的"后半篇文章"，深入挖掘警示教育资源。建立健全正风肃纪反腐与深化改革、完善制度、促进治理的一体贯通机制，努力做到一案一通报、一案一剖析、一案一警示等，既要治标，更要治本。加强纪检监察机关内部工作衔接、协作联动，要在扎实调查调研的基础上生成政治生态分析报告，深化忏悔录的运用。扎实做好警示教育资料收集与整理工作，在纪律审查、宣读处分决定、检察院公诉、法院判决等各个阶段与环节，采集留存文图、声影资料。加大对纪检监察干部的培训力度，提高政治生态分析研判能力、典型案件剖析运用能力、风险问题调查研究能力，提升做深查办案件"后半篇文章"的素养。

健全警示教育制度，要做好"分层分类"。反腐倡廉教育具有很强的指向性，针对不同的对象，理应采用不同的方式，实施不同的教育，建构"横""纵"交织的警示教育格局。教育要注意区分层次，因人施教，避免"一刀切""一锅煮"。比如，在社会层面上，开展反腐倡廉教育要以社会公德教育为主；而对公职人员应以理想信念教育、职业道德教育、公仆意识、权力观和政绩观教育以及党纪政纪、法律法规教育等内容为重点。同时，国家公职人员是一个多层次的社会群体，也要注意分层施教。例如，对各级领导干部要突出政治责任感、社会责任感教育，使之以模范遵纪守法行为带动全党全社会遵纪守法；

对领导干部中的"一把手"和高级干部，则要突出系统的反腐倡廉理论教育，使之从更深的层面自觉遵纪守法。而对于一般党员干部，则应重点关注党纪党规、党风廉政建设、党的作风等方面的教育内容。要破解以往警示教育一般化、简单化、形式化，过眼不入心，大张旗鼓、收效甚微的局面，就必须遵循教育工作规律和受教育者思想变化的规律，坚持把先进性与广泛性、个性与共性、基础性和超越性统一起来，努力做到精准施教，一教一效。

教育要注重同级同类。根据警示教育对象的领域、行业等特点，选择地域相近、层级接近、行业相同、岗位类似的案例，配之以精准化警示教育。针对不同对象，划分专题，对年轻干部、新提拔厅级干部、政法干警开展专项警示教育，有效避免一套"教材"管全部的供需不对等、针对性不强等问题。处理好远与近的关系，用"身边案"教育"身边人"，以"案中人"警醒"身边人"，形成"大喝一声、猛击一掌"的震慑，促进党员干部引以为戒、醒悟知止，消除"猎奇心理""看戏心态"，时时以"会不会成为下一个他"而自重自省自砺。在一定范围把领导干部尤其是"一把手"配偶、子女和身边工作人员纳入警示教育对象，将有关领导干部全家涉案的典型案件作为教育资源，使受教育者产生代入感，心灵受到触动。

健全警示教育制度，要求发案单位扎实推进以案促改、以案促治。在发生违纪违法案件的地区和单位开展警示教育，是提高警示教育针对性和实效性的重要举措，发案单位加强警示教育应更深一层。一方面，发案单位党组织要重视和认真组织开展好警示教育，配合纪检监察机关召开处分决定宣布会、专题民主生活会或专题组织生活会等，组织党员、干部仔细学习警示教育材料，深入开展讨论反思。领导干部要起到带头作用，在讲党课、谈认识、讲体会的过程中，把职责和工作摆进去。要采取有力有效的方式方法将本单位违纪违法案件剖析透彻，将纪律处分"一张纸"变成纪律教育"一堂课"。另一方面，要深入开展专项整改治理，要求单位成员，对照发生在本地本单位的典型案例，扎实进行自纠自查，立行立改，及时报告"以案促改"成效。此外，要加强制度完善，主动配合纪检监察机关回到"案发现场"找原因、思危害、补漏洞，认真研究纪检监察建议，查找制度薄弱点、廉政风险点、监督空白点，追根溯源、找准病灶、对症下药，扎牢制度笼子，举一反三，防微杜渐，避免重蹈覆辙。扩大开展警示教育覆盖面，个案涉及的相关单位要联合深挖个案背后的地域性、领域性、心态性问题，联合开展常态化警示教育，持续净化政治生态。

（三）建立健全典型示范教育制度

榜样的力量是无穷的，榜样能以其人格魅力和优秀品质引发人们的情感共鸣与思想共振。注重典型示范教育是党的思想政治教育的重要方式和内容。毛泽东指出，先进典型是大家学习的模范，是群众中的骨干和核心，是领导人员和广大群众之间的桥梁，具有"带头作用""骨干作用"和"桥梁作用"。党的十八大以来，习近平多次在各种工作会议等公开场合提及"榜样"的重要作用。他始终强调党树立起来的先进模范不能忘记，要学习先进典型，学习身边榜样，不断发扬光大他们的宝贵精神和人格风范。在《要善于学典型》一文中，他对学习典型的方式方法与目标指向作了明确阐发，写道："'学所以益才也，砺所以致刃也'。我们就是要善于向先进典型学习，在一点一滴中完善自己，从小事小节上修炼自己，以自己的实际行动学习先进、保持先进、赶超先进。"[①]《新时代公民道德建设实施纲要》也指出，加强公民道德建设，要"以先进模范引领道德风尚"，"持续推出各行

---

① 习近平：《之江新语》，浙江人民出版社 2007 年版，第 218 页。

各业先进人物，广泛推荐宣传最美人物、身边好人，让不同行业、不同群体都能学有榜样、行有示范，形成见贤思齐、争当先进的生动局面"。①

健全典型示范教育制度，要明确学习教育的目标。第一，向先进典型、先进榜样学精神。榜样承载着时代的主流精神诉求和价值取向，激励着一代代中华儿女不忘初心，引导着一代代中华儿女继续前进。每一个时代都有其光辉意志和独特品质，先进榜样身上兼具时代意志和人格品质。尽管不同时代榜样书写的故事不尽相同，典型、榜样的感人事迹各不相同，但其凝聚着来自同一本源的精神力量。比如，党的好干部焦裕禄对生活始终坚持艰苦朴素、廉洁奉公的人生准则。"焦裕禄同志以勤政为民、廉洁奉公的实际行动，展现了共产党人的高尚情操，在人民群众心目中树立了崇高的形象。"2014 年 3 月，习近平在河南兰考考察时指出："希望通过学习弘扬焦裕禄精神，为推进党和人民事业发展、为实现中华民族伟大复兴的中国梦提供强大正能量。"② 因此，向先进榜样学习，最首要和直观的就是要深入地学习他们的精神。时至今日，焦裕禄精神仍犹如一座丰碑在时代洪流中巍巍矗立、熠熠生辉，不仅勉励着广大党员干部不忘初心、为人民群众谋幸福，也指引着普通群众迈入新时代也要忆苦思甜、坚持艰苦奋斗的优良品质。向榜样学精神，基础在学，要进一步深入学习榜样的精神品格，通过对照榜样来回望初心；向榜样学精神，关键在做，要明白先进榜样、典范的形成，关键就在于他们身体力行、严以律己、廉洁奉公。因此，在向先进榜样学精神的同时，更要将榜样精神贯彻到实践中去，在实干、苦干中保持清正廉洁。第二，向先进典型、先

①　《新时代公民道德建设实施纲要》，人民出版社 2019 年版，第 11 页。

②　习近平：《做焦裕禄式的县委书记》，中央文献出版社 2015 年版，第 33-34 页。

进榜样学品质。勤廉典型与先进榜样往往有其优秀的品质。榜样既是一面镜子，也是一面旗帜，向榜样学品质，要找到自身与榜样品质的差距、找到自身的不足，明晰自身努力方向。要用榜样的高尚品质，引领党员干部与人民群众崇德向善，形成见贤思齐、奋发向上的氛围。向先进榜样学品质，就是要学习榜样高尚的个人品德和强烈的社会责任感，像榜样那样忠诚爱国、自强自律，像榜样那样明礼遵规、勤劳善良，像榜样那样清正廉洁、宽厚正直，像榜样那样甘于奉献、大公无私，在为他人送温暖、为社会作贡献过程中提高精神境界、培育道德风尚。第三，向先进典型、先进榜样学方法。典型和榜样往往有其有效的办事、工作方法，做出了实效。向新时代先进典型、先进榜样学习，更要以知促行，知行合一。将思想上的收获转化为实际行动，这是落脚点。榜样的精神、品质、方法就像是道德之河上的一座桥或船，深学、细照、笃行榜样的精神、品质、方法，将先进典型的崇高精神和优良作风内化于心，以先进典型的崇高精神和优良作风为标尺，时时反思、反省、反求诸己，才能不断提升自己的道德境界和廉洁自律道德操守。

健全典型示范教育制度，要坚持避免将典型神圣化万能化、距离化悲观化的原则。首先，不要将先进榜样神圣化万能化。人都是矛盾的统一体，优点和缺点的矛盾之争始终存在于现实鲜活的人身上。先进榜样不论是个人还是群体，既存在突出的优点，也有一些缺点；既有长于他人之处，也有短于常人之处。因此，典型示范教育切记不能将先进典型神圣化万能化，将本欲达到的激励效果反造成距离感，甚至是牺牲感。神圣化万能化的榜样形象会给人以"要学习榜样就得作出自我牺牲"的心理暗示，构成一种"榜样难学"甚至是"榜样可敬不可学"的刻板印象。要明白榜样的力量是无形的、无声的，靠的不是强迫，也不是命令，而是一种发自内心的积极向上的情感，是一种见贤思齐的思想与行动自觉。榜样的力量，主流的价值，只有是生动的、具体有形的、可以接受的，才能具备无形的穿透力和感召力，直抵人心深处。因此，树立、宣传榜样应当适度，避免将榜样过度神圣化万能化，应让榜样更"接地气"、更"聚人气"，实事求是地宣传榜样事迹，让榜样精神更易于被人们理解、接受和学习。

其次，要避免将先进典型距离化悲观化。榜样所体现的道德风范和展现的道德价值根植于现实，又高于现实。因此，榜样不可避免地带有理想性的特征。这种特征，以榜样身上的品质与品格、道德与风范并不是每个人、每个党员都能做到或者坚持为主要表现形式。也正因此，先进典型具备引导和推动党员干部、普通群众向更高层次的道德养成和道德实践前行的精神能量。这种精神能量既是理想的、有距离的，也是现实的、可观可感的，而绝不是遥不可及和不可逾越的，它可以为人们所学习和掌握，经过主观努力可以实现且理应实现。因而，在学习榜样过程中，一味夸大榜样的理想性从而消极地将学习榜样悲观化是不可取的。同时，榜样也不是不食人间烟火、没有七情六欲的"神仙"，不是一个苍白空洞的思想代号。在向榜样学习之时，我们往往会进入一个误区，认为榜样不是普通人、把英雄等同于榜样，或者认为只有特别崇高、为社会做出巨大贡献、创造惊天动地业绩的人才有资格成为榜样，这样的观点也消极地将学习榜样距离化了。典型示范教育切忌消极地将学习榜样距离化悲观化，事实证明，现实中涌现出的活生生的榜样才最富有感召力。

健全典型示范教育制度，要形成勤廉典型的发现、管理机制。典型与先进往往来自身边，身边的典型与先进也往往因其可触可及、可追可赶而最具有感染性和号召力。《关于加强新时代廉洁文化建设的意见》要求"培养和树立勤廉兼优的先进典型，在各级先进模范评选中注重发现勤廉典型，让党员、干部学有榜样、行有示范、赶有目标"。因此，应当形成勤廉典型的发现机制。要注重在实际工作中深挖身边的典型。对广大党员干部开展廉洁自律教育，要以大家看得见、摸得着，既可信、又可敬的身边榜样进行示范教育，增强教育的贴近性、生活性、实在性和可行性。要从在实际工作中忠于职守、爱岗敬业、乐于奉献、廉洁奉公，具有代表性的集体和个人中挖掘先进典型，增大先进典型示范、引导作用的辐射广度。要设立勤廉典型评选制度，建立明确的评选标准和程序，定期评选出具有优秀廉洁品质和表现的典型人物，评选可以由专门的评选委员会或由多个相关部门组成的评审团进行，确保评选过程公正、透明。要及时适时将身边先进典型的内涵予以总结、提炼和挖掘，在此基础上，深刻剖析其形成机理，揭示其精神实质和工作方法，号召全体党员干部尤其是同一系统、同一地域、同一单位的党员干部认真切实向其学习。同时，要构建典型的培养机制，将其作为涵养党员干部廉洁自律道德操守，推进党员干部廉洁从政、廉洁用权的重要手段。要在挖掘并充分利用勤廉典型、深化廉洁自律教育的基础上，认真加强对勤廉典型的教育和培养。要将廉洁自律纳入组织文化和道德准则之中，以明确的价值观为培养勤廉典型提供引领和指导。在选拔和提拔人才时，应注重候选人的廉洁品质和道德操守。建立科学、公正、透明的选拔机制，避免腐败和不当行为的干扰，提高勤廉人才的竞争力。通过设立奖励和荣誉制度，鼓励和激励那些表现出勤廉品质和优秀业绩的个人和组织。这可以包括表彰奖项、晋升机会、薪酬福利等方面的激励措施，提高廉洁人才的积极性和荣誉感。组织勤廉典型之间的交流和合作，通过分享经验、互相学习，提高彼此的影响力和能力。可以组织勤廉典型的座谈会、研讨会等活动，促进勤廉文化的传播和扩大。

要形成勤廉典型的管理机制，这关乎勤廉典型示范教育的长效性。廉洁教育工作是一项长期而又艰巨的任务。利用典型引路开展廉洁教育工作，最终要达到的目的是利用典型开展教育引导、利用典型营造良好的廉洁氛围。当前的这项工作，大多出现了"典型风"现象。一个典型出现，即使用来开展反腐倡廉教育，时间久了，这个典型也就"消失了"。其中一个非常重要的原因就是没有对典型的事迹和相关资料进行必要的整理和收纳，以便典型与典型相比查找共性和个性，形成教育的共鸣。应当建立勤廉典型数据库，对勤廉典型进行数字化、信息化管理。中国历史上、中国共产党的历史上，从来不缺乏勤廉的典型，不同时期有不同的勤廉典型及其具体表现形式；新时代的现实生活中，典型处处有，遍布各个系统、各个单位、各个岗位，每年都有新的典型涌现。一方面为中国历史上的、中国共产党历史上的勤廉典型建档立卡，将其基本情况、相关素材系统纳入典型数据库；另一方面，将本单位、本地区、本系统涌现的先进典型和先进个人事迹纳入数据库管理，建立全国勤廉典型信息网络系统。要积极和善于从勤廉典型数据库中筛选人才，对他们进行重点推荐和培养，引导他们全面发展，根据时代要求选好苗子、定好方向和目标。要将勤廉典型数据库的建设，打造为廉洁自律教育的根据地，为典型示范教育的长效进行、有效进行保驾护航。

要加强对勤廉典型的监督和关爱。人有惰性，廉洁自律贵在持久。但目前在典型教育中，存在因疏于对典型的管理，过于相信勤廉典型的"高度自觉"和"高度觉悟"，以至其发生腐化退化，甚至成了腐败典型的情况。要建立监督机制，对勤廉典型进行监督和管理，通过定期评估、跟踪督导、举报机制，以及对典型人物的奖惩制度，确保他们保持和坚守廉洁品质和道德操守，最起码不至于因"翻车"而使典型教育遭受质疑，失去认同基础。勤廉典型具有两重性，既是组织文化的象征符号存在，也是复杂社会关系的现实存在，通俗而言，也就是他是活生生的人。但目前典型示范教育中，存在习惯于将选树的典型"束之高阁"，不注重和关注其思想、工作、学习与生活的动态，赋予其高度的社会荣誉属性，而不主动帮助其解决在工作中存在的实际困难和问题，与勤廉典型沟通不够、交流不够等问题。这不仅直接导致勤廉典型的引路与正向激励功能难以发挥作用或者发挥作用不够，有时甚至会适得其反，出现典型本人和周边人厌弃"典型"的局面。因此，除了通过媒体、社交平台等渠道，广泛宣传勤廉典型的事迹和影响，让更多人了解和关注他们的贡献，在荣誉和物质奖励之外，必须加大对勤廉典型的心理关怀和支持，定期与他们进行交流，了解他们的需求和困难，了解其个人职业和生活情况，并提供必要的帮助和支持。要为勤廉典型提供更多发展机会，通过提供培训课程、参加专业研讨会、给予更多的责任和挑战等，以帮助他们不断提升自身能力和影响力。可以根据实际情况建立勤廉典型关爱基金，以专门的基金，为勤廉典型提供紧急援助、教育资助、医疗保障等方面的支持，帮助他们应对突发事件和困难。

三、完善培养廉洁自律道德操守的监督制度

廉洁自律道德操守当然强调自律，强调通过个体的高觉悟、高道德而对自身的言语行动进行约束。需要指出的是，道德操守的形成除了产生于内心的自我觉悟，也可以是由于外在环境的熏陶而潜移默化，或由于对不道德行为的惩戒而受到心理震慑。以习近平同志为核心的党中央多次强调要"形成不敢腐、不能腐、不想腐的有效机制"，其中不想腐强调的是廉洁自律，不能腐强调的便是监督制约，不敢腐则强调的是惩治威慑，其中监督制约的不能腐是关键，既是"不敢"的保证，也是"不想"的根本。也正因此，完善培养廉洁自律道德操守的制度保障，必须完善培养廉洁自律道德操守的监督机制。

（一）要完善对领导机关、领导干部特别是各级领导班子主要负责人的监督制度

领导者起着方向指引、决策制定、行动指挥、组织协调、代表沟通等重要作用，具有极大的权威、权力。对党和国家而言，领导机关、领导干部、领导班子具体行使党的执政权和国家立法权、行政权、监察权、司法权，是全面依法治国的关键，在各项事业中扮演着关键的角色，决定着中国特色社会主义各项事业的兴衰成败。加强对主要领导干部和领导班子的监督，是新时代坚持和加强党的全面领导，提高党的建设质量，推动全面从严治党向纵深发展的必然要求。2018 年 11 月，习近平在十九届中央政治局第十次集体学习时的讲话中便指出："一个政党、一个国家能不能不断培养出优秀领导人才，在很大程度上决定着这个政党、这个国家的兴衰存亡。"① 中国共产党之所以能始终保持强大的创造力、凝聚力、战斗力，带领人民在革命、建设、改革的事业中不断取得胜利，"一个十分重要的原因就在于高度重视培养造就能够担当重任的干部队伍"②。在此基础上，习近平提出了"造就一支忠诚干净担当的高素质"领导干部队伍的要求。造就忠诚干净担当的高素质领导干部队伍，既体现了对领导干部廉洁自律的要求，也意味着要建立和完善对领导机关、领导干部特别是各级领导班子主要负责人的监督制度。

完善对领导机关、领导干部特别是各级领导班子主要负责人的监

---

① 习近平：《努力造就一支忠诚干净担当的高素质干部队伍》，《求是》2019 年第 2 期。

② 习近平：《努力造就一支忠诚干净担当的高素质干部队伍》，《求是》2019 年第 2 期。

督制度，要进一步完善民主集中制，完善集体领导和个人分工负责相结合的制度。民主集中制是民主基础上的集中和集中指导下的民主的结合，是党的根本组织原则和领导制度，是马克思主义政党区别于其他政党的重要标志。要强化对民主集中制和领导班子议事规则的监督，认真检查党的路线、方针、政策、决议、纲领、精神的宣传、贯彻、执行情况，对贯彻执行民主集中制的情况进行重点监督。同时要坚持集体领导制度，按规章程序办事，科学配置、使用权力，防止以专题会议代替常委会会议，以集体决策名义集体违规，以分管领域作为个人领域，确保执行"重大事项决策、重要干部任免、重要项目安排、大额资金的使用，必须经集体讨论做出决定"的制度，即"三重一大"决策制度，并将之作为监督、审计、巡视巡查的重要内容。既避免议而不决、决而不行的分散主义，也防止一言堂、家长制等问题。

完善对领导机关、领导干部特别是各级领导班子主要负责人的监督制度，要在约谈提醒、请示报告、述职述廉、巡视巡查等各方面形成全面、系统、科学、完善的制度。在完善约谈提醒的有关制度方面，中央纪委、中央组织部、各级党委等具有纪检职能的部门要加强对于各级领导班子主要负责人的管理、监督，督促领导干部、领导班子成员履行全面从严治党主体责任，形成廉洁自律操守，发现问题及时教育提醒，对苗头性、倾向性问题进行批评教育，对轻微违纪的予以诫勉，对于落实责任不到位、问题比较突出的领导干部及时约谈，要求整改，并随时督促检查。在完善请示报告制度方面，领导干部要自觉接受监督，带头遵守政治纪律、政治规矩，主动向党组织请示汇报工作，自觉反对特权思想、特权现象、官僚主义、形式主义，保持共产党人清正廉洁的政治本色。在完善述职述廉制度方面，党委（党组）、纪检机关、组织部门要加强对下级党委（党组）主要负责人的监督，全面了解、掌握其思想、工作、生活等各方面状况，同时按时开展下级党委（党组）主要负责人在上级党委常委会（党组）扩大会议上述职述廉、接受评议的工作，并将述职述廉报告在一定范围内公开，接受监督举报，确保述符其实。在完善巡视巡查制度方面，巡视是党内监督的重要方式。在巡视工作中，要依法依规、科学合理组织巡视组，在巡视过程中要确保巡视组成员的责任分工和公平公正。巡视组要善于开展工作，综合采用听取工作汇报、专题汇报，进行个别谈话、咨询、询问，受理举报、来访、来电、来信，调阅、复制有关资料；进行民主测评、问卷调查、实地考察，开展专项检查等多种方式了解实际情况，避免偏听偏信。在完善民主生活会制度方面，民主生活会是党内政治生活的重要内容，是依靠领导班子自身力量解决矛盾和问题的重要方式。要切实遵循"团结—批评—团结"的方针，坚持实事求是，讲党性不讲私情、讲真理不讲面子的原则，充分发扬民主，督促领导班子认真开展批评与自我批评，根据党员、群众提出的意见，针对自身存在的问题，进行整改，并将整改情况在一定范围内公开，确保整改制度化、规范化、实效化。

（二）要落实对重点环节和重点部门权力行使的监督制度

一般而言，所谓重点环节和重点部门，主要是指关系国计民生，影响重大的重要事项、重要领域，如干部选拔任用、资金安排、项目审批、政府定价、生产许可证管理、商品进出口配额管理、国家物资储备业务、财务管理等。在完善对重点环节和重点部门权力行使的监督问题方面，最主要的内容包括对干部选拔任用工作的监督、对财政资金运行的监督、对国有资产和金融的监管三方面。

加强对干部选拔任用工作的监督。这是保证选贤任能，纯洁用人风气的重要举措。党的二十大明确将"建设堪当民族复兴重任的高素质干部队伍"，作为"坚定不移全面从严治党，深入推进新时代党的建设新的伟大工程"的重要任务之一①，凸显了干部选拔任用的重要性，也从侧面反映了加强对干部选拔任用工作监督的紧迫性。

加强对干部选拔任用工作的监督，首先要完善并贯彻落实相关规章制度。对于干部的选拔任用，党和国家给予了充分重视。2002 年 7 月，中共中央颁布实施《党政领导干部选拔任用工作条例》，其后于 2013 年、2014 年、2019 年三次对该条例进行修订，该条例不仅对领导干部选拔任用的原则、要求、条件、程序等各方面进行了具体规定，而且对于干部选拔任用的监督也做出了规定。不仅如此，2019 年 5 月，中共中央办公厅颁布实施《干部选拔任用工作监督检查和责任追究办法》，同时废止 2003 年 6 月颁行的《党政领导干部选拔任用工作监督检查办法（试行）》、2010 年 3 月颁行的《党政领导干部选拔任用工作责任追究办法（试行）》，这些文件意味着党政领导干部选拔任用的专门制度早在建设之中。《干部选拔任用工作监督检查和责任追究办法》明确规定了监督检查的重点内容、工作机制、任用流程和相关制度、责任追究等方面具体问题，进一步完善、规范了干部选拔任用的监督。在干部选拔任用工作的监督方面，我们既要落实《党政领导干部选拔任用工作条例》《干部选拔任用工作监督检查和责任追究办法》等文件的规定，保证选拔工作和监督工作两方面合法合规，更要适应形势、与时俱进，不断完善干部选拔任用及其监督的制度法规。

加强对干部选拔任用工作的监督，其次要把好人选关，坚决防止"带病提拔"。依据党内法规，落实各级党委（党组）的主体责任，组

① 习近平：《高举中国特色社会主义伟大旗帜　为全面建设社会主义现代化国家而团结奋斗——在中国共产党第二十次全国代表大会上的报告》，人民出版社 2022 年版，第 66 页。

织人事部门的直接责任，纪检监察机关的监督责任，落实好干部标准，严把政治关、品行关、作风关、廉洁关。要深化日常了解，多渠道、多层次、多侧面、多方式识别干部，了解干部的德才表现、群众口碑、见识见解、禀性情怀、境界格局、道德品质、综合素质。要加强动议审查，规范动议程序和动议主体职责权限，提出符合好干部标准的人选，以事择人、按岗选人、充分讨论、比选择优。要强化任前把关，进行针对性强、灵活性好、有效性高的考察工作，形成全面、系统、客观、公正的考察体系，细化考察内容、改进考察方式、提高考察质量，综合了解考察德、能、勤、绩、廉等各方面。发现有影响使用的问题的，及时中止选拔程序，对有疑点的，要及时排查、作出结论，对于遭到诽谤、陷害的，要澄清正名，严肃处理打击报复、诬告陷害行为。

加强对干部选拔任用工作的监督，最后还要严格执行问责制度。要充分发挥组织和群众的监督功能和监督作用，落实干部选拔任用工作纪实等各项监督制度，强化对干部选拔任用工作的经常性监督检查，严厉查处违规用人行为，坚决整治用人上的不正之风。对于跑官要官、拉票贿选、买官卖官等问题，要对动议、民主推荐、考察、讨论决定、任职等各个环节的程序、结果等各方面进行仔细研判，甄别责任主体，确定责任大小，依照有关规定，分辨具体情况，坚决予以追究。要建立严格的倒查机制，对于"带病提拔"、突击提拔、违规破格提拔、任人唯亲、党同伐异等问题，要对选拔任用过程进行倒查，查处当事人、追究责任人，一查到底，党委（党组）、组织人事部门、相关部门负责人有责任的，要一并追究。同时要建立干部选拔任用纪实制度，为追责、倒查提供依据。

加强对财政资金运行的监督。财政资金是为实现国家职能的需要，依据国家权力进行分配的那一部分社会产品的货币形式。表现为国家通过无偿的方式或国家信用的方式筹集、分配和使用的货币资金，是国家进行各项活动的财力保证。

加强对财政资金运行的监督，一方面要健全公共财政体制，规范财政资金分配行为。完善财政体制需要进一步明确中央、地方的职能和事权分配，建立健全与事权相匹配的财政体制，避免财政资金的滥用和浪费。在此基础上，形成健全的预算编制机制，严格执行《中华人民共和国预算法》的相关规定，增强预算的约束力、科学性，坚持"先有预算、后有支出"的原则。在预算执行期间，要做好财政监督检查和跟踪监控，按照国务院的规定完善国库现金管理，充分利用财政一体化信息技术手段，采用预算执行动态监控和财政资金支付动态监控系统，推进预算指标下达、用款计划审批、资金审核支付的高效衔接，杜绝截留、占用、挪用预算收入，虚假列支预算收入，擅自改变预算支出用途等违规现象，确保预算执行过程公开、透明。此外，还要加大财政监督检查力度，强化对中央和地方预算、决算的监督，对专项资金使用情况进行监督检查，对会计、审计信息质量进行监督检查，对预决算公开情况、执行情况进行监督检查，对相关票据使用管理的情况实行监督检查，确保公共财政体制健康运行，财政资金分配科学合理，财政资金运用规范科学。

另一方面，要加强对财政部门的监督。对财政部门的监督主要由财政部门专职监督机构和业务管理机构实施。专职监督机构负责制定部门监督规划、拟定涉及监督职责的财税政策及法律制度、拟定本部门年度监督计划、组织实施涉及重大事项的专项监督、向业务管理机构反馈监督结果及意见、组织实施本部门内部监督检查。业务管理机构负责在管理职责过程中的日常监督、配合专职监督机构进行专项监督、根据监督结果完善相关财政政策、向专职监督机构反馈意见采纳情况。两机构应当协调配合、信息共享、形成合力，监督人员应当廉洁自律、秉公执法、保守秘密。通过采取监控、督促、调查、核查、审查、检查、评价等具体监督方法，采用专项监督和日常监督相结合的方式，结合年度监督计划，结合财政、财务、会计等职能，结合监察、审计等有关机关的互助协作，按照规定程序组织实施，并依法作出处理。

加强对国有资产和金融的监管。国有资产是属于国家所有的一切财产和财产权利的总和，是国家所有权的客体。包括依据国家法律、依据国家行政权力行使而取得的属于国家所有的财产，国家以各种方式投资形成的各项资产，接受各种馈赠所形成的应属于国家的财产，国有资产的收益所形成的应属于国家所有的财产等。金融则是指在经济生活中，银行、证券或保险业者从市场主体募集资金，并借贷给其他市场主体的经济活动。从广义上说，政府、个人、组织等市场主体通过募集、配置和使用资金而产生的所有资本流动都可称之为金融。简而言之，国有资产是全体人民的共同财富，金融则是国民经济的血脉。

在加强对国有资产的监管方面，要健全国有资产投资决策和项目法人约束机制，切实执行重大投资项目论证制度、重大投资决策失误追究制度。要严防国有企业重组改制中的徇私舞弊，充分发挥党组织在重组改制过程中的领导作用、把关作用、定向作用。将资本监督和人员监督相结合，既监督资本，也监督相关人员。对于其中的重点环节、重点领域、重点人员要严防严控，确保廉洁，杜绝风险，严厉禁止、查处、打击损公肥私、侵吞国有资产、贱卖国有资产、违规交易、利益输送、贪污受贿等腐败行为。要严防国有资产境外投资经营中的资产流失，通过制定海外投资经营行为规范，完善国有资产监管制度和工作机制，落实国有资产投资主体经营管理责任制，加强对海外投资的审计审查全覆盖，健全境外国有资产经营业绩考核和责任追究机制，确保海外国有资产保值增值。

在加强金融监管方面，要充分认识到当前金融领域已经存在和可能存在的各种风险，高度警惕不良资产、债券违约、影子银行、互联网金融等累积风险，严厉查处金融违规行为和金融腐败行为。强化金融机构内控机制，健全金融机构监管协调机制，保持监管高压，减少金融市场波动，不断降低乃至避免金融危机和金融风险。要坚决治理金融市场乱象，严厉打击银行违规授信、证券市场内幕交易、保险公司套取费用等违法违规行为，严厉惩处金融监管机构与金融市场主体的私相授受，监管人员和公司高管的监守自盗、内外勾结。加大问责力度，强化问责效度，重点管好国有金融资本布局、规范资本运作、提高资本回报、维护资本安全，促进金融业安全、健康、稳定发展。

（三）要完善多种形式的监督制度

监督是一项系统工程，具有多种途径和多种方式。完善培养廉洁自律道德操守的监督机制要综合运用多种监督形式，充分发挥各监督主体的积极作用，提高监督的整体效能，努力形成结构合理、配置科学、程序严密、制约有效的权力运行机制。

切实加强党内监督。党内监督是党内成员、组织、专门机关依据党章、党规、党纪和国家法律法规，相互之间和彼此内部进行的监督。党内监督的原则和目的是惩前毖后、治病救人，抓早抓小、防微杜渐。按照特定监督主体的不同，党内监督包括党的中央组织的监督、党委（党组）的监督、党的纪律检查委员会的监督、党的基层组织和党员的监督。党内监督内容广泛，主要包括遵守章党规、维护党中央集中统一领导、坚持民主集中制、落实全面从严治党主体责任、落实中央八项规定精神、坚持党的干部标准、廉洁自律、完成党中央和上级党组织部署的任务情况等。

　　党的中央组织的监督主要是指党的中央委员会、中央政治局、中央政治局常务委员会对党内监督的全面领导、部署和执行。包括中央委员会、中央政治局成员对彼此的监督，中央政治局委员对直接分管部门、地方、领域党组织和领导班子成员的监督，中央政治局、中央政治局常务委员会对全党学习教育工作的部署、对全党落实中央八项规定精神情况的汇报、对加强作风建设情况的监督检查等。党委（党组）的监督是指以党委（党组）作为监督的责任主体，以书记为第一责任人，党委常委会委员（党组成员）和党委委员在职责范围内履行监督职责。党委（党组）监督的主要内容包括领导本地区本部门本单位党内监督工作，领导同级纪委和所辖范围内纪律检查工作，对党委（党组）成员、同级纪委、党的工作部门、直接领导的党组织领导班子及其成员进行监督，对上级党委、纪委提出意见和建议并开展监督。党的纪律检查委员会的监督是由党的各级纪律委员会对所辖范围内党组织和领导干部遵守党章党规党纪、贯彻执行党的路线方针政策情况进行的专职专责监督，承担着对同级党委、党的工作部门和直接领导的党组织、党的领导干部的监督职责。党的基层组织的监督主要包括监督党员履行义务、保障党员权利，了解党员、群众对党的工作和党的领导干部的批评意见、维护和执行党的纪律。党员的监督主要是对党的领导干部的民主监督，在党的会议上对党的任何组织和任何党员提出批评，通过参加党组织开展的评议领导干部活动，向党揭发、检举党的任何组织和任何党员违纪违法的事实等。

　　加强党内监督，就要全面加强党的中央组织的监督、党委（党组）的监督、党的纪律检查委员会的监督、党的基层组织和党员的监督。要严格执行党章党规党纪，贯彻党内监督条例。通过强化党内监督的理论、法规、制度教育和宣传，强化党内监督意识，提高党内监督的自觉性、主动性，避免不想监督、不懂监督、不敢监督、不会监督的现状。要进一步建立健全党内监督法规，一方面要建立健全科学、合理、全面、系统的监督制度，如《中国共产党纪律处分条例》《中国共产党问责条例》《中国共产党党内监督条例》《中国共产党巡视工作条例》等，使各方面、各领域、各层级的监督有法可依、有据可查。另一方面要建立健全关于监督的保障、激励机制，解决监督下级怕丢"选票"，监督同级怕伤"和气"，监督上级怕穿"小鞋"的后顾之忧。要塑造良好的监督氛围，积极主动拓宽党员参与党内事务的渠道，保障党员的知情权、参与权、监督权，落实党内选举制度、民主决策制度、民主评议制度，鼓励不同意见，平等讨论，为党内监督创造良好条件，营造良好环境，打造良好氛围。

支持和保证人大监督。人民代表大会制度是我国的根本政治制度，人大监督是人民代表大会代表人民进行的监督，是人民当家作主的重要体现。从宪法和法律意义上而言，人大监督是最高层次的、最具法律效力和最具权威性的监督。《中华人民共和国宪法》明确规定，"国务院对全国人民代表大会负责并报告工作；在全国人民代表大会闭会期间，对全国人民代表大会常务委员会负责并报告工作"①，"地方各级人民政府对本级人民代表大会负责并报告工作。县级以上的地方各级人民政府在本级人民代表大会闭会期间，对本级人民代表大会常务委员会负责并报告工作"②。这一规定，从根本上规定了全国人民代表大会和各级人民代表大会及其常务委员会对于国务院和各级人民政府的监督权力。各级人民代表大会可通过质询、询问、审查批准各项计划和预算报告、对特定问题展开调查等方式，监督本级人民政府、监察委员会、人民法院和人民检察院的工作。不过，由于人大监督的依

① 《中华人民共和国宪法》，人民出版社 2018 年版，第 45 页。
② 《中华人民共和国宪法》，人民出版社 2018 年版，第 52 页。

据主要是宪法，偏于宏观、整体，未能具体化、制度化，不仅容易导致人大内部监督权责混乱，出现无序监督、重复多头监督等问题，而且往往流于形式、流于程序，主要落实于在审议政府、法院、检察院工作报告时提出意见和建议，缺乏其他具体的监督手段、监督途径、监督方式，也缺乏长效化的监督机制。除此之外，人大虽有选举、罢免同级公、检、法部门的主要领导的权力，但在实际政治生活中却不敢或很少行使这一职权，导致某些监督权力有名无实。在完善培养廉洁自律道德操守的监督制度的过程中，必须完善人大监督的制度规范，从各方面支持和保证人大监督的权力和效力。

完善人大监督的制度规范，要坚持党对人大监督工作的领导。"党政军民学，东西南北中，党是领导一切的。"中国特色社会主义最本质的特征是中国共产党领导，中国特色社会主义制度的最大优势是中国共产党领导，中国共产党是最高政治领导力量。在中国共产党的领导下，人大、人民政府、监察委员会、人民法院、人民检察院构成分工明确、相互协作、相互监督的协调关系和良性互动。坚持党的领导是保证人大监督沿着正确的政治方向，沿着正确的发展轨道发挥其作用的前提。坚持党的领导，在新时代集中表现为坚决维护习近平总书记党中央的核心、全党的核心地位，坚决维护党中央权威和集中统一领导，坚持习近平新时代中国特色社会主义思想的指导。在实际工作中，围绕党中央作出的重大战略决策、重大战略部署、重大目标任务展开，确保人大监督与中国特色社会主义现代化建设任务相适应。

完善人大监督的制度规范，要坚持人民至上。人民性是马克思主义的本质属性，也是中国共产党和中国政府的本质属性。国家的一切权力源于人民、属于人民，全国人民代表大会和各级人民代表大会是人民行使权力的机关，人大监督归根结底是人民监督。一方面，"一府一委两院"由人民代表大会产生，应当权为民所用、利为民所谋、情为民所系，在工作中坚持人民至上的原则，急人民之所急，想人民之所想，从群众中来到群众中去，聆听群众声音，了解群众困难，解决群众问题，并积极主动接受人大监督、检验。另一方面，人大作为人民的代表机构，人民群众行使权力的机构，在监督时要明确监督项目、监督内容、监督形式，提高监督主体意识，增强监督能力、监督活力，突出监督重点，发挥监督功效。在具体操作中，要坚持问题导向。能不能发现问题、解决问题，能发现、解决多少问题，是衡量人大监督实效性的重要标准。

完善人大监督的制度规范，要坚持与时俱进。党的二十大以来，新情况、新问题、新考验不断涌现。全球性问题加剧，世界进入新的动荡变革期。我国改革发展稳定面临着不少躲不开、绕不过的深层次矛盾和问题。要确保人大监督始终卓有成效，必须坚持守正创新的原则，集中民智，发掘民力。根据国际国内环境、当前主要问题、党和国家的主要任务，结合新时代背景下的制度资源、理论资源，不断完善人大监督的内容、增强人大监督的活力。在充分发挥听取审议工作报告，备案审查法规规章，审查财政预决算，审查国民经济和社会发展计划等传统监督方式的基础上，探索更加具体化，更加具有可操作性的监督方式、监督程序，提升人大监督的总体效能，拓展人大监督的范围领域，厚植人大监督的民意基础，提高人大监督的"科技含量"。

加强司法监督和行政监督。司法监督是国家司法机关依据宪法和有关法律对国家行政机关所实施的监督。司法监督具有监督主体的特定性、监督范围的具体性、监督结果的稳定性三个特点。监督主体的特定性是指在我国，司法监督主体只有检察院和人民法院；监督范围的具体性是指必须在法律明确规定的范围之内实行监督；监督结果的稳定性是指司法机关作出的决定必须得到严格执行，非经法定条件和程序不得推翻。依据监督主体和监督方式的不同，司法监督可以分为检察院的检察监督和人民法院的审判监督。检察监督是检察机关以国家的名义，为维护国家法律的统一实施，保护国家、社会和公民的合法权益，对其他行政机关、司法机关及其工作人员进行的监督。主要内容包括对行政机关及其工作人员行为合法性的监督、对司法活动以及司法人员犯罪活动的监督。审判监督是人民法院通过审理各类案件而进行的监督，主要内容包括对各方当事人的行为进行合法性评价，并作出裁决；上级法院运用上诉、抗诉程序和审判监督程序，对下级法院的审判活动进行监督。行政监督则是来自行政机关内部的权力监督，包括专职监督机关如监察、审计机关的监督，非专职监督机关的监督，又包括一般监督、主管监督、职能监督。一般监督即各行政机关按照隶属关系、权力关系产生的横向直线监督或纵向垂直监督；主管监督即行政机关对被管理单位及其工作人员的监督；职能监督则是各职能部门在自己的职权范围内对其他有关部门实行的监督。

　　加强司法监督要进一步改革司法体制和经费管理体制。尽管司法机关独立行使司法权，不受行政机关和立法机关干涉是一项基本的原则。但在我国，司法机关与行政机关之间仍然存在紧密的联系，在财政、组织、人事编制等方面，受制于地方行政机关。这种名义上的独立关系与实际上的依附关系形成了强烈的反差，大体构成理论与实践的隔阂，导致司法监督面临着行政机关在各方面的制约。要加强司法监督，就必须从各方面切实维护司法机关的独立地位，维护检察院、法院各自的独立地位，尤其要实行经费管理体制改革，改变司法机关人财物供应受行政机关制约的状况，确保其独立地位。与此同时，还要完善监督法规，强化监督体系。一方面，理顺公安机关、人民法院、人民检察院之间的关系，明确监督方式、监督手段、监督权利义务、监督奖惩机制。另一方面，人民法院、人民检察院要建立科学的内部监督管理机制，将监督自己与监督他者相结合，确保全方位的公平公正。

加强行政监督要建立严密的监督体系。行政监督主体众多，类型复杂，这既增加了监督的方式和渠道，也容易导致政出多门、相互推诿等问题，分散了监督的力度和效度。要形成合力，就要理清各行政机构各种监督的关系，建立监督协调机制，解决"空白带""交叉点"，形成严密有序、分工合理、协调互动、运行高效的严密体系。加强行政监督要深化政务公开，政务公开既是实现人民群众对政府工作监督的有效途径，也是政府工作自我监督的重要方式。要进一步完善公开制度、规范公开程序、明确公开范围、增加公开内容，保障群众知情权、参与权、表达权，保证政府公务执行阳光操作、透明运行。加强行政监督要推行绩效管理制度和行政问责制度。这是加强行政监督，提高政府公信力、执行力的重要手段。要建立科学、合理、简明、有效、可操作的绩效考核体系，促使各级政府领导干部树立正确的政绩观、权力观。要建立科学、规范、严格的干部行政问责制，建立健全岗位责任制、首问负责制、限时办结制、绩效管理制，促进廉政勤政。

加强社会民主监督。社会民主监督实际上是社会监督和民主监督的集合体。民主监督是中国人民政治协商会议的基本职能之一，特指民主党派作为监督主体对中国共产党和政府进行监督的一种监督形式。社会监督是指社会依据宪法和法律赋予的权利，以法律、法规、规范、道德为准绳，对执政党和政府的一切行为进行监督，主要有公民监督、舆论监督两种方式。

"长期共存、互相监督、肝胆相照、荣辱与共"的十六字方针是中国共产党领导的多党合作和政治协商制度的基本方针。发挥民主党派的监督作用，是中国共产党领导的多党合作和政治协商制度的题中应有之意。发挥民主党派的监督作用，民主党派要加强自身建设。具体要按照中国共产党的领导，发挥社会主义民主，体现政治联盟特点，体现进步性和广泛性相统一的原则，以思想建设为核心，以组织建设为基础，以制度建设为保障。不断提高政治觉悟和理论素养，关心国家和经济政治发展的热点问题、重要问题，及时了解民意、反映民意。同时完善内部监督制度，建立议题征集、情况通报、议案草拟、报告反馈等制度，在民主党派内部建立良好的工作环境和监督制度。发挥民主党派的监督作用，要进一步完善政治协商的内容、形式和程序。要坚持政治协商原则，贯彻落实重大问题决策前、执行中的政治协商制度，充分发挥民主党派在国家宪法、法律法规实施情况，党和政府重要方针政策制定、执行情况，依法执政及党员干部履行职责、为政清廉等方面情况的监督作用。综合采用会议协商、约谈协商、书面协商等多种方式，进一步拓宽民主监督的渠道，制定具体明确可行的协商程序，建立知情明政机制、考察调研机制、工作联系机制、协商反馈机制，完善政治协商的保障机制。

加强人民群众监督。人民群众监督是人民群众通过各种途径和形式，依法对行政机关及其工作人员执法、守法所实施的监督。《中华人民共和国宪法》明确规定，"一切国家机关和国家工作人员必须依靠人民的支持，经常保持同人民的密切联系，倾听人民的意见和建议，接受人民的监督"[1]，"中华人民共和国公民对于任何国家机关和国家工作人员，有提出批评和建议的权利；对于任何国家机关和国家工作人员的违法失职行为，有向有关国家机关提出申诉、控告或者检举的权利"[2]。加强人民群众监督是反腐倡廉建设的重要环节。

---

[1] 《中华人民共和国宪法》，人民出版社 2018 年版，第 18 页。

[2] 《中华人民共和国宪法》，人民出版社 2018 年版，第 23 页。

　　加强人民群众监督首先要增强人民群众的监督意识。人民群众监督面临的最主要问题，在于群众监督意识不强。很多群众认为，监督是相关部门的事，与老百姓无关，没有必要去得罪人。有的群众害怕政府官员、领导干部的打击报复，心存畏惧和顾虑。有的群众认为行使监督权过于麻烦，"多一事不如少一事"，干脆置之不理。有的群众在涉及公共利益的事情上奉行"事不关己，高高挂起"的原则，认为没有必要去"出风头""逞英雄"。即便涉及自己的事，也要么怀着别人出头自己获利，要么用阿Q精神安慰自己，认为反正大家都一样而心理平衡所以持无所谓的心态。监督意识不强还表现在有些群众有监督之心，却不知道如何正确行使监督权，不了解行使监督权的渠道、程序。在这方面，应该利用电视、广播、新闻、自媒体等工具，大力宣传、普及人民群众监督的方式方法、内容程序、重要性、典型事例等，使群众了解监督内容，掌握监督方法，增强监督能力，培养人民群众的责任意识和主人翁精神，推动人民群众积极监督、主动监督。加强人民群众监督其次要完善人民群众的监督机制。迄今为止，有关群众监督权的规定，仍散见于《中华人民共和国宪法》《中国共产党党内监督条例》《中华人民共和国行政监察法》《中华人民共和国公务员法》等一系列法律法规之中，大多简单提及公民有监督权，但对于如何具体行使、通过何种方式行使，行使监督权后是否会遭到打击报复，是否有相应保护措施等没有明确规定。要充分发挥人民群众的监督作用，就需要建立有关群众监督的法律法规和制度规范，确保依法依规进行监督。加强人民群众监督还要畅通群众监督的渠道。要畅通人民群众表达意见的渠道，大力推进政务公开制度、民主评议制度，扩大民众的知情权才能增加民众的参与权和参与积极性。要完善举报、上访制度，既要保障上访人、举报人的权益和安全，也要避免地方领导干部对上访的过度反应和极端处置。要搭建多样化、立体化的监督渠道体系，可以通过公布举报电话、举报邮箱、举报网站、举报公众号，设立举报接待室、举报箱等多种方式相结合。要规范信访、举报流程，明确举报、信访的处理程序，及时反馈、公布处理进程。

完善舆论监督。舆论是公众对特定话题所反映的多数意见的集合，是一种社会评价和社会心理的集中体现。舆论监督是社会公众运用各种传播媒介对社会运行过程中出现的现象、现实生活存在的问题表达意见、态度，并促使其解决的活动。具体表现为针对社会上某些机关机构、组织或个人的违法、违纪、违背民意的不良现象及行为，通过广播、电视、报纸、杂志、自媒体等大众传播媒介进行报道、揭露、曝光，进而对其形成制约、监督。随着自媒体行业的蓬勃发展，舆论监督在社会发展中也发挥着愈加重要、重大的作用。

完善舆论监督要求党政领导干部树立正确的舆论监督观念。随着科技的发展和时代的进步，在当今社会，舆论尤其是新闻媒体舆论的重要性已经是一个众所周知、不言自明的话题。尽管如此，不少党委和政府领导干部却依然秉持着对于舆论的不正确态度，将之视为正面宣传、昭示政绩的工具，而非发挥监督功能的"利器""公器"。对于正面宣传大力支持，对于批评建议不仅不支持，甚至还利用权力采取封杀、控评、限流、分流等各种手段，阻碍舆论的正常发展和舆论监督功能的发挥。正因如此，各级党委和政府不仅要充分认识舆论的重要作用，更要充分、正确认识舆论监督的必要性和重要性，关心、支持、正确引导舆论监督功能的发挥，把舆论监督作为发现问题、解决问题、改进工作的重要渠道和重要途径。

完善舆论监督要求完善舆论监督的法律法规。从根本上看，舆论监督与人民群众监督一体两面，是人民群众监督的一种延伸。有关舆论监督的法律依据附着于有关群众监督的规定之中，并无专门的规定，也没有专门的"新闻法""出版法"，对于自媒体的管理更是尚处于摸索阶段。这种情况一方面使得党政机关领导干部在新闻舆论管理上有着充分的自由裁量权，导致了对新闻舆论的随意管控，另一方面也使得舆论监督缺乏规范和制约，极易走向不可控的境地，甚至出现诽谤、造谣、网暴等情况，造成严重后果。要从根本上解决这些问题，就需要完善舆论管理、监督的法律法规，既保证新闻媒介合法的知情权、采访权、发表权，又对舆论主体的义务、责任进行系统、详细的规定，实现舆论监督有法可依、有章可循、有据可查，推动舆论监督的规范化、法制化。

完善舆论监督要求舆论监督主体加强自我管理和自我提升。自媒体时代的到来意味着舆论监督的大众化、普遍化，随之而来的是信息的多元化、多样化和人员的复杂化，素质的参差不齐必然带来舆论的真假难辨。要充分发挥舆论监督的正面作用，就需要进行正确的管理和引导。在对舆论主体的管理问题上，一方面，要通过学习、教育、培训、宣传等手段，培养新闻媒体、自媒体从业人员的政治意识、大局意识、核心意识、看齐意识、法律意识、责任意识，确保其政治立场正确，不违法违规。同时要提高媒体从业人员的业务知识、业务素养、业务能力，使其坚持客观公正的原则，实事求是的作风，适量、适度、适时进行监督报告，提高监督水平，增强监督效果。另一方面，新闻媒体要健全内部管理机制，把好从业人员的世界观、人生观、价值观、政治观、新闻观、舆论观，自媒体平台也要健全管理机制，落实自媒体的实名制、责任制，把握好自媒体舆论的尺度、内容、价值导向。建立相关的激励、约束机制和惩罚、追责机制，杜绝有偿新闻、有偿不闻、有偿假闻等不良现象。

主要参考文献

1. 《马克思恩格斯选集》（1—12 卷），人民出版社 2012 年版。

2. 《毛泽东选集》（1—4 卷），人民出版社 1991 年版。

3. 《周恩来选集》（上、下），人民出版社 1980、1984 年版。

4. 《刘少奇选集》（上、下），人民出版社 1981、1985 年版。

5. 《邓小平文选》（1—3 卷），人民出版社 1994、1993 年版。

6. 《习近平谈治国理政》（1—4 卷），外文出版社 2018、2017、2020、2022 年版。

7. 《习近平著作选读》（1—2 卷），人民出版社出版 2023 年版。

8. 习近平：《高举中国特色社会主义伟大旗帜　为全面建设社会主义现代化国家而团结奋斗——在中国共产党第二十次全国代表大会上的报告》，人民出版社 2022 年版。

9. 《习近平关于注重家庭家教家风建设论述摘编》，中央文献出版社 2021 年版。

10. 《习近平关于全面从严治党论述摘编》，中央文献出版社 2021 年版。

11. 《习近平关于党风廉政建设和反腐败斗争论述摘编》，中央文献出版社 2015 年版。

12. 《习近平关于严明党的纪律和规矩论述摘编》，中央文献出版社、中国方正出版社 2016 年版。

13. 《习近平关于"不忘初心、牢记使命"论述摘编》，中央文献出版社 2019 年版。

14. 《建党以来重要文献选编（1921-1949）》（1—26 册），中央文献出版社 2011 年版。

15. 《建国以来党的重要文献选编》（1—20 卷），中央文献出版社 2011 年版。

16. 《十八大以来重要文献选编》（上、中、下），中央文献出版社 2014、2016、2018 年版。

17. 《十九大以来重要文献选编》（上、中、下），中央文献出版社 2019、2021、2023 年版。

18. 《中共中央关于党的百年奋斗重大成就和历史经验的决议》，人民出版社 2021 年版。

19. 《中国共产党第二十次全国代表大会文件汇编》，人民出版社 2022 年版。

20. 李志敏编：《中华资政绝学》全四册，光明日报出版社 2002 年版。

21. 冯国权、刘平编：《镜鉴—与党员干部谈反腐倡廉》，人民出版社 2014 年版。

22. 邓联繁：《建设廉洁中国：时代新篇章与廉学新视角》，人民出版社 2018 年版。

23. 刘红凛：《新时代党的建设理论和实践创新研究》，人民出版社 2019 年版。

24. 蔡宝刚：《权利制约权力的当代法制构造——公民参与反腐败及其权利保障研究》，人民出版社 2021 年版。

后　记

俗话说，"律"字为二人，一为"律己"，一为"律人"，"律己"在先，方能更好地"律人"。"自律"即为"律己"，也是道德主体养成的首要前提。毕竟，人只有进入自律阶段，也即能够自觉自愿地去从事道德活动并追求道德上的一种完善时，才能真正成为道德主体。廉洁自律道德操守，是指在工作和生活中，以"廉洁"的标准要求自己，保证自己言行举止的公正清廉，不贪赃枉法，不索贿受贿行贿。对党员干部而言，这是一种基本的道德要求，更是一种重要的政治要求，是全面从严治党的重要内容，是不断推进党的自我革命的重要保障，应当贯穿于党的建设新的伟大工程的全过程。当然，要打造清廉中国，廉洁自律不仅仅是党员干部的事，也是全社会的事，但首先还是党员干部的事。

本书作为《廉洁文化丛书》中的一种，主要依据《关于加强新时代廉洁文化建设的意见》确立研究框架，以兼顾可读性和学理性为追求，意在通过剖析新时代廉洁自律道德操守的理论基础、时代背景、主要内容，探讨涵养新时代廉洁自律道德操守的途径，包括夯实思想根基、塑造良好氛围、完善制度保证等，为新时代廉洁文化研究添砖加瓦，为新时代新征程上党的反腐败斗争实践提供助力。

华南师范大学马克思主义学院多位师友对本书的写作予以大力支持，广东人民出版社编辑团队为本书的写作和出版予以鼎力相助。她们从字斟句酌，到加工润色，付出了辛勤劳动。衷心感谢各位的提携与帮助!

　　廉洁自律道德操守研究是一个关涉思想与文化、政治与社会、历史与现实、理论与实践等多方面的课题,"写"易,"写"好却难。本书参考和吸收了学术界的相关研究成果,在此表示衷心感谢!同时也必须承认,囿于专业基础、学术水平和研究能力,书中粗疏之处难以避免,祈请同仁与读者批评指正。

柏晓斐

2024 年 6 月